U0671822

本项研究与成果撰写出版得到了中原发展研究基金会、新型城镇化与中原经济区建设河南省协同创新中心、河南省高等学校人文社会科学重点研究基地中原发展研究院，以及河南省发展和改革委员会与财政厅政府购买服务项目的资助。

传统农区工业化与社会转型丛书

传统农区工业化与社会转型丛书

丛书主编／耿明斋

中国农业现代化：
困惑与探索

耿明斋 等◇著

Modernization of China Agriculture:
Confusion and Exploration

社会科学文献出版社
SOCIAL SCIENCES ACADEMIC PRESS (CHINA)

本书作者

耿明斋　吴　乐　蔡胜勋　曹利平　张　扬
梁　蒙　邵明伟

如果不考虑以渔猎、采集为生的蒙昧状态，人类社会以 18 世纪下半叶英国产业革命为界，明显地可分为前后两个截然不同的阶段，即传统的农耕与乡村文明社会、现代的工业与城市文明社会。自那时起，由前一阶段向后一阶段的转换，或者说社会的现代化转型，已成为不可逆转的历史潮流。全世界几乎所有的国家和地区都曾经历或正在经历从传统农耕与乡村文明社会向现代工业与城市文明社会转型的过程。中国社会的现代化转型可以追溯到 19 世纪下半叶的洋务运动，然而，随后近百年的社会动荡严重阻滞了中国社会全面的现代化转型进程。

中国真正大规模和全面的社会转型以改革开放为起点，农区工业化潮流是最强大的推动力。正是珠三角、长三角广大农村地区工业的蓬勃发展，才将越来越广大的地区和越来越多的人口纳入工业和城市文明发展的轨道，并成就了中国"世界工厂"的美名。然而，农耕历史最久、农耕文化及社会结构积淀最深、地域面积最大、农村人口最集中的传统平原农区，却又是工业化发展和社会转型最滞后的地区。显然，如果此类区域的工业化和社会转型问题不解决，整个中国的现代化转型就不可能完成。因此，传统平原农区的工业化及社会转型问题无疑是当前中国最迫切需要研究解决的重大问题之一。

使我们对传统农区工业化与社会转型问题产生巨大兴趣并促使我们将该问题锁定为长期研究对象的主要因素，有如下三点。

一是关于工业化和社会发展的认识。记得五年前，我们为申请教育部人文社科重点研究基地而准备一个有关农区工业化的课题论证时，一位权威专家就对农区工业化的提法提出了异议，说"农区就是要搞农业，农区的任务是锁定种植业的产业结构并实现农业的现代化，农区工业化是个悖论"。两年前我们组织博士论文开题论证时，又有专家提出了同样的问题。其实对这样的问题，我们自己早就专门著文讨论过，但是，一再提出的疑问还是迫使我们对此问题做更深入的思考。事实上，如前所述，从社会转型的源头上说，最初的工业都是从农业中长出来的，所以，最初的工业化都是农区工业化，包括18世纪英国的产业革命，这是其一。其二，中国20世纪80年代初开始的大规模工业化就是从农区开始的，所谓的苏南模式、温州模式不都是农区工业发展的模式么？现在已成珠三角核心工业区的东莞市30年前还是典型的农业大县，为什么现在尚未实现工业化的农区就不能搞工业化了呢？其三，也是最重要的，工业化是一个社会现代化的过程，而社会的核心是人，所以工业化的核心问题是人的现代化，一个区域只有经过工业化的洗礼，这个区域的人才能由传统向现代转化，你不允许传统农区搞工业化，那不就意味着你不允许此类地区的人进入现代人的序列么？这无论如何也是说不过去的。当然，我们也知道，那些反对农区搞工业化的专家是从产业的区域分工格局来讨论问题的，但是要知道，这样的区域分工格局要经过工业化的洗礼才会形成，而不能通过阻止某一区域的工业化而人为地将其固化为某一特定产业区域类型。其四，反对农区工业化的人往往曲解了农区工业化的丰富内涵，似乎农区工业化就是在农田里建工厂。其实，农区工业化即使包含着在农区建工厂的内容，那也是指在更广大的农区的某些空间点上建工厂，并不意味着所有农田都要变成工厂，也就是说，农区工业化并不意味着一定会损害乃至替代农业的发展。农区工业化最重要的意义是将占人口比例最大的农民卷入社会现代化潮流。不能将传统农区农民这一占人口比例最大的群体排除在中国社会的现代化进程之外，这是我们关于工业化和社会发展的基本认识，也是我们高度重视传统农区工业化问题的基本原因之一。

二是对工业化发生及文明转换原因和秩序的认识。从全球的角度看，现代工业和社会转型的起点在英国。过去我们有一种主流的、被不断强化的认识，即中国社会历史发展的逻辑进程与其他地方——比如说欧洲应该是一样的，也要由封建社会进入资本主义社会，虽然某一社会发展阶段的时间起点不一定完全一致。于是就有了资本主义萌芽说，即中国早在明清乃至宋代就有了资本主义萌芽，且迟早要长出资本主义的大树。这种观点用另一种语言来表述就是：即使没有欧洲的影响，中国也会爆发产业革命，发展出现代工业体系。近年来，随着对该问题研究的深入，提出并试图回答类似"李约瑟之谜"的下述问题越来越让人们感兴趣，即在现代化开启之前的 1000 多年中，中国科学技术都走在世界前列，为什么现代化开启以来的最近 500 年，中国却远远落在了西方的后面？与工业革命联系起来，这个问题自然就转换为：为什么产业革命爆发于欧洲而不是中国？虽然讨论仍如火如荼，然而一个无可争议的事实是：中国的确没有爆发产业革命，中国的现代工业是由西方输入的，或者说是从西方学的。这一事实决定了中国工业化的空间秩序必然从受西方工业文明影响最早的沿海地区逐渐向内陆地区推进，不管是 19 世纪下半叶洋务运动开启的旧的工业化，还是 20 世纪 80 年代开启的新一轮工业化，都不例外。现代工业诞生的基础和工业化在中国演变的这一空间秩序，意味着外来的现代工业生产方式和与此相应的经济社会结构在替代中国固有的传统农业生产方式和相应的经济社会结构的过程中，一定包含着前者对后者的改造和剧烈的冲突。而传统农耕文明历史最久、经济社会乃至文化结构积淀最深的传统农区，一定也是现代工业化难度最大、遇到障碍最多的区域。所以，将传统农区工业化进程作为研究对象，或许更容易发现两种不同文明结构的差异及冲突、改造、替代的本质和规律，从而使得该项研究更具理论和思想价值。

三是对我们所处的研究工作环境和知识积累的认识。我们中的很多人都来自农民家庭，我自己甚至有一段当农民的经历，我们工作的河南省又是全国第一人口大省和第一农民大省，截至2008年末，其城市化率也才不到40%，也就是说，在将近1亿人口中，有近7000万人是农民，所以，我们对农民、农业、农村的情况非常熟悉，研究农区问题，我们最容易获得第一手资料。同时，我们这些土生土长的农区人，对该区域的现代化进程最为关注，也有着最为强烈的社会责任感，因此，研究农区问题我们最有动力。还有，在众多的不断变化的热点经济社会问题吸引相当多有抱负的经济学人的情况下，对事关整个中国现代化进程的传统农区工业化和社会转型问题进行一些深入思考可能是我们的比较优势。

我个人将研究兴趣聚焦到农区工业化上来始于20世纪90年代中期，进入21世纪以来，该项研究占了我越来越多的精力和时间。随着实地调查机会的增多，进入视野的令人感兴趣的问题也越来越多。与该项研究相关的国家社科基金重点项目、一般项目以及教育部基地重大项目的相继立项，使研究的压力也越来越大。值得欣慰的是，该项研究的意义越来越为更多的学者和博士生及博士后研究人员所认可，研究队伍也越来越大，展开的面也越来越宽，研究的问题也越来越深入和具体。尤其值得一提的是日本大学的村上直树教授，他以其丰厚的学识和先进的研究方法，将中国中原地区的工业化作为自己重要的研究方向，且已经取得了重要进展，并打算与我们长期合作，这给了我们很大的鼓舞。

总之，研究对象与研究领域已经初步锁定，研究队伍已聚集起来，课题研究平台在不断拓展，若干研究也有了相应的进展。

今后，我们要做的是对相关的研究方向和研究课题做进一步的提炼，对研究队伍进行优化整合，对文献进行更系统的批判和梳理，做更多的实地调查，力争从多角度来回答若干重要问题，比如：在传统农业基础上工业化发生、发育的基础和条件是什么？工业化究竟能不能在传统农业的基础上内生？外部的因素对传统农区工业化的推进究竟起着什么样的作用？从创业者和企业的行为方式看，工业企业成长和空间演进的轨迹是怎样的？在工业化背景下，农户的行为方式会发生怎样的变化，这种变化对工业化进程又会产生怎样的影响？县、乡等基层政府在工业化进程中究竟应该扮演何种角色？人口流动的方向、方式和人口居住空间结构调整演进的基本趋势是什么？这是一系列颇具争议但又很有研讨价值的问题。我们将尝试弄清楚随着工业化的推进，传统农业和乡村文明的经济社会结构逐步被破坏、被改造、被替代，以及与现代工业和城市文明相适应的经济社会结构逐步形成的整个过程。

按照目前的打算，今后相当长一个时期内，我们的研究都不可能离开传统农区工业化与社会转型这一领域，我们也期望近期在若干主要专题上能有所突破，并取得相应的研究成果。为了将所有相关成果聚集到一起，以便让读者了解到我们所研究问题的全貌，我们决定编辑出版"传统农区工业化与社会转型丛书"。我们希望，随着研究的推进，每年能拿出三到五本书的相关成果，经过3～5年，能形成十几乃至二十本书的丛书规模。

感谢原社会科学文献出版社总编辑邹东涛教授，感谢该社皮书出版分社的邓泳红，以及所有参与编辑该套丛书的人员，是他们敏锐的洞察力、强烈的社会责任感、极大的工作热情和一丝不苟的敬业精神，促成了该套丛书的迅速立项，并使出版工作得以顺利推进。

耿明斋

2009 年 6 月 14 日

一般来说，现代农业大致上应该有如下三个显著特征：一是土地的规模经营，二是现代技术的广泛使用，三是企业化的经营方式。农业现代化是伴随着工业化而发生的逐步向上述三个方向演化的过程，该过程的另一面是农业剩余劳动力持续向非农产业转移和乡村人口持续向城市转移。

我们对农业现代化的认识曾经有过误区，即把农业现代化简单地等同于机械化和土地的规模连片种植，而且两者的逻辑是前者决定后者，于是在实践上就有了苏联的集体农庄和中国计划经济时期的生产队模式。因为这种模式的本质是把本来分散于农户的土地简单地合并，把分散的劳动变成集中劳动。且不说机械化滞后造成的效率损失，即使是完全实现了机械化，也会因集中劳动不可避免的偷懒行为和监督的高成本而得不偿失。这也是无论苏联的集体农庄还是中国的生产队最终都归于解体的根本原因。理论分析和实践经验都证明，技术进步确实会产生组织变革的需要，但组织演化要以合理处理利益关系为基本逻辑，只有既适应利益关系逻辑又适应技术进步需要的组织演化，才是有效率和有生命力的。从这个意义上说，中国农业现代化的真正起点是20世纪 80 年代初的联产承包责任制改革。

联产承包责任制改革遵循了技术适应利益关系的逻辑，土地按人口平均分割，农户重新成为独立的经营单元，在当时的技术条件和经营环境下产生了效率的大跃进，也由此开启了农业现代化的新方向和新模式。即一方面，农户为着自身的利益开始大量接受并引入新技术，适应农户经营的小型农业机械被迅速普及，良种和各种植保技术也日益实现了全覆盖；另一方面，随着工业化和城镇化进程及劳动力和人口转移，以农户为主体的土地流转比例越来越大，现代意义上的土地规模经营快速拓展，以成本收益严格核算和产品市场化销售为基本特征的企业化农业生产经营组织形式开始成长。

但是问题一开始就存在，建立在土地使用权而非所有权流转基础上的新型农业主体都是租佃经营者，高额租金大大抬升了土地经营的成本，使得一般的农户经营者不堪重负。结果是造成了现代租佃经营者日益严重的非粮化倾向，甚至是以非粮化为目标的工商资本成了土地规模经营的主角。理论分析和发达国家的经营均能证明，以农户为基本单元的家庭土地规模经营或者说家庭农场，是现代农业普遍的经营组织形式。如何避免土地规模经营过程中的非粮化和非家庭化倾向？如何使中国的农业现代化不至于走入新的误区？如何使真正从事粮食种植的家庭农场成为中国现代农业普遍的生产经营组织形式？是我们目前亟须解决的重大问题。

2013 年秋冬之际，一位主管农业的领导觉得上述问题重大而紧迫，亟须研究解决。在他的倡导和推动下，由我牵头，组织了包括蔡胜勋、吴乐、张扬、曹利平、梁蒙、邵明伟等在内的团队，开始以该问题为切入点，就中国农业现代化的路径及所涉及的各种问题进行系统研究。上述六位同志均是农业经济管理或涉农专业博士毕业，且持续从事农业和粮食经济研究，我自 20 世纪 80 年代初开始学术研究生涯以来也始终关注着中国农业和农村问题，所以，研究团队的理论储备和所受到的科研训练足以胜任此项研究，加上我们各自的责任意识和团队精神，研究进展顺利，合作也非常愉快。

　　本项研究是以大量深入的田野调查为基础的。在将近一年半的时间里，我们一共组织了八次集中调研。两次赴山西，一次去运城，一次去吕梁。六次分别去河南的鹤壁、安阳、滑县、周口、南阳、济源。深入农户实地考察，与基层干部广泛深入交流，获得了大量第一手资料。我们也在各自分专题研究撰写的基础上多次集中讨论，厘清思路，凝练观点，纠正错愕。尤其是相关领导及河南省人民政府发展研究中心王永苏主任多次参加讨论，对于我们把握问题、提升认识、弄清楚事物的内在逻辑起到了拨云见日的作用，在此，要特别向他们表示感谢。

　　全书由内容相对独立逻辑上又是统一整体的七个专题构成，并设为七章。各章内容及分工如下：第一章，中国农业适度规模家庭经营的理论思考与政策建议，由耿明斋、吴乐、蔡胜勋共同撰写；第二章，现阶段粮食主产区农业规模经营研究，由曹利平撰写；第三章，现阶段粮食主产区农户兼业问题研究，由吴乐撰写；第四章，新型农业社会化服务体系建设问题研究，由蔡胜勋撰写；第五章，农业科技与农业现代化，由张扬撰写；第六章，政府在农业发展中的角色，由梁蒙撰写；第七章，中国农民居住和生活方式转换机制问题研究，由邵明伟撰写。我的硕士生刘琼在汇集整理文稿和联络出版等方面做了大量事务性工作，社会科学文献出版社邓泳红及其领导的编辑团队也为本书的顺利出版付出了辛劳，在此一并表示感谢。

　　最后，需要指出的是，中国农业现代化是整个中国经济社会现代化的一部分，农业现代化与其他方面现代化进程中的问题相互交织，异常复杂，本项研究只是初步探索。恳切希望学界同行和广大农业和农村工作者及关注中国农业现代化进程的各界人士提出宝贵意见，以便共同将这一重大课题的研究引向深入。

耿明斋

2015 年 2 月 1 日

第一章　中国农业适度规模家庭经营的理论思考与

　　　　　政策建议 ……………………………………………… 1

　第一节　中国以何种方式实现农业生产经营组织的

　　　　　现代化已成为无法回避的问题 …………………… 1

　第二节　现代农业为什么一定是适度规模的家庭

　　　　　经营？ ………………………………………………… 3

　第三节　合作社经营与家庭经营是什么关系？ ………… 7

　第四节　如何认识工商资本积极进入农业经营领域的

　　　　　现象？ ……………………………………………… 12

　第五节　引导适度规模家庭经营的政策措施 ………… 14

第二章　现阶段粮食主产区农业规模经营研究

　　　　　——以河南省固始县为例 ……………………… 18

　第一节　引论 …………………………………………… 18

　第二节　马克思关于农业发展道路的思想 …………… 20

　第三节　农业为什么一定是家庭经营 ………………… 23

　第四节　农业规模经营：日本的经验与启示 ………… 25

第五节　农业规模经营的理论分析：基于农业劳动

生产率的测算 ……………………………………… 30

第六节　农业规模经营的实证分析：基于河南省固始县的

调查数据研究 …………………………………… 35

第七节　农业规模经营的另一测算角度：基于劳动力

从事农业劳动收入和从事非农劳动收入的

对比研究 ………………………………………… 40

第八节　结语 …………………………………………… 43

第三章　现阶段粮食主产区农户兼业问题研究 ……… 45

第一节　农户兼业的定义与分类 ……………………… 46

第二节　国内外农户兼业经营相关研究 ……………… 47

第三节　农户兼业经营的国际经验 …………………… 51

第四节　我国农户兼业经营的现状 …………………… 56

第五节　粮食主产区农户兼业经营的实证分析 ……… 58

第六节　研究结论 ……………………………………… 64

第四章　新型农业社会化服务体系建设问题研究 …… 67

第一节　农业社会化服务体系的概念 ………………… 67

第二节　我国农业社会化服务体系的演进轨迹及

基本经验 ………………………………………… 68

第三节　新时期我国新型农业社会化服务体系建设的

必要性和重要意义 ……………………………… 74

第四节　我国农业社会化服务体系发展的现状及存在的

问题 ……………………………………………… 77

第五节　发达国家农业社会化服务体系的发展经验及

对我国的启示 …………………………………… 83

第六节　新型农业社会化服务体系的实践——案例

　　　　研究 ……………………………………………… 88

第七节　结论及政策建议 …………………………… 100

第五章　农业科技与农业现代化 …………………… 105

第一节　农业现代化的内涵、特征 ………………… 105

第二节　农业科技内涵及进步类型 ………………… 114

第三节　国外农业科技对农业现代化的贡献 ……… 124

第四节　现代化进程中农业科技发展状况 ………… 132

第五节　构建农业科技推广新机制 ………………… 148

第六节　加快农业科技发展政策措施 ……………… 161

第六章　政府在农业发展中的角色 ………………… 166

第一节　农业是一个需要支持与保护的产业 ……… 167

第二节　主要发达国家政府在农业发展中的作用 … 171

第三节　我国政府在农业发展中的作用 …………… 193

第四节　我国政府在农业发展中的角色定位 ……… 206

第七章　中国农民居住和生活方式转换机制：理论和实证

　　　　——从农民生产方式、就业方式谈起 …… 219

第一节　相关概念界定 ……………………………… 219

第二节　相关文献述评并提出假设命题 …………… 222

第三节　命题的理论解释 …………………………… 225

第四节　从中国农民居住和生活方式变迁角度进行

　　　　考察 ……………………………………… 228

第五节　对命题逐步进行面板或截面检验 ………… 233

第六节　结论总结和政策建议 ……………………… 245

第一章　中国农业适度规模家庭经营的理论思考与政策建议

第一节　中国以何种方式实现农业生产经营组织的现代化已成为无法回避的问题

中国农业生产经营组织形式现代化的探索可以追溯到 20 世纪 50 年代的"合作化"和"人民公社化"运动。在以"打土豪、分田地"为原始动力的农民革命成功，并确立了按人口均分基础上的土地私有制和农户家庭经营形式以后，中国就遇到了在以工业化为标志的现代化浪潮中，农业生产经营组织形式如何实现现代化的问题。当时我们给出的答案是走互助合作和人民公社的道路，并最终确定了以生产队为基本单元的财产公有、集中劳动、统一分配的集体所有制形式。将近 30 年的实践，证明这不是有效率的真正意义上的现代农业组织形式。所以，20 世纪 80 年代初的改革不可避免地回归土地按人口均分基础上的家庭经营形式。

新的家庭经营形式极大地调动了亿万农民的积极性，不仅在短时间内解决了温饱问题，而且保持了粮食产量的持续增长和农产品种类的不断增加，使人们对食物的消费日益丰富多彩。但是，以市场化为基础的新一轮工业化、城镇化浪潮把越来越多的农民卷了进去，非农产业吸走了大量农业劳动力，农村人口也开始逐步向城镇转移。通过家庭联产承包责任制改革确立起来的农业家庭经营形式开始受到冲击。根据我们在全国粮食产量居首的河南省及其第一产粮大县——滑县实地调查所了解的情况，大概20世纪60年代以后出生、年龄在50岁以上的人口，目前是农业生产的主力军。他们的下一代，年龄在30岁左右的年轻人基本上都进入了非农产业，而且其中绝大多数将来再返回农村接替父辈继续种地的可能性很小。这就意味着，再过10年至多再过20年以后，待现在50~60岁的农民因年老退出耕种以后，谁来种地就会成为问题。事实上，未来农业面临的不仅仅是耕地谁来种的问题，也是以什么样的生产组织形式被耕种的问题。因为随着一代老人家庭退出农业生产经营活动，什么样的生产经营组织形式会来替代他们，就是必然会遇到并需要解决的问题。

事实上，现实中早已开启了解决上述两个问题的探索，表现就是在不改变家庭土地使用权的前提下，通过土地流转推进的农业生产经营组织形式的重组。重组的方向有两个：一是通过农户之间的流转耕地逐步向种植大户集中，出现了越来越多的规模经营农户；二是通过农户与企业之间的流转耕地逐步向资本经营者集中，出现了一些规模在数千亩乃至上万亩的大农场。①

上述两个方向表现的是一种趋势，那就是土地规模经营。需要思考的问题是：究竟哪个方向代表了土地规模经营演进的基本趋势？如果是前者，那在政策上该如何引导土地规模经营向家庭形式演进？又如何认识目前蓬勃发展的工商资本大农场经营形式？政策上又如何引导？

---

① 据农业部统计，截至2013年底，全国承包耕地流转面积3.4亿亩，是2008年底的3.1倍，流转比例达到26%，比2008年底提高了17.1个百分点。经营面积在50亩以上的专业大户超过287万户，家庭农场超过87万个。与此同时，流入工商企业的土地快速增长，2012年流入企业的土地面积比上年增长34%，2013年比上年又增长了40%。一些地方土地经营规模越来越大，通过流转，一些种粮大户的土地经营规模达到了上万亩。

针对上述问题，下面我们分四个方面来进行讨论，提出我们的认识并给出政策建议，即现代农业为什么一定是适度规模的家庭经营？合作社经营与家庭经营是什么关系？如何认识工商资本积极进入农业经营领域的现象？引导适度规模家庭经营的政策措施。

第二节　现代农业为什么一定是适度规模的家庭经营？

由于以手工工具和畜力为基础，以自给自足为目的，传统农业是以家庭为基本生产单元的，所以，过去很长时期以来，我们认识上一直存在这样一个误区，即认为以机械为动力的现代农业一定是挣脱了家庭羁绊的规模经营形式，要么是以雇佣劳动为基础的大农场形式，要么是以群体集中劳动为基础的集体农庄或生产队形式。前面已说过，我们还曾为后一种形式进行过将近30年且以失败告终的试验。实际上，无论是理论分析还是发达国家的实践，都证明农业的现代化并不会改变其家庭经营的形式，改变的只是生产工具、经营目的、土地规模和生产方式。

一　从理论上说，现代农业之所以仍要采取家庭经营的形式，是由农业生产自身的特点决定的

首先，农业是一个经济再生产和自然生命再生产密切结合的产业，自然生命再生产过程健康顺利与否会直接影响到经济再生产过程的成果。自然生命再生产过程中任意一个环节出现问题，都可能危及整个生命生长过程，从而危及经济再生产过程的成果，所以，需要精心照料和控制动植物等自然生命的生长过程，最大限度地减少不确定性，才能保证良好的经济生产成果。又因为家庭不仅是一个经济活动单元，更是一个由血缘关系联系起来的生命共同体，其成员之间很容易形成的共识与合力，使其为着共同

利益和共同目标努力，不计利害，无须监督管理。所以，以家庭为基本生产经营单元，实施对自然生命再生产过程的全程悉心照料，最能够保证自然生命的健康成长，以及经济生产成果的最大化。

现代化可以通过使用机械工具、化肥、农药、良种提高农产品产量，可以通过使用相应的技术和设施改变生产时令，甚至可以缩短生产周期，但无法改变农业经济再生产和自然生命再生产两个过程合一的特点，所以也无法改变家庭生产经营的组织形式。

其次，作为自然生命再生产过程，农业生产过程中的各个环节是由自然生命生长的规律决定的，在时间上具有继起性。因此，无法像工业产品那样将逻辑上先后继起的生产过程的不同环节放在一个时空平面内（比如一个厂房中），将众多的劳动者按照不同的工种分配在不同的生产环节上同时工作，然后用流水生产线将不同环节的产品串联装配起来，众多人通过分工协作和规模生产提高效率。农业生产只能遵循自然生命生长的规律，由涵盖成员不多且因经济和血缘关系利益联系紧密的家庭作为基本生产经营单元，在其能力所及的规模范围内，完成其生产的全过程。

再次，农业也不适合于通过在同一个生产环节上集合更多人来拓展经营单元的规模，把适度规模的家庭经营变为众人集中劳动的规模经营。因为这样做势必会使农业生产成果变成众多人共同劳动的成果，从而势必会涉及该共同成果如何在所有参与创造的劳动者之间分配的问题。这不仅会涉及究竟是按什么要素投入分配的问题，比如是按劳动？按土地？还是按资本分配？更会要涉及按劳动分配的部分如何对不同劳动者劳动量的计量问题。由于不像各不同生产环节甚至同一生产环节各不同岗位分工明确的工业生产过程那样，很容易通过其劳动对象来计量每个人劳动的数量和质量，从而确定每个人的报酬，农业生产过程无法对集合在同一生产环节众多劳动者个人的劳动准确计量，从而也无法保证每个劳动者在共同成果中得到与其劳动贡献量相一致的产品，这会导致每个劳动者都会具有少劳多得的强烈动机，结果只能是丧失效率，每个人都只能少得。理论上，监督可以促使每个劳动者劳动付出的增加，但由此增加的产出往往无法弥补监督成本。所以，最好的办法还是将农业生产经营规模控制在一个家庭能力所及的范围内，也就是选择适度规模的家庭经营形式。

二 适度规模的家庭经营是当今世界现代农业的普遍形式

放眼世界，欧、美、日等已经实现了现代化的发达国家和地区，农业的主体部分基本上都是适度规模的家庭经营形式。有关资料显示，美、法、日等国家，农业有 90% 以上属于家庭农场。在美国，在其农场演变的半个多世纪里，虽然农场数目减少了，但是，大多数农场是由家庭经营的，立足于全家人的劳动，不雇用工人或在农忙季节少量雇工，而美国许多雇工大农场是依靠政府各种补贴才得以生存和发展的。美国家庭农场的优势地位非常明显。据统计，1969～1978 年，美国家庭农场占农场总数的比重从 85.4% 上升至 87.8%，公司农场从 12.8% 下降至 9.7%。在绝对数量上，20 世纪末，美国家庭农场的比例升至 89%，拥有 81% 的耕地面积，83% 的谷物收获量，77% 的农场销售额。

美国农业部最新公布数据显示①，目前，美国共有 220 万个农场，98% 是家庭农场，非家庭农场只占 2%。在家庭农场中，小型的占 88%，大型的只占 10%。在小型家庭农场中，18% 为退休者农场，45% 为生活式农场，25% 为职业农场。从农场规模看，美国农场的平均面积为 2428 亩。退休者农场和生活式农场的平均面积分别为 1056 亩和 898 亩，职业农场的平均面积为 2634 亩。大型家庭农场的平均面积为 10896 亩，非家庭农场的平均面积为 6671 亩。

---

① http：//www.usda.gov/wps/portal/usda/usdahome.

大型家庭农场是农产品的主要提供者，其仅占农场总数的 10%，却贡献了农业产值的 60% 以上。大型家庭农场和非家庭农场仅占农场总数的 12%，却贡献了农业总产出的 84%。年销量过 100 万美元的农场只占 2%，却贡献了农业总产值的 53%，主宰了主要高经济价值农产品——高价值农作物、生猪、乳制品、家禽、肉牛的生产。相比之下，小型家庭农场占农地面积的 63%，持有农场资产的 64%，贡献的农业产出仅占 16%。从农场利润和收入情况看，农场利润和收入状况与经营规模高度相关，小农场收入主要来自非农收入。大型家庭农场平均利润多为正，有40% ~ 45%的平均利润率超过 20%。小型家庭农场有 45% ~ 75% 的经营利润率为负，退休者农场、生活式农场和小型农场大多亏损。小型家庭农场之所以能继续存在，主要因为有其他收入来源，如非农工资、投资利息、分红、社保等公共项目收益、赡养费、养老金、房产或金融资产收入、退休金等。小型家庭农场的非农收入有 76% 来自工资收入。退休农场非农收入的 60% 来自社保、抚恤、股息、利息、租金等。

在法国，家庭农场是农业基本的经营单位，尽管在第二次世界大战后，其农场规模经历了由小到大、数量由多到少的演变过程，但农场经营规模的扩大并没有改变家庭农场占主导地位的格局，公司制农场仅占农场总数的 10% 左右。由于人多地少和土改后分田到户，日本普遍采取一家一户的小规模经营，目前的专业农户仍然主要依靠家庭劳动力进行耕作。

马克思当年根据生产工具决定生产关系和生产组织形式的逻辑，预测随着机械工具在农业生产领域的应用，农业生产组织也必然会像工业生产领域那样演变为雇佣劳动的大规模农场形式。后来农业现代化的实践证明这样的逻辑不符合实际。原因还是如我们上面分析的那样，在于农业生产无法像工业那样形成合理的分工，在于劳动无法准确地计量。后来苏联包括中国在内也是根据上述逻辑，尝试了集体农庄和生产队的集中劳动组织形式，并且是在工业尚未发展到足以吸纳大量农业劳动力的阶段，为实现机械对劳动的替代甚至为等待这种替代强行推行的，结果当然只能以失败告终，根本原因是违背了农业生产自身的规律。

总之，适度规模的家庭经营是由农业生产特点决定的，且不会因为农业生产技术和条件的改变而改变。以家庭经营为主体的农业生产经营方式是历史的必然，是大势所趋，是各时期、各国经验的总结，是人类在经历无数次尝试后得出的最适合农业发展的正确选择。

第三节　合作社经营与家庭经营是什么关系？

一　合作社是农业社会化服务体系的一部分

与传统农业中家庭只是一个自给自足的生产单元不同，现代农业适度规模的家庭经营组织形式是建立在广泛的社会分工和交换基础上，且进行成本收益核算，追求盈余最大化的市场活动主体。为了实现自己的经营目标，家庭成员除了精心照料动植物生长过程之外，还必须考虑以合适的价格采购必要的生产资料和出售产品。由于单个家庭购销数量有限，在市场上难以具有议价能力，为了形成规模购销格局、提升市场议价能力、降低采购价、提升销售价、尽可能降低成本、增加收益，农户之间自然就产生了以协议的形式在购销环节的一致行动，进行合作的需要，农民合作社也就应运而生。

放眼全球，我们可以看到，农民合作社的发展演化伴随着农业现代化的全过程，合作社的生产经营组织形式一直在学术研究中占据重要位置，也受到各个国家政府的广泛重视，学者对农民合作社给出了很多定义，社会改革家们也进行了诸多试验，不同国家的政府也提出并实施了各种各样的支持政策。迄今为止，合作社的罗虚代尔原则得到了世界各国的普遍承认和尊重，其基本内容包括自愿入社、民主管理、限制股金分红利、盈余按交易额分配，这些已成为合作社区别于其他经济组织的标志。据此，国际合作联盟给出了合作社的完整定义，即"合作社是人们自愿联合，通过共同所有和民主管理的企业来满足共同的经济和社会需求的自治组织"。该定义被国际劳工组织《合作社促进建议书》完全认可，成为关于合作社概念的国际性标准。此外，各个国家根据各自的实际情况和政策导向，也对合作社的内涵有不同的表述。荷兰将农业合作社定义为"长期从事经营活动的农民组织，共同核算，共同承担风险，同时保持农业活动的独立性以及使有关的经济活动尽可能多地获得利润"；法国 1972 年立法将农业合作社定义为"农业合作社及其合作社联盟是不同于民事企业的一类特殊企业，它具有独立法人权利和完全民事权利"。"农业合作社的目的是农民共同利用便于发展其经济活动的相关手段，以扩大该经济活动的效益"；在美国，按照被称作"合作社大宪章"的《卡帕—沃尔斯坦德法》的规定，农业合作社是农业生产者在自愿基础上成立的互利组织，它必须符合以下条件：第一，坚持互利原则；第二，实行一人一票或红利分配每年不超过 8%；第三，为非社员处理的农产品的价值不超过为社员处理的农产品的价值。在中国，目前人们广为认可的合作社的定义是：农民合作社是在家庭经营基础上的同类农产品生产经营者或同类生产经营服务的提供者、利用者，它是建立在自愿联合、民主管理基础上的互助经济组织。

本质上，农民合作社是处在广泛社会分工和市场交易网络上的家庭经营主体，为实现盈余最大化的目标而以协议方式建立起来的一种互助组织，也是独立的农业家庭经营主体获取社会化服务的一种方式。实际上，现代农业适度规模的家庭经营主体需要全方位的社会服务体系支撑，合作社是社会化服务体系的重要组成部分。除了合作社外，还有各种服务于农业的政府组织和社会组织。家庭经营主体要么以购买的方式获取服务，要么以接受无偿援助的方式获取服务。

二 合作社不能替代农户家庭经营

如前所述，合作社产生的直接原因是家庭经营主体在购销环节上提升议价能力的需要。为了实现多家庭生产经营主体同步批量购销活动，各参与家庭就必须以协议形式对批量购销活动中所涉及的各种利益的处置原则和处置方式达成共识，从而建立组织。为了进行批量购销活动，该组织也必须聚集一定数量的资本，也要就谁来掌控这些资本和如何使用这些资本，以及向谁买、卖给谁等经营活动所涉及的一系列具体问题订立原则，形成章程，成为既服务于农户家庭，又具有独立经营职能的商业组织。

作为以服务于内部成员为目的的商业组织，合作社与普通的商业企业在内部运作原则上有着明显的差别。比如，经营性资本即股金由全体成员出资形成，且各成员出资额尽可能平均，避免少数社员股金独大形成对合作社的控制。重大事务决策采取一人一票制，而非一股一票制。控制股金分红数量，留出足够利润用于按购销额分配等。总归是所有原则都体现其为成员服务的性质，而不是为了自身利润最大化，更不是为了资本利益和少数人利益的最大化。

总之，合作社是相对独立于农民家庭的经营组织，但合作社又是不同于普通企业的经营组织，合作社经营与家庭经营之间不是相互替代的关系，而是前者为后者服务的关系。进一步说，既然合作社是因农户家庭经营社会化服务的需要而产生的，既然合作社的所有经营活动都是围绕为农户家庭提供更好的服务而进行的，那么合作社当然就不是可以替代农户家庭的经营组织。

长期以来，人们在合作社的认识上一直存在一种误区，即认为合作社是可以替代家庭的农业生产经营组织，甚至认为合作社是比家庭经营更高级的农业生产组织形式，尤其在我们崇尚公有制的意识形态背景中，这种错误的认识至今还有很大市场，而且还有意无意地被强化，比如，认为农户之间的购销合作是合作的初级形式，购销合作势必发展到生产合作，而生产合作则更具有公有制的性质。在政策引导上我们也出台了鼓励向生产合作演化的举措，比如，倡导土地入股，鼓励组建农机合作社，等等。这是有意无意地鼓励合作社经营对家庭经营的替代，与农业家庭经营的趋势相悖，也与合作社服务社员、满足社会化服务需求的职能相悖。为了适度规模家庭经营组织形式的健康发展，也为了合作社的健康发展，对合作社的上述糊涂认识需要澄清，一些错误政策导向需要纠正。

三　纠正合作社发展中的偏差，引导合作社规范发展

最近几年，我国的农业合作社蓬勃发展，体现了随着分工和市场的深化，农户家庭经营主体对社会化服务需求的增强，以及以合作社为代表的社会化服务体系的不断拓展，为农业的现代化发展提供了良好的支撑。但是，合作社在发展中也出现了一些偏差。政府需要及时纠正这些偏差，引导合作社规范发展。

第一，调整农机补贴政策，避免农机合作社演化成资本经营的大农场。最近几年，我国政府为了推进农业机械化、减轻农民负担，推出了农机购置补贴政策；又为了提高农机利用效率、发展农机社会化服务，出台了支持建立农机合作社的举措。用意是好的，但是，实施过程确实出现了一些偏差。最主要的问题是少数资本所有者以农机合作社的名义，大量套取国家补贴。一方面有合作社之名，无合作社之实。只是单个资本所有者或少数资本所有者合作的经营行为，既没有真正的农户社员，更没有针对社员的服务行为，更谈不上一人一票的民主决策和按购销额分配利润。另一方面利用大量购置农机优势大规模承租耕地，形成了自我服务的资本化经营大农场。这与农机补贴政策减轻农民负担和推动农机社会化服务的目的大相径庭，应该及时予以纠正。一是

严格审查以合作社名义大规模购置农机的真正主体，确实是建立在农户自愿基础上，为农户田间作业服务的真正合作社才予以补贴，独资或合资从事资本经营的不予以补贴；二是大规模购置农机用于建立大规模资本化农场的不予以补贴，真正用于社会化服务的才予以补贴；三是单个农户购置的给予补贴。

第二，对现有合作社进行重新审核登记，把政府扶持补贴政策落实到真正的合作社。从我们实地考察所接触的案例来看，绝大多数合作社都是依托某一特色农畜产品的种植或养殖，由某个能人牵头办起来的。由于特殊农畜产品的种植或养殖既需要有一定的种养规模，从而需要联合多个家庭经营主体参与，也需要开拓市场、购买技术和其他特殊的社会服务，因此，必须有一个或几个能人牵头才能把整个特色种养业做起来。牵头人自己往往也是该产品的生产经营大户或公司，他既能够把社会服务及市场开拓的责任担起来，也能够在种养环节起到示范作用。所以，这样的种养业合作社结构具有一定的合理性。问题是，很多这样的种养大户或公司是利用国家对合作社支持的机会，打出了合作社旗号以套取国家补贴，内部并未形成合作社的经营规则和经营机制，社员是假的，章程是虚构的，组织机构也是虚构的。技术服务和产品销售或许是真的，但那也是建立在完全的市场交换基础上的，不存在共同经营和监督机制。名义上是合作社，实际上就是属于某个人或某几个人的企业公司。要通过清理，把这一部分假合作社清理掉，以便把政府对合作社的支持和补贴政策落实到真正的合作社上。

第三，规范合作社的内部运作机制，并与补贴政策的落实挂钩。如前所述，合作社的本质在于独立家庭经营组织之间的互利合作，基本原则是全员参与、民主决策、限制资本收益、保证按经济活动规模即购销额分红的权利。应当按照这些基本原则对合作社的内部结构和运行规则进行统一规范，并视规范程度决定补贴额度，以便加大对规范运行的合作社扶持的力度。

第四节　如何认识工商资本积极进入
农业经营领域的现象？

一　工商资本积极进入农业经营领域，引发关注

近年来，工商资本通过大规模承租土地进入农业经营领域的现象越来越多，并有加速的趋势。据农业部统计，2012 年流入工商企业的耕地面积为 2800 万亩，占流转总面积的 10.3%，截至 2013 年底，流入工商企业的土地面积比上年增长了 40%，引发了人们的关注和思考，国家也开始给予高度重视，2013 年和 2014 年连续两年在中央一号文件中提到要对工商企业进入农业进行规范，即"探索建立严格的工商企业租赁农户承包耕地（林地、草原）准入和监管制度"，"探索建立工商企业流转农业用地风险保障金制度，严禁农用地非农化"。

二　工商资本进入农业领域有其积极的一面，也引出了一些问题，需要管理和规范

根据我们所掌握的资料和实地考察所见到的案例，大体来说，工商资本进入农业，不外乎如下三个原因，一是市场的拓展和人们消费水平的提升使农业领域出现了新的盈利机会，吸引工商资本进入农业。比如，高档蔬菜和有机食品，由于可以在更大的市场空间内输送给高收入人群消费，卖较高的价格，致使诸多工商企业利用其资本充裕、获取技术服务能力和开拓市场能力的优势，进入这些特色种植领域获取较多的利润。花卉苗木种植也属于这一类。二是从事农畜产品加工的工商企业，为了稳定原材料供给和保证原材料品质，将自己的产业链延伸到种养环节，这样的案例比比皆是。例如，我国最大的肉类加工企业河南双汇集团也养猪，鸡鸭肉加工企业也养鸡鸭，粮食加工和运销企业往往还承租

土地开设自己的农场，或以承租返包形式从事种植业经营活动等。三是看好土地稀缺和粮价上涨的趋势，认定农业未来是一个可以使资本有利可图的行业，或者认为未来土地制度演变过程中或许存在某种获利机会，提前进入，将资本布局于土地和种植业。四是投机，即以经营农业为名圈占土地，掩人耳目，却将其中一部分切出来非法用于酒店、饭店、娱乐场所等经营性项目。

前两种进入农业经营领域的资本有其内在的逻辑，也属于合法经营，应当鼓励和支持，至少不应当限制。第四种纯属投机性违法经营，应当加强监管，坚决取缔。

三　对少数工商资本已经经营或正在尝试经营的大规模农场，应采取较为宽容的政策，等待市场做出选择

上述第三种中有占地等待机会投机倾向的，也应当加以监管和制止。但确实把种植业当成可以盈利的项目、认真尝试进行大规模经营的，应该宽容对待，允许其试验，等待市场做出选择（持续盈利就能持续经营，持续亏损或微利就要选择退出）。这里有一个值得探讨的问题，即根据我们前面的分析，适度规模的家庭经营是农业尤其是种植业领域最普遍的生产经营组织形式，无论历史与未来，还是国内与国外，都概莫能外。但是，现实中在农业甚至是种植业领域也确实存在由工商资本经营的大农场案例。如何看待这一现象？我们认为，正如黑格尔说的，凡是存在的就是合理的。现实中存在的个别大农场也是一样，一定有其存在的理由。根据我们对河南省新乡市封丘县一家经营规模达数万亩的大型农业公司的考察，发现它是依靠生产和销售一种具有明显增产效应的被称为生命素的叶面肥来维系大农场生产经营活动的。农场内部以 2000 亩为一个经营单元，委托一个有能力的家庭负责承租土地并从事农场管理，并要其出资成为股东。公司则核定生产成本向经营者拨付，并统一销售产品。可以看出，这样的大农场之所以得以产生并良性经营，除了具有特殊的技术服务体系支

撑外，还有就是在公司统一经营的基础上纳入了家庭经营的元素。

对于工商资本经营大农场的案例，我们初步可以得出这样三个结论，一是这种大农场的良性经营都需要具备特殊的条件。比如，特殊技术服务体系支撑、内部管理融入家庭经营元素、下游加工环节对产品的吸纳等。二是由于条件苛刻，这样的大农场在现实中或许只是个案，不具有普遍意义，不代表现代农业生产经营组织形式发展的方向。三是在政策上宜不鼓励也不限制，宽容对待，让市场做出选择。

第五节　引导适度规模家庭经营的政策措施

一　土地规模经营和农民职业化趋势不可逆转

改革开放以来，农业领域取得的最大成就，是在土地按人口均分基础上确立了农户家庭经营模式。但这也是当前发展阶段农业走上现代化所面临的重大问题。据统计，过去 30 多年中，我国的城镇化率以每年 1 个百分点以上的速度增加，至 2013 年末已达到 53.7%，农民已大规模向城镇转移，耕地也已有 1/4 左右流转。这意味着，农业的发展已经向农民人数大幅度减少、土地经营规模逐步增大的方向演化。这一过程也还是刚刚开始，未来拓展的空间会更大。按照刚刚发布的《国家新型城镇化规划（2014～2020 年）》，今后城镇化率仍将以年均 1% 以上的速度递增，2020 年的目标是常住人口城镇化率达到 60% 左右。依此算来，2030 年常住人口城镇化率会达到 70% 左右[①]。届时，留在农业领域的人口和农民家庭或许只剩 20 世纪 80 年代初土地均分基础上确立家庭经营时期的 1/3，户均经营规模则会增大至目前的 3 倍。

我们在农业主产区河南滑县所做的调查也印证了这一趋势。

---

① 　参见《国家新型城镇化规划（2014～2020 年）》。

这里一般人均耕地 1.5~2 亩，以平均家庭人口规模 4 口计，承包经营所确立的户均耕地面积为 6~8 亩，家庭中主要从事农业经营的是 50 岁以上的人，未来 10~20 年，这批人会因年老逐步退出，而他们的下一代，即现在 30 岁左右的年轻人，大多数不会再回来接他们父辈的班继续种地，估计届时从事农业经营的家庭数量会缩减 2/3，户均耕地规模也会扩大至现在的 3 倍，即达到 18~24 亩。届时，农业势必也像非农产业那样成为进行精确成本收益核算、以营利为目的的经营项目，农业经营者也会成为职业农民。

现在的问题是，耕地集中的趋势和流向有追求规模经营的农民家庭和工商资本控制的大农场。根据我们的分析，适度规模的家庭经营是现代农业典型的生产经营组织形式，如何保证绝大多数转出的土地流入追求适度规模经营的家庭，而不是流入工商资本控制的农业经营项目，耕地又以什么样的方式流入追求规模经营的农民家庭？或者说农户究竟是以租佃经营还是以土地所有者身份经营？这是我们需要解决的。

二　租佃难以形成稳固的现代适度规模家庭经营组织形式

在现有耕地按人口均分家庭占有的格局下，通过有偿流转所形成的规模化土地经营者，一定是佃农。租佃经营一方面因为支付租金会大幅度增加经营成本，要获取正常的资本收益和劳动收益，需要承租更多的土地。

农业家庭经营的规模是由非农就业收益决定的。非农就业劳动收益高，农业经营规模就会随之增大。理论上农业家庭经营的边界在农业劳动收入与非农就业劳动收入相等的点上。根据我们在滑县的实地调研测算，现在的界限大概是 100 亩，也就是一个农民家庭 100 亩种植面积所获取的纯收入大致上与外出务工收入相当，如果家庭种植自有土地，免除租金支出，每亩地净收益可以增加 1200 元左右，与租佃经营相比，获取同等净收入农户种植面积可以缩小到 30 亩①。这既能缩短家庭适度规模经营形成的时间，也能保证农户的稳定收益，促使专业农户长期专注于土地经营。所谓有恒产者有恒业。反之，主要依靠租佃形成的农业家庭经营组织，不可避免地会因为粮价、地价等因素扰动导致租金纠纷，甚至导致承租关系重组，从而影响经营组织的稳定和持续。不稳定风险也会影响经营者对土地投入的积极性，进而影响到粮食产出的持续性和稳定性。

三 以赎买方式引导土地向职业农民家庭集中

为了降低成本、增加收益、加快适度规模家庭经营组织成长的步伐，使之成为稳定可持续的现代农业经营形式，保证绝大多数耕地流入专业农户，我们建议以赎买的方式引导耕地向专业农民家庭集中，具体办法可以有两种。

一种是通过两次买卖将耕地直接转变为专业农户所有的土地，国家拿出足够的补贴，专业农户付出一定的代价，脱离农业原农村居民获得足够的补偿。操作方式是分两步走，第一步，国家在法律上确定农村耕地国有化，并按其所占有的耕地面积向所有农户家庭象征性地支付相应的地价。第二步，由国家按不同地区情况统一制定耕地家庭经营的标准，界定最低经营规模，再由基层政府代表国家按一定方式遴选适度规模经营的农户家庭，并以优惠价格向其出售耕地，售卖所得再次用于补偿退出土地种植的农户。

另一种使专业农户避免租佃经营的办法是，依据中共十八届

---

① 像河南滑县那样的粮食主产区，土地流转的价格一般是每亩一年 1200 元。小麦、玉米等粮食作物每亩每年总产量按 2500 斤，每斤价格按 1 元计算，每亩年总收入 2500 元，不算人工，各种投入大概每亩 800 元，加上租金，成本是 2000 元，算满了每亩每年净收益是 500 元，扣除难以避免的损耗，每亩净收益按 300 元计算，承租 100 亩地，全部净收入是 3 万元，大致上与务工收入相当。免除租金支出后，每亩净收入可增加 1200 元，达到 1500 元以上，30 亩地一年就是 4.5 万元，足以抵得上务工，相当于务工收入每月 4000 元。

三中全会《中共中央关于全面深化改革若干重大问题决定》中关于农地流转的精神，鼓励农户通过一次性收取多年租金（比如20年）的办法，永久性地出让土地使用权[1]。政府则对购入土地使用权的专业农户实施相应的补贴，以减轻专业农户的负担。政府还可以通过给退出土地经营的农户发放长期补贴的方式激励更多的农户离开土地，推动耕地向专业农户集中。

四　各种支农惠农政策向职业农民家庭倾斜

政府推出的各种支农惠农政策，如粮食直补、良种补贴、农机购置补贴，以及农田规划政策、水利电力基础设施建设等支农项目，均以各种方式向专业农户倾斜，或向专业农户发展较好的农村地区倾斜。

五　建立职业农民培训体系和培训制度

未来以家庭为基本组织形式从事适度规模经营的农民应该都是职业农民，也就是以农业为专业和经营事业的农民，他们不但需要系统的农业专业技术知识，也要懂农业的经营管理。国家应该利用现有的农业院校尤其是职业院校，免费为更多的农民提供系统教育的机会。同时建立轮训制度，每隔两到三年轮训一次，保证专业农民随时掌握新知识、获取新信息，成长为新的经营主体，并进入中等收入人群行列。

（作者：耿明斋　吴乐　蔡胜勋）

---

[1]　按经济学的解释，土地价格大致等于20年租金之和。

第二章　现阶段粮食主产区农业规模经营研究

——以河南省固始县为例

第一节　引论

保障粮食供给安全和增加农民收入始终是我国农业发展的两大目标。要实现这两大目标，必须要对现阶段我国的农业经营方式进行升级，实现从传统农业向现代农业的转变。我国现代农业发展的特征应体现在以下几个方面：一是从产品生产过程的角度看，现代农业的发展，一方面要实现高产、优质、高效的农产品供给，另一方面，现代农业发展要保证农业生产要素能够获取平均的生产收益；二是从产品价值实现的角度看，中国现阶段普遍存在的是两亿多农户分散经营方式，这使农户的市场参与机会与谈判能力受到负面影响，导致农民难以保护自身利益，农产品生产与市场需求难以有效衔接，农业服务成本难以降低；三是从农业可持续发展的角度看，生产要素在农业生产中获得同参与其他产业活动接近或一致的生产收益是关键环节，也唯有在此情况下，农业生产才能够获得供给充分、结构合理、管理有序的要素供给与管理，各农业生产要素才能够充分地发挥其作用效力，推进现代农业产出水平的持续提升。由此可见，要实现我国现代农业发展的目标，在稳定农村基本经营制度的基础上，把家庭分散经营的优势与统一经营和服务的优势结合起来，形成有活力的农村经营体制，是必须要解决好的一个根本性问题。在此问题上，中国的政府部门、理论研究者和广大的农业生产实践者从政策层面、理论研究层面和农业生产实践层面，对我国现代农业发展，特别是农业规模经营进行了探讨和实践。

一　政策层面

中央对"三农"问题非常重视，2004～2014年，连续发布了11份以"三农"为主题的中央一号文件，强调了"三农"问题在中国现代化时期的重中之重地位。其中，涉及农业经营方式升级方面的有：2008年，党的十七届三中全会指出，"加强土地承包经营权流转管理和服务，建立健全土地承包经营权流转市场，按照依法自愿有偿原则，允许农民以转包、出租、互换、转让、股份合作等形式流转土地承包经营权，发展多种形式的适度规模经营。有条件的地方可以发展专业大户、家庭农场、农民专业合作社等规模经营主体"；2009年，中央一号文件明确"把保持农业农村经济平稳较快发展"作为首要任务，并提出"三农"工作的十字方针——稳粮、增收、强基础、重民生，明确了旨在促进农业稳定发展、农民持续增收的一系列措施；2010年，中央一号文件提出"把发展现代农业作为转变经济发展方式的重大任务"；2012年，中央一号文件提出，"加快修改完善相关法律，落实现有土地承包关系保持稳定并长久不变的政策。按照依法自愿有偿原则，引导土地承包经营权流转，发展多种形式的适度规模经营，促进农业生产经营模式创新"；2013年，中央一号文件和党的十八大报告，对农业经营体系与农业经营体制问题都予以高度重视，其中，中央一号文件提出"坚持依法自愿有偿原则，引导农村土地承包经营权有序流转，鼓励和支持承包土地向专业大户、家庭农场、农民合作社流转，发展多种形式的适度规模经营"，家庭农场的概念首次出现在中央文件中，党的十八大报告又指出，要"以家庭承包经营为基础，在统分结合的双层经营体制下，培育新型经营主体，发展多种形式规模经营，构建集约化、专业化、组织化、社会化相结合的新型农业经营体系"；2014 年，针对工业化、信息化、城镇化快速发展对同步推进农业现代化的要求更为紧迫、保障粮食等重要农产品供给与资源环境承载能力的矛盾日益尖锐的环境，中央一号文件提出，要"完善国家粮食安全保障体系""深化农村土地制度改革"。

二 理论研究层面

农业规模经营问题在学术界一直是备受关注的问题。对此问题，学者有三种不同的观点：一是从生产要素节约利用的角度，认为农户经营规模扩大可以促进生产效率的提高；二是从激励机制方面考虑，认为经营规模扩大无益于生产效率的提高；三是认为农业经营规模的成本收益之比呈 U 形，最低点是最优规模点。

第二节 马克思关于农业发展道路的思想

我国对农业规模经营理论研究起步较晚，大体上是从新中国成立以后才开始的。由于特殊的政治环境影响，改革开放以前主要是"大农业"规模经济理论，它源于苏联理论模式，源于马克思关于农业中大生产和小生产关系的原理。那么，马克思关于农业发展道路的思想主要包括哪些呢？

早在 19 世纪，马克思就对农业问题进行了研究，但他对农业的研究是从属于他对资本主义的研究的，并形成了自己关于农业发展和农业现代化的思想。

（1）农业完全有可能像资本主义大工业一样，使用大规模的雇佣劳动力进行集体生产，即采用"农业中的资本主义生产方式"。这就是"……农业和工业完全一样受资本主义生产方式的统治，也就是说，农业是由资本家经营……在农业中，它是以农业劳动者的土地被剥削，以及农业劳动者从属于一个为利润而经营农业的资本家为前提"。①

（2）自耕农的生产方式是封建农奴制和现代资本主义之间的一种过渡形态。"自耕农的这种自有小块土地所有制形式……在现代各民族中，我们又发现它是封建土地所有制解体所产生的各种形式之一……在这种生产方式中，土地的占有是劳动者对本人的劳动产品拥有所有权的一个条件……土地的所有权是这种生产方式充分发展的必要条件……"②

（3）自耕小农的土地所有制取代封建农奴制，一方面蕴含着巨大的历史进步性，因为"在这里土地所有权是个人独立发展的基础。它也是农业本身发展的一个必要的过渡阶段"③。另一方面，马克思也认为小农天生是保守的、落后的，甚至反动的，由此，他们的生产方式也是极其落后的，因此，在与更为进步的资本主义大农业的竞争中，"小农必然灭亡"④。"小土地所有制的前提是：人口的最大多数生活在农村；占统治地位的，不是社会劳动，而是孤立劳动；在这种情况下，财富和再生产的发展，无论是再生产的物质条件还是精神条件的发展，都是不可能的，因而，也不可能具有合理耕作的条件。"⑤ "小块土地所有制按其性质来说排斥社会劳动生产力的发展、劳动的社会形式、资本的社会积聚、大规模的畜牧和科学的累进的应用。"⑥ 在马克思看来，资本主义雇佣型大农业代表着历史的前进方向，资本主义大农业取代自耕小农土地所有制是巨大的历史进步，这一进步体现在生产关系的变革、科学技术与新经营方法的应用、生产力的提高等诸多方面。农业"资本主义生产方式的巨大成果之一是，它一方面使农业由

---

① 马克思：《资本论》（第3卷），人民出版社，2004，第693页。
② 马克思：《资本论》（第3卷），第911～912页。
③ 马克思：《资本论》（第3卷），第912页。
④ 《马克思恩格斯选集》（第4卷），人民出版社，1995，第498页。
⑤ 马克思：《资本论》（第3卷），第918页。
⑥ 马克思：《资本论》（第3卷），第912页。

社会最不发达部分的单凭经验的和刻板沿袭下来的经营方法，在私有制条件下一般能够做到的范围内，转化为农艺学的自觉的科学应用；它一方面使土地所有者从统治和从属关系下完全解脱出来，另一方面又使作为劳动条件的土地同土地所有权和土地所有者完全分离……土地所有权就取得了纯粹经济的形式，因为它摆脱了它以前一切政治的和社会的装饰物和混杂物，简单地说，就是摆脱了一切传统的附属物……一方面使农业合理化，从而第一次使农业有可能按社会化的方式经营……"①。

（4）马克思在承认资本主义农业巨大历史进步性的同时，也认识到资本主义农业作为另一种私有制，它的发展同样会产生种种难以克服的问题，如农业资本家和土地所有者积累财富的同时，农业工人和小农等直接生产者却日益贫困化，社会两极分化加剧；资本主义租地农场主对地力的榨取和滥用，加速了土地贫瘠化和地力耗损的过程；资本投资如果没有相应的利润，农业资本家就不会追加投资，不会进行农业改良，不会雇用农业工人，由此造成农业生产能力的闲置②。因此，马克思认为，资本主义大农业必将为更高级的社会主义集体大农业所取代。

（5）在无产阶级及其政党掌握政权后，建立社会主义集体农业的具体做法是：一方面需要"把大地产转交给（先是租给）在国家领导下独立经营的合作社，这样，国家仍然是土地的所有者……至于在向完全的共产主义经济过渡时，我们必须大规模地采用合作生产作为中间环节……使社会（即首先是国家）保持对生产资料的所有权，这样合作社的特殊利益就不可能压过全社会的整个利益"③。另一方面，对待传统的自耕小农土地，马克思的看法是引导他们走上集体合作化道路，但一切以尊重他们的自愿、

① 马克思：《资本论》（第3卷），第696～697页。
② 马克思：《资本论》（第3卷），第918～919页；《资本论》（第1卷），人民出版社，2004，第579～580页。
③ 《马克思恩格斯全集》（第36卷），人民出版社，1975，第312页。

不搞强制为条件。"无产阶级将以政府的身份采取措施，直接改善农民的状况，从而把他们吸引到革命方面来；这些措施，一开始就应当促进土地私有制向集体所有制的过渡，让农民自己通过经济的道路来实现这种过渡；但是不能采取得罪农民的措施，例如，先不废除继承权或农民所有权。"[①]

马克思从历史经验研究中，提出了一条现代农业发展道路：（日耳曼公社影响下的）封建农奴制—自耕农小块土地所有制形式—资本主义雇佣型大农业—社会主义集体合作制大农业。

（6）晚年的马克思，在接触到东方社会的研究后，他的农业发展思想发生了一定的转变，特别是对农村公社以及自耕小农土地所有制和资本主义雇佣型大农业的发展问题产生了新的认识，农村公社，由落后、野蛮的象征和东方专制制度的牢固基础，转变为包含了公有与私有两重因素，在特殊的社会历史条件下，完全有可能直接过渡到社会主义集体合作大农业的新生事物。晚年的马克思认识到，农业发展道路无论是西方的"英国式农业发展道路"，还是东方的"跨越资本主义卡夫丁峡谷"道路，都不是普适的、唯一的。正如他所言，"一切取决于它所处的历史环境"。但是，纵观马克思的农业发展理论，我们会发现，其始终强调"大生产优越论"，"小农小块土地耕作方式"或"自耕农的土地所有制"始终被视为落后的、缺乏效率的，因而必然要被大生产农业所取代。[②]

第三节　农业为什么一定是家庭经营

对小农历史作用的消极认识和对农业发展特点认识的缺乏，导致了马克思对家庭自耕农业的偏见。他认为，农业可以像工业

[①] 《马克思恩格斯全集》（第18卷），人民出版社，1964，第694~695页。
[②] 〔日〕速水佑次郎、〔美〕弗农·拉坦：《农业发展的国际分析》，郭熙保译，中国社会科学出版社，2000，第389~393页。

一样使用大规模的劳动力进行集体生产活动，这在一定程度上忽视了农业生产本身的特点。那么为什么农业领域，特别是农业的上游领域，适宜或只能采用家庭经营方式呢？

1. 农业生产的特性决定了其家庭经营的方式

农业领域十分特殊，农业生产是自然再生产与经济再生产的有机统一过程，其生产过程中的地域性、季节性、时效性等特点非常强，极容易受到地形、地貌、气候等自然条件的严重制约，需要大量人力因地制宜、因时制宜地去精耕细作和节点式管理。而家庭经营最适于农民根据市场、气候、环境等及时做出决策，合理安排劳动力和劳动时间，有利于发挥精耕细作的传统、提高土地的产出率、促进农业增产和农民增收，否则，农业生产会存在高昂的劳动监督成本问题。

2. 规模经济在农业生产中并不明显

农业与工业是两个内在规律完全不同的产业领域，与工业生产的规模经济性相比，农业土地和劳动的匹配关系不存在明显的规模经济性，这就使得适应于小规模的家庭经营具有存在的合理性。当然，农业的资本投入，尤其是机械投入，则对土地具有规模要求，并且具有明显的劳动替代特性，这就意味着，农业的规模经济效应并不与农业的劳动投入量密切相关，而与资本的投入量密切相关。研究也表明，农业并不存在随着土地规模的扩大而产生的农产品单位成本下降的效果，农业的规模效应主要体现为农业劳动生产率的提高。总之，农业生产的不确定性和规模效应的独特性决定了家庭经营制度对农业生产具有适宜性。首先，家庭成员关系是血缘关系或婚姻关系，不存在雇佣关系，因而几乎不存在内部治理成本或劳动控制问题，这种制度优势，恰恰能解决农业由自然再生产的不确定性和周期性所带来的劳动控制成本问题，是任何其他产业组织制度所不具备的优势。其次，农业的规模经济特性表明，只要替代劳动的资本投入与匹配得当，农业的家庭经营既可以与相对小的经营规模相适应，又可以与较大的经营规模相适应，具有很大的生存空间和生命力，亦即家庭经营不仅适应以手工劳动为主的传统农业，也适应采用先进科学技术和生产手段的现代农业。这正如陈锡文所强调的，"不是家庭选择了农业，而是农业选择了家庭，世界各国概莫能外"。

第四节　农业规模经营：日本的经验与启示

目前，中国农业正在经历从传统分散经营的小农经济向集约化、适度规模化的现代农业经济转型时期，农业和农村正在发生巨大的变化：传统的依靠劳动力投入提高土地产出率转向大量投入机械生产，土地收入在农村家庭收入中的比重下降，农民群体分化等。基于这些变化，党的十八大报告提出，坚持和完善农村基本经营制度，建立集约化、组织化、社会化、专业化的农村生产经营新体制，实现由传统农业向现代农业的转型。在推进农业现代化的进程中，中国应该怎样找到一条适合国情、农情、域情的生产经营方式？农业规模化经营该选择什么样的路径？如何推进？对这些问题，第二次世界大战后的日本农业发展经验可以给我们提供一些有价值的借鉴。

一　政府干预试图扩大农业经营规模

日本在战后的经济恢复时期，农业亦面临着我国现阶段农业出现的"劳动力过剩，经营规模狭小，技术水平低下"等问题。经过半个世纪的发展，日本一跃成为具有现代农业发展水平的国家。在实现农业规模经营的过程中，一方面，日本政府出台了系列的政策、法规，诸如《农业基本法》《农地法》《农地利用促进法》《粮食、农业和农村基本法》《大米政策改革基本纲要》等，采取了各种措施，如专门设置了农业劳动者的养老金制度，以保证离开农业的农民有相对稳定的生活保障等，以期通过土地买卖和租借的方式推进农业规模化经营，但至今却未能摆脱小规模农户为主的生产格局；另一方面，一种不触及土地所有权的扩大农业经营规模的方式——生产合作化在日本逐渐发展壮大起来。

二 日本实现农业规模经营的路径：生产合作化

生产合作化就是同一村落里各个分散的农户在协商的基础上联合起来，组成一个生产合作组织，在集中起来的土地上，充分利用劳动力和机械等生产性资源，实现农业生产过程部分或全面的合作。这种生产合作组织大约开始于20世纪70年代末。早期生产合作组织的活动主要包括共同使用农业机械、统一新品种引进和种植、统一作业、承接缺少劳动力和机械的农户委托耕种等。随着农村劳动力的大量减少，特别是青壮年骨干劳动力的流失，农村出现了劳动力短缺、劳动力老龄化、农业生产效率低下、土地荒芜等现象。在这种情况下，一部分生产合作组织从组织形式和活动内容上向更深层次扩展，不仅全面承接小规模兼业农户的耕种委托，还将村落内各种类型的农户纳入组织里，将各家各户的土地集中起来，统筹安排生产活动，最后统一销售、统一分配。在这样的生产组织里，虽然是统一生产和经营，但集中起来的土地仍然是私人所有，最后所获得的收益在扣除劳动力工资和其他费用后，按各家的土地面积进行分配。

日本的学者对这种生产合作组织有不同的看法，佐伯尚美认为，这是"农业设备投资大型化超越了单个农户的能力范围，兼业化导致农户不能维持自成体系的家庭经营"，因此，这类生产合作组织被视为完善"小农"式家庭经营的补充手段；速水佑次郎认为这是一种"迂回"的扩大经营规模的方式；梶井功则认为，生产组织与个别农户家庭经营一样，是一种"经营体"，发展生产组织与培育个别大型农户一样，都是扩大规模的途径。日本政府对这种生产合作组织在观望了很长一段时间后，开始从政策上给予支持，在1992年制定的《新的食品、农业、农村政策方向》

中，首次将这类生产合作组织定义为"组织经营体"；1999年的新《农业基本法》则指出，在促进部分农户经营规模化的同时，还应积极发展这种以村落为单位的生产组织；2003年出台的《大米政策改革基本纲要》，将此作为政策扶持的"村落型经营体"；2007年实施的《跨产品经营安定政策》则把此类生产组织视为农业规模经营方式之一，可以享受政府的收入直接补贴。

根据日本农林水产省的调查，整个日本农村中，各种类型的生产合作组织2000年有9961个，2005年发展到10063个，占全日本13.5万个村落的7.4%。从生产组织的平均规模来看，加入生产合作组织的农户在9户以下的占总数的10.4%，10~19户的占24.2%，20~29户的占21%，30~39户的占14%。从经营的耕地面积来看，在日本都府县中，经营的耕地面积在45~150亩的生产合作组织占16%，150~300亩的占27.9%，300~450亩的占18%。在日本北海道，生产合作组织经营的耕地规模要大一些，拥有750~1500亩的生产合作组织占20%，拥有1500~3000亩的占25.8%，拥有3000亩以上的占13.4%。单从上面的数据来看，生产合作组织仍然有很大的发展空间。农林水产省在2005年公布的《农业结构展望》中描绘的未来理想的农业结构是，到2015年，在210万~250万农户中，33万~37万规模化的家庭经营和2万~4万生产合作组织成为日本农业经营的主流。

三　加入WTO农业协定后，日本推进规模经营的新动向

战后半个多世纪的时间内，日本在扩大农业经营规模上虽没有取得预期效果，但却从未放弃扩大经营规模的目标。相反，这一时期，日本的经济经历了从高速成长期到低速成长期以及WTO体制下农产品进口的剧增，大米过剩及生产调整、价格限制、土地基础整备、机械化发展和农地流转等一系列农业环境的变化。农户经营进一步分化，导致日本农业和农村的危机日益严重。在

这样的压力下，如何发展大规模农业经营，以提高本国农产品的竞争力，变得比过去更为紧迫了。特别是 2003 年 8 月的 WTO 谈判中，农产品关税下降到 200% 或 100% 以下，高额关税庇护下的日本农业（如大米关税 400%）面临致命的打击，迫使日本痛下决心改变农业的经营规模。在这样的背景下，2005 年日本出台并于 2007 年实施的《跨产品经营安定政策》是近年来日本农业政策上最重大的改革。这一政策改变了过去政府对包括小规模兼业农户在内的所有农户给予补贴的做法，而只对政府欲扶持的有一定规模的骨干农户和有一定规模而且比较规范的生产合作组织进行收入直接补贴。对于生产合作组织，新政策要求必须在 300 亩以上的规模才可以享受农业收入直接补贴，而且要求生产合作组织内部实行统一销售、统一核算和统一分配。很显然，新政策的目的不仅仅是应对国外压力而补贴农户的收入，而是要通过补贴的诱导加速长期以来进展缓慢的农业结构改革，逼迫小规模经营农户放弃土地，以促进由骨干农户承担的规模化农业经营。

四　日本农业扩大经营规模的启示

日本的经验表明：随着经济的快速成长，农业结构和农业生产要素都发生了重要变化，传统的小规模零散农业已不再适应新的农业经营环境，而扩大经营规模是传统农业向现代农业过渡的重要途径。

改革开放以来，我国经济发展举世瞩目。快速的经济发展给农业带来了巨大冲击，一方面，农村劳动力向城市大量转移，农业劳动力素质参差不齐，农民生产积极性不高，城乡收入差距扩大。另一方面，自 2006 年起，全国开始免征农业税，并逐步免去农民其他税费，解决了农民的税负问题，同时开始对农民实行直接补贴措施，为我国农业发展创造了良好的外部环境。但是，随着对外开放步伐的加大，我国农产品贸易呈现逆差状态，部分农产品对外贸易依存度越来越大，这与日本农业转型前农产品面临的境况一致。根据日本经验，在实现我国农业转型时，我们应该认识到以下几点。

第一，我国农业规模化进程将是一个长期的过程，农户兼业化会长期存在。我国农业现代化进程必须面对人多地少、人地矛盾紧张的不争事实，农村土地不仅承担着食品供给、原料产出、农耕文化传承和生态保育等功能，而且承担着最低社会保障功能，尤其是在城乡均等化的社会保障体系尚未完备之前，农村土地的社会保障功能的长期存在导致农户不愿意离开、彻底抛弃土地，而碎片化、日趋小规模化的户均土地必然导致农户难以专业从事农业，从而不可避免地产生农户兼业化。同时，农业生产的季节性也为兼业化提供了条件。

第二，农业的规模化经营是一国实现农业现代化的客观需要和必然趋势。战后半个多世纪，日本一直在坚持不懈地扩大农业经营规模，虽没有取得预期效果，但却从未放弃对目标的努力，其目的无非是在经济全球化的形势下，增强本国农产品的竞争力。

第三，从日本的经验看，规模经营既可通过扩大单个经营主体的经营规模来实现，也可通过经营主体间的外部合作来实现。日本在推进农业规模化经营的过程中，一方面，为了扩大单个主体的经营规模，先后提出了培育"自立经营农户"、"农业法人"和"认定农业者"的计划，其目的是使土地快速集中到专业农业生产单位中，并在土地集中、贷款及固定资产投资等方面由政府给予支持。另一方面，通过发展合作经济实现外部规模经营。日本的生产合作组织的经验告诉我们，农民可以在保证自己土地承包经营权的前提下加入生产互助组织或生产合作组织，通过机械共同利用、统一耕种、统一销售等方式，取得单个农户不能取得的规模效益。人多地少是我国在当前及未来相当长时期内的基本国情，大部分地区当前非农产业发展水平不高，农民综合素质较低且社会保障缺乏。因此，在全国范围内推行大规模的专业大户和家庭农场显然并不切合中国实际，而通过农户间的外部合作实现规模经营才是比较现实的选择。

第四，政府的扶持与干预是农业规模经营发挥效力的重要基础。从日本的经验看，政府对农业的最主要干预是土地改革，废除非直接耕作的地主土地所有者制度，由直接耕作者占有土地，同时通过农产品价格保护政策与关税保护措施来增强农业生产的市场竞争力。20 世纪 80 年代后，日本政府将干预农业的重点放在扩大土地经营规模与提高土地投入产出效率两个方面上。一方面修改《农地法》《农业基本法》，逐步消除妨碍土地合理流动与适度集中的规定与限制，鼓励与引导农户扩大土地经营规模；另一方面在土地经营规模难以迅速扩大的条件下，没有人为地强制扩大经营规模，而是在小规模农户家庭经营的基础上，借助于政府投资、贷款优惠、价格调节、税收控制、技术开发以及社会化服务体系等系统配套的经济政策，为充分发挥农民家庭经营潜力创造了良好的外部环境。

第五，推进农业立法，保障和推进农业规模化经营。农业规模化进程是一个相对长期的过程，同时又是一个涉及农业、农村、农民的系统工程，需要一个长期稳定的，涉及农业生产、农村经济、社会、生态、政治、农民生活的立法保障，有必要及时修改、完善相关法律法规。日本在此方面的做法可以给我们提供很好的借鉴，在促进农业规模经营方面，日本先后颁布并修订了《农地法》、《农业基本法》、《大米政策改革基本纲要》和《跨产品经营安定政策》等诸多法律、政策。

第五节 农业规模经营的理论分析：基于农业劳动生产率的测算

一 规模经营与规模经济

规模经济是新古典微观经济学的基本概念，表示随着经济体经营规模的扩大，产出的单位生产成本会逐步降低，从而提高生产效益，产生规模经济，但扩大的经营规模在达到某一点后，受到管理费用、市场容量和价格等因素的限制，其成本开始上升。因此，农业经营规模如不"适度"，可能会由规模经济转为规模不经济，出现从报酬递增变为报酬递减的现象。

图 2-1 反映了规模经营与规模经济在规模区间上的关系。D 为长期平均成本曲线 LAC 的最低点，对应的生产规模为 Q，Q 点的左边和右边分别为规模经济区间和规模不经济区间；P 为农产品的价格线，表示农产品的出售价格（由于农产品需求的刚性，价格的波动幅度不大，因此在此假设为定值）。当经营规模处于 Q_0 时，单位农产品成本 C_0，明显高于农产品的价格 P，此时生产经营单位亏损，显然经营规模没有达到，存在巨大的规模经济，因此，扩大经营规模能够使农产品成本下降。当经营规模由 Q_0 扩大到 Q_1 时，农业生产单位由亏本转为保本，这一保本经营规模 Q_1 也是农业实行规模经营的起点。随着经营规模的继续扩大，单位农产品成本随之降低且低于产品价格，规模经济继续增加，直到经营规模达到 Q 时，单位产品成本达到最低，规模经济效益最大，因而，Q 为最佳经营规模。若经营规模

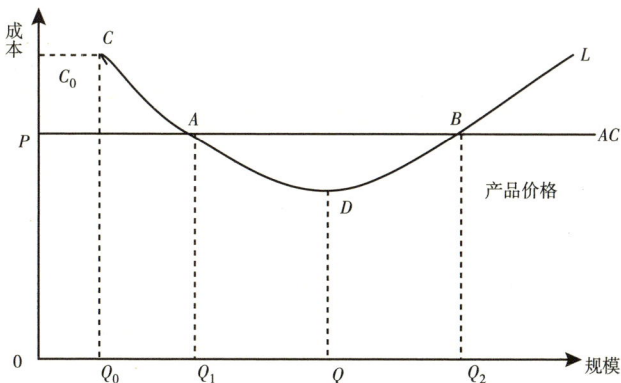

图 2-1　规模经营与规模经济关系

继续扩大，单位产品成本由下降转为上升，进入规模不经济区间，但此时农产品成本仍低于价格，生产纯收入仍然继续增加，直到规模达到 Q_2 时，农业生产纯收益达到最大值，再继续扩大生产规模会让经营者亏损。由此可知，最佳规模点只是理论上的抽象，在实践中由于种种条件的限制很难达到，追求规模效益一般只是寻找两个临界规模点，从临界规模点逐渐向最佳规模点逼近，任何处于临界点之间的规模都是适度的。还可看出，农业规模经营区间与规模经济区间虽有部分重叠，但有很大差异，规模经济区间为 $[0, Q]$，而农业适度规模经营区间为 $[Q_1, Q_2]$。

二　农业经营规模影响因素分析

劳动生产率的提高是社会进步的体现，对农业来讲也是如此。一般认为，影响一个产业或企业的劳动生产率的因素有资本、劳动、规模和技术四个方面。在此所讨论的农业部门的劳动生产率，是以实物产出所衡量的劳动生产率，即在农业部门的资源总量既定的情况下，如何获得最大的产出问题。

在不考虑农业是一个天然弱质产业，并认定稀缺性存在和农民是理性生产者的情况下，在制度约束框架内，农民在农业生产的过程中追求最大化收益。农业适度规模经营是对最佳经营规模的逼近，核心思想是通过各生产要素的合理配置和优化组合，确定生产投入和成本间的最优或次优关系，从而使平均成本最小，达到最佳或次佳效益。

在此，采用 C－D 生产函数对影响农业经营规模的因素进行分析。因为 C－D 生产函数不仅克服了计量单位差异的影响，而且也能计算各生产要素的弹性及其边际收益，甚至在各生产要素价格已知的条件下还能判断各生产要素的配合是否合理。参考钱贵霞的计量模型，

$$TR = P \cdot Q - C \tag{1}$$

其中，TR 为农产品的总收益，P 为农产品的价格，Q 为农产品的数量，C 为农产品的生产成本。

$$Q = AL^\alpha K^\beta H^\gamma \tag{2}$$

其中，L 为劳动力投入量，K 为资本投入量，H 为土地投入量，A 为其他影响因素。α、β、γ 分别为劳动力、资本、土地的产出弹性。

$$C = wL + rK + nH \tag{3}$$

其中，w 为劳动力的工资，r 为资本的价格，n 为土地的地租。将式（2）、式（3）带入式（1）得

$$TR = P \cdot AL^\alpha K^\beta H^\gamma - wL - rK - nH$$

根据总收益最大化得

$$\max TR = (P \cdot AL^\alpha K^\beta H^\gamma - wL - rK - nH)$$

$$\begin{cases} \partial TR/\partial L = \alpha \cdot P \cdot AL^{\alpha-1} K^\beta H^\gamma - w = 0 \\ \partial TR/\partial K = \beta \cdot P \cdot AL^\alpha K^{\beta-1} H^\gamma - r = 0 \\ \partial TR/\partial H = \alpha \cdot P \cdot AL^\alpha K^\beta H^{\gamma-1} - n = 0 \end{cases} \tag{4}$$

计算可得均衡解：

$$\begin{cases} L^* = \alpha \cdot P \cdot Q/w \\ K^* = \beta \cdot P \cdot Q/r \\ H^* = \gamma \cdot P \cdot Q/n \end{cases} \tag{5}$$

即
$$H^*/L^* = \gamma/\alpha \cdot w/n \tag{6}$$

由式（6）看出，最优经营规模取决于土地产出弹性 γ、劳动力工资 w、劳动力产出弹性 α 和土地地租 n，与土地产出弹性、劳动力工资成正比，与劳动力产出弹性、土地地租成反比。首先，在其他条件不变的情况下，土地产出弹性 γ 较大时，更多的投入

可以产生更多的收益，最佳经营规模相对较大。其次，当非农工作机会增多，机会成本较大，大量农村劳动力向非农行业转移时，农业劳动力缺乏，工资较高，生产收益和成本间的平衡也将在更大的经营规模处实现。再次，土地稀缺、人均土地拥有量较小、地租较高时，最优土地规模也较小。最后，随着科技的进步，农业更多地依赖于机械化生产，劳动力的产出弹性日渐变小，因而较大的经营规模更有利。

三　农业规模经营的目的

农业经营规模有农业内部自身的规模经营，逐步扩大经营主体的规模；也有农业外部规模经营，通过各种农业经营组织如农业合作社、农业协会等和社会化服务体系，把众多分散农户有机地结合起来，形成规模基地，并为其提供农业产前、产中、产后服务，使各经营主体形成关系密切的生产体系，解决一家一户难以解决的问题，从而获取规模优势和规模效益。农业规模经营受资源禀赋、经营环境、生产力水平和劳动者素质等众多因素影响，其核心问题是以效益为主体的规模的确定，离开了效益，规模便失去意义。

在一定的投入水平下，农业规模经营同时追求经济效益、社会效益和生态效益三个效益目标。

1. 经济效益

农业适度规模经营作为一种生产经营活动，其主要的效益目标就是经济效益的最大化，即怎样使有限的农业生产投入生产尽可能多的农产品和服务。

2. 社会效益

农业规模经营对社会发展、文明建设、公民利益及社会稳定等方面产生影响，在经济效益不相等的情况下，用社会效益的显著程度作为权衡；在经济效益相等的条件下，优先考虑社会效益大的项目。

3. 生态效益

农业适度规模经营的合理性还包括对生态环境改善，因而要遵循可持续发展方针，将生态成本纳入成本核算，充分考虑农业生产的生态效益。

第六节　农业规模经营的实证分析：
基于河南省固始县的调查
数据研究

一　方法的选择

在理论分析的基础上，以"规模经营与规模经济的关系图"为依据，从成本—效益理论出发，探寻河南这一粮食主产区农业规模经营的合理区间。

二　实证调查对象的选取和分析

固始县位于河南省东南部，豫皖两省交界处，北临淮河，南依大别山，县域面积为 2946 平方公里，耕地面积为 140 万亩，总户籍人口为 173 万人，其中，农业户籍人口 150 多万人，常住人口 102 万多人，辖 33 个乡镇、街道办事处，547 个村、93 个社区，是河南省第一人口大县、第一农业大县和第一劳务输出大县。家庭联产承包责任制实施后，农业释放的劳动力蜂拥奔向城市务工，在随后的 30 多年时间里，固始县农村劳动力不断外流，人数也急剧增加，到如今，常年在外务工人员达 60 多万人，特别是 1997 年以来，外出农村劳动力融入大中城市、站稳了脚跟后，开始成批带走亲朋邻里，甚至带走整村、整组剩余劳动力。在这种情况下，河南劳动力输出第一县——固始县的农村土地经营权流转就出现了雏形：家里没有了足够的劳动力，农民开始将土地委托亲友耕种。随着土地收益的增加，农村开始出现了一部分流出户将土地租赁给不外出务工农民耕种，并且超出了亲友之间租种范围，在承租对象的选择上基本采取了市场行为，并且这部分非亲友之间土地经营权流转行为在全县范围内日益增多。据固始县农地流转中心统计，截至2011年6月中旬，全县耕地流转面积为831587.961亩，流转面积占耕地总面积的近60%，流转耕地5000亩以上大户6户，1000～5000亩的为66户，500～1000亩的为61户，100～500亩的为365户，50～100亩的为2039户，50亩以下的为36583户。

本文旨在研究农业规模经营问题，因此根据调查户的耕地情况，把农户按照所经营的耕地面积分成了5组：50亩以下、50～100亩、100～500亩、500～1000亩和1000亩以上。为了分析不同规模的效益，对生产函数模型 $Q = AL^{\alpha}K^{\beta}H^{\gamma}$ 进行改进，引入了表示土地规模的虚变量，来说明在资本、劳动力和土地等投入既定的情况下，不同的生产经营规模对收入的影响。

改进后的模型为

$$\ln(TR) = c + \alpha\ln(labor) + \beta\ln(land) + \gamma\ln(fee) + D_1 + D_2 + D_3 + D_4$$

其中，TR 是总收益，fee 是包括农药、化肥、种子、农机和雇工等的费用，D 为不同规模组的虚变量，数量要比规模组数少1个，本研究将50亩以下组作为对照组。D 的取值如下，

$D_1 = \{1, 50～100亩；0，其他组别\}$；

$D_2 = \{1, 100～500亩；0，其他组别\}$；

$D_3 = \{1, 500～1000亩；0，其他组别\}$；

$D_4 = \{1, 1000亩以上；0，其他组别\}$。

α、β、γ 分别为劳动力、耕地播种面积、物质费用的弹性系数。每组的生产弹性系数之和是规模报酬系数 RTS。

当 $RTS > 1$ 时，规模报酬递增，产出增加的比例大于投入增加

的比例；当 $RTS = 1$ 时，规模报酬不变，投入增加的比例等于产出增加的比例；当 $RTS < 1$ 时，规模报酬递减，投入增加的比例大于产出增加的比例。

三　模型估计结果

从规模报酬系数来看，耕地在 50 亩以下规模的农户，规模报酬系数是 0.91，小于 1，说明其边际收入小于边际投入，也就是说投入增加的比例大于收入增加的比例，有扩大经营规模的空间；耕地在 50～100 亩、100～500 亩两个规模组的规模报酬系数都是大于 1 的，分别为 1.18 和 1.24，表明其边际收入大于边际投入，报酬是递增的；500～1000 亩规模组的农户的规模报酬系数为 1，说明投入增加的比例等于收入增加的比例，规模报酬是不变的；1000 亩以上规模组的虚变量出现了负值，且规模报酬系数不但小于 1，而且还小于 0.91，这表明其边际投入大于边际收入，出现了规模不经济的状况，这说明农业经营规模过大（见表 2 - 1）。

表 2 - 1　模型回归结果的部分数据

变量	弹性系数	变量	弹性系数
常数项	5.199095	D_1	0.273129
劳动力人数	0.053399	D_2	0.332278
物质费用	0.165180	D_3	0.095702
粮食播种面积	0.688466	D_4	- 0.23227

四　案例分析

1. 案例一

固始县某粮食种植大户，通过签订合同的方式，至今已在县域内七个村流入耕地 15320 亩，涉及农户 2300 户，亩均流转金为水稻 600 斤/年（折合人民币约 780 元/年），年需支付流转金 11949600 元；由于耕种面积广大，该种植大户固定用工 120 人，年需付工资 400 万元；农忙时节，季节性用工近 13000 人次，需付劳务费 90 余万元；投资 600 万元建设了办公生产综合场，含粮仓、办公楼、职工食堂、机库等，占地约 30 亩，还配备了配电设施、无塔供水装置、现代化办公设施等；投资 910 多万元购置了大型推土机、挖掘机、插秧机、秸秆还田机、育秧机、开沟起墒机、播种机、撒化肥机、农用汽车、排灌、植保等机械 260 余台（套）；还投资 2200 多万元，在四个村实施了土地平整；投资 1000 多万元，对农业生产路、渠、桥、涵、闸等基础设施进行全面硬化升级改造；投资 300 万元，开挖十万方大塘 5 口。这样计算下来，该种植大户先期个人一次性投资已达 5000 多万元，年支付用工费近 500 万元，年支付流转耕地租金近 1200 万元。而该种植大户的年收获情况是：秋收水稻约 1000 万斤，折合人民币约 1100 万元；夏收小麦、油菜等农作物折合人民币约 400 万元。这样一年的农业总收益还不够支付一年的土地租金和用工费，先期的投资，机器的折旧，银行贷款的利息，购买种子、化肥、农药的费用和各种消耗、损耗的费用成了该种植大户负担不起的经济和心理负担。到目前，该种植大户已呈现的问题：①农业种植的热情和积极性正在消退；②管理方式原始，缺少高效的管理团队和管理方式；③非生产性开支过大，导致流动资金周转困难；④春秋两季种植水稻和小麦近 3 万亩，经营规模过大，影响土地产出率和农业亩均效益的提高。

2. 案例二

农业规模经营的另一种模式——托管模式。河南省封丘县位于河南省东北部，隶属新乡市。农业托管模式在封丘起步并不早，始于 2012 年 3 月，当时只是小麦托管模式。但到 2013 年 5 月，这种模式迅速扩大到全县 6 个乡镇中 32 个行政村，已有 600 多户农民与某合作社签订了土地托管协议，土地托管面积达到12000多亩。其具体做法是：农户根据自愿原则，与合作社签订协议，把粮食种植的全部环节交给合作社托管。在整个过程中，土地所有权性质不变、土地用途不变、农产品归属权不变。托管采取两种方式，一是全托。从种到收，全程服务，实行"六统一"——统一耕种、统一供种、统一浇水、统一打药、统一施肥、统一收购。农民只需要每亩缴纳970元托管费。二是半托。实行"三统一"——统一播种、统一打药、统一收购。农民需缴纳托管费小麦每亩300元，玉米每亩265元。到目前该合作社已托管耕地1.2万亩。通过托管的方式，农民托管小麦每亩单产提高150斤，单价提高0.05~0.1元，每亩至少可以增收200元，节约成本100多元；合作社统一收购粮食，麦季每亩获利50元，1.2万亩利润60万元。托管模式，一方面采取集中化、规模化、机械化连片作业，通过集中采购种子、化肥、农药，实行统一播种、统一施肥、统一病虫害防治，大大提高资源利用率和劳动生产率，降低了种粮成本。另一方面把农民从土地的束缚中解脱出来，使他们能安心在外务工，这不仅解决了农业劳动力不足的问题，而且也降低了农民的机会成本，增加了农民收入。

从上述的两个案例可以看出，现代农业规模经营完全可以实现，但到底应该采取何种方式，应该由实践来检验，如果单纯地只以土地流转的方式来实现土地的连片集中不一定是最佳选择，这是因为规模大了，承包者自己干不了，必然要雇人耕种和管理，不可能像小规模农户一样精耕细作，人工成本大大增加，亩均产量和亩均效益都会下降，管理不善，还会造成亏损，最终造成农业种植者和流出耕地者双方利益受损，严重的还会影响粮食产量，固始县的案例就印证了这一点。而农业托管模式，在实践中证明是一种可以实现多方共赢的农业规模经营模式。因此，在推进农业规模经营的过程中，仍然要坚持精耕细作，做到追求规模效益和单位面积土地产出率并重。

第七节　农业规模经营的另一测算角度：基于
劳动力从事农业劳动收入和从事
非农劳动收入的对比研究

一　机会成本假设

机会成本假设以稀缺性假设为基础。由于资源是稀缺的，人们必须不断地决定如何利用有限的资源，这种资源不单单指物质资源，还包括时间资源、信息资源等。机会成本是指在这些资源有限的情况下，用该资源从事某项活动就不得不放弃从事其他活动所付出的代价或丧失的潜在利益。这种代价或潜在利益是有机会从事其他活动可能获得利益最高的估价。机会成本假设反映了稀缺与选择二者之间的基本关系。有限的资源常常有多种用途，即有多种使用的"机会"，但用在某一方面，就不能同时用在另一方面。因此，在选择资源用途的决策中，必须把已放弃方案可能获得的潜在收益，作为被选取方案的机会成本，这样才能对选取方案的经济效益做出全面正确的评价。随着我国市场经济的发展，广大农民就业机会空间出现前所未有的扩大，其从事农业劳动的机会成本也开始不断增加，而且越来越高。

二　粮食主产区农民收入结构变化

从表2-2可以看出，2000年以来，河南省农民人均纯收入增长较快，且各项收入都基本稳步增加，但从表2-2中我们也可以看出，在农民的收入构成中，工资性收入的比重一直在逐步增加，从2000年的17.4%增加到2012年的30.4%，而家庭经营性收入的比重却在逐步下降，从2000年的78.3%下降到2012年的63%。其中，2004年前后，国家农业补贴政策的实施，让农民人均收入中的工资性收入增幅减缓，家庭经营性收入降幅也减缓。财产性和转移性收入波动较大，经历下降－上升，由 2000 年的 4.3% 下降到 2004 年的 2.9%，再上升到 2012 年的 6.5%。这些数字表明：即使是粮食主产区的农民，其收入的构成比也发生了明显的变化，其工资性收入、财产性和转移性收入的比重在明显扩大，而家庭经营性收入比重在逐步下降，这说明农业出现了实现规模经营的契机（见图 2－2）。

表 2－2　河南省农民人均纯收入来源及构成

单位：元，%

年份	年纯收入	工资性收入		家庭经营性收入		财产性和转移性收入	
		数量	比重	数量	比重	数量	比重
2000	2726	474	17.4	2134	78.3	118	4.3
2001	2916	518	17.8	2276	78.1	122	4.2
2002	3061	568	18.6	2354	76.9	140	4.5
2003	3036	636	20.9	2268	74.7	132	4.3
2004	3536	754	21.3	2679	75.8	103	2.9
2005	3946	854	21.6	2966	75.2	126	3.2
2006	4459	1023	22.9	3279	73.5	158	3.5
2007	5197	1268	24.4	3721	71.6	208	4.0
2008	5994	1500	25.0	4212	70.3	283	4.7
2009	6414	1622	25.3	4462	69.6	331	5.2
2010	7293	1944	26.7	4969	68.1	381	5.2
2011	8725	2524	28.9	5640	64.6	561	6.4
2012	9829	2989	30.4	6197	63.0	643	6.5

资料来源：根据《河南省统计年鉴》整理计算得来。

三　粮食主产区农民家庭经营性收入结构

在粮食主产区农民家庭经营收入中，第一产业生产经营收入是农民收入的最主要来源，农业收入更是重中之重，占家庭经营收入的比例很高。表 2－3 是河南省农民人均家庭经营性收入及其来自不同产业的数据，从中可以看出，河南省农民家庭经营性收入中来自第一产业的收入 2000 年为 1767 元，占农民家庭经营纯收

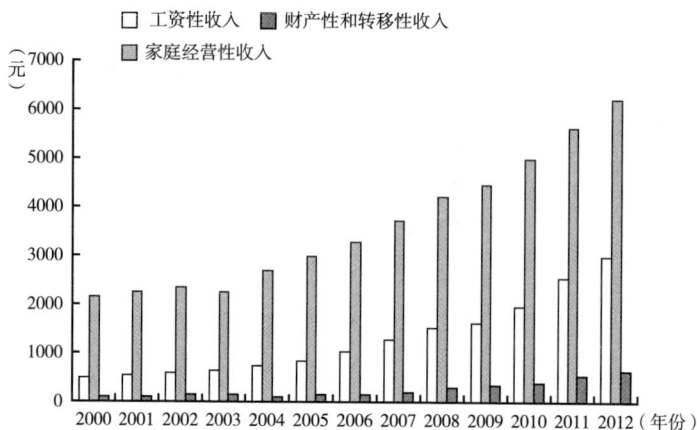

图2-2　河南省农民人均纯收入来源及构成

入的 82.80%，2012 年为 4929 元，比重下降为 79.54%。但在 2004 年前后，由于农业政策的调整，来自第一产业的收入占比有较大幅度的增加，2005 年和 2006 年增幅有所下降，但 2007 年和 2008 年由于受金融危机的影响，在农民家庭经营性收入中，来自第一产业的收入增幅又有所增加。这也充分说明了农业在农民的生活中具有保障的作用。来自第二、三产业的生产经营收入也是起伏波动，这说明农民来自第二、三产业的经营性收入不仅受农业政策的影响，而且也受整个经济环境的影响。但是来自第二、三产业的经营性收入，特别是来自第三产业的收入，十几年来在农民的家庭经营性收入中比例明显增加，成为支持农民收入增长的主要力量。

从河南省这一粮食主产区农民收入结构的变化和农民家庭经营性收入在第一、二、三产业中的变化，我们可以看出，农民从事农业生产的机会成本越来越高。随着城镇化、工业化和农业现代化的推进，广大农民转市民和进城就业机会出现了前所未有的扩大，其从事农业劳动的机会成本也开始不断增加，而且越来越高。因此，在我国"四化"协调发展的新经济背景下，农业规模经营的效率评价应该充分考虑农民农业生产的机会成本。

表 2 - 3　河南省农民家庭经营性收入的变化

单位：元/人，%

年份	家庭经营性收入				三次产业比例		
	合计	一产	二产	三产	一产	二产	三产
2000	2134	1767	96	271	82.80	4.50	12.70
2001	2276	1902	103	272	83.57	4.52	11.95
2002	2354	1951	116	287	82.88	4.93	12.19
2003	2268	1885	113	270	83.11	4.98	11.90
2004	2679	2299	121	260	85.81	4.52	9.71
2005	2966	2532	130	304	85.37	4.38	10.25
2006	3279	2764	161	354	84.29	4.91	10.80
2007	3721	3144	185	392	84.49	4.97	10.53
2008	4212	3577	194	440	84.92	4.61	10.45
2009	4462	3711	211	540	83.17	4.73	12.10
2010	4969	4099	241	628	82.49	4.85	12.64
2011	5640	4596	273	771	81.49	4.84	13.67
2012	6197	4929	302	966	79.54	4.87	15.59

资料来源：根据《河南省统计年鉴》整理计算得来。

第八节　结语

　　无论是理论分析、实证检验，还是从近十几年来农民从事农业生产的机会成本的变化来看，农业的规模经营是现代农业的必然之路，是提高农业生产力水平的根本途径。但是，日本的农业规模经营之路和实地调研的案例都告诉我们，实现农业规模经营的方式可以因地、因时而不同，并且在实现农业规模经营的过程中，政府引导是基础，市场机制是关键，经济效益是前提，各方共赢是保障。否则，实现我国农业现代化只能是口号，严重的会危及国家粮食安全和农民生活水平的提高。

（作者：曹利平）

参考文献

［1］黄祖辉：《现代农业经营体系建构与制度创新——兼论以农民合作组织为核心的现代农业经营体系与制度建构》，《经济与管理评论》2013 年第 6 期。

［2］宋亚平：《规模经营是农业现代化的必由之路吗?》，《江汉论坛》2013 年第 4 期。

［3］李勋华等：《日本农业发展对中国农业经营方式的启示与借鉴》，《乡镇经济》2008 年第 11 期。

［4］〔日〕佐伯尚美：《农业经济学讲义》，东京大学出版会，1993，第132 页。

［5］胡霞：《日本农业扩大经营规模的经验与启示》，《经济理论与经济管理》2009 年第 3 期。

［6］吕晨光等：《农业适度规模经营研究——以山西省为例》，《统计与决策》2013 年第 20 期。

［7］曹利平：《农村劳动力流动、土地流转与农业规模化经营研究——以河南省固始县为例》，《经济经纬》2009 年第 4 期。

［8］〔美〕保罗·萨缪尔森、〔美〕威廉·诺德豪斯：《经济学》，萧琛译，人民邮电出版社，2004，第 109 页。

第三章　现阶段粮食主产区农户
兼业问题研究

　　始于改革开放之初的农业家庭联产承包责任制确立了农户家庭经营的主体地位，激发了农民的生产积极性，使中国的农业生产水平快速提高。家庭承包经营实行了"耕者有其田"的政策，在农业经济比较落后的情况下有利于农村的稳定和发展，但是，我国人多地少，土地按劳动力平均分配，每个农户经营的土地面积狭小，耕地细碎化造成农业规模经营难以实现，土地体现出的社会保障功能重于生产功能，农户通过纯粹的农业经营提高收入空间十分有限。随着城镇化、工业化进程的推进，农业外部的就业机会逐渐增多，农村地区的大量劳动力脱离农业进入第二、三产业。目前，我国农民收入提高的一个重要途径就是工资性收入的增长。农村外出务工者从 20 世纪 80 年代初的几百万人快速增长，农村实际常住人口已经持续多年以每年超过 1000 万人的速度减少，农村出现了兼业现象并快速发展。

　　农户兼业现象在世界范围内普遍存在。在美国、日本和德国等现代农业比较发达的国家，兼业农户（场）在总农户（场）中的比重均超过 50%。有关调查显示，随着我国农村剩余劳动力的不断转移，我国农户中兼业农户的比重在 20 世纪末已经超过了 50%，并且近十年来，农户兼业经营水平持续提高。学界对农户兼业经营利弊问题争议颇多，一种观点认为，在微观层面兼业经营是农户在一定条件下合理配置家庭要素的理性选择，为追求家庭效用最大化，将农业生产经营中相对过剩的劳动力、资本等要素转移到工业、服务业等非农部门的行为，通过兼业经营，形成家庭收入来源的多元化，并由此逐步降低对农业的依赖，有助于提高农户家庭收入水平；另一种观点则认为，在宏观层面，农业兼业经营可能造成农田经营主体老弱化、农业要素投入淡化、生产条件退化、农田管理粗放化，不利于农业规模经营的快速推进。

截至 2013 年，我国的粮食产量实现"十连增"，但粮食自给率却逐年降低。海关的统计数据显示，2012 年全年中国进口谷物 1398 万吨，大豆 5838 万吨，合计进口粮食（包括大豆）7236 万吨，进口量已经占全年粮食产量的 12.2%。"丰年缺粮"，2012 年粮食自给率已跌破 90%，1996 年首次提出的"95% 的粮食自给率"红线已经失守。目前，进口大豆已经占据了半壁江山，主粮进口也呈现常态化趋势。粮食主产区肩负着我国粮食供给的重要责任，农户普遍兼业化对粮食主产区现代农业发展走向影响重大。对现阶段粮食主产区农户兼业经营情况进行研究探索，意义深远。本研究将利用河南省样本农户数据，对粮食主产区农户兼业经营基本特征及趋势进行实证分析。

第一节　农户兼业的定义与分类

兼业是指农户将原本投入农业生产经营的要素转移到工业或服务业等非农部门以获取更大收益的行为。从狭义上讲，兼业即非农就业，指农业家庭劳动力向非农行业转移以获取非农工资性收入的过程，可依据农业劳动力非农就业时间占全部劳动时间的比例来衡量兼业程度；而广义的兼业则是指农户将劳动力、资本等各种要素转移到非农领域，以获取非农收入，形成农户收入来源的多元化，广义的兼业主要通过农户非农收入占家庭总收入的比重对农户兼业类别进行划分。各国关于兼业农户的划分标准不同，有的国家以农业和非农

劳动时间来划分，有的国家以非农收入的大小或者比率来划分（见表
3 – 1），本研究的划分方法主要以后者为主。

表 3 – 1　各国对兼业农户的划分标准

国家	专业农户	第 I 兼业农户	第 II 兼业农户
中国	家庭总收入中农业收入占 95% 以上	家庭总收入中农业收入占 50% ~ 95%	家庭总收入中非农收入占 50% ~ 95%
美国	每年非农劳动 100 天以下者	每年非农劳动在 100 天以上者	
日本	家庭成员全部从事农业生产	家庭总收入中农业收入占一半以上	家庭总收入中农业收入不足一半
德国	家庭总收入中农业收入占 90% 以上	家庭总收入中农业收入占 50% ~ 90%	家庭总收入中非农收入占 50% ~ 90%

资料来源：李秉龙、薛兴利主编《农业经济学》（第 2 版），中国农业大学出版社，
2009。

第二节　国内外农户兼业经营相关研究

兼业问题在世界范围内广泛存在，学者对农户兼业经营优劣
的争论尚无定论，国内外学者也越来越重视对农户兼业问题的研
究，对前人研究进行梳理和总结有利于研究的深入。

一　农户兼业经营的原因

1. 农业生产过程的特殊性

农业生产过程中，劳动投入过程与农作物生长交错进行，农
业劳动力投入和农业生产工具使用具有阶段性和间歇性，农户可
以充分利用家中闲置资源或改变其用途获取更多收入，农户兼业
化道路的选择与农业土地规模经营无关（韩俊，1988）。冯海发
（1988）认为，农户的劳动力资源在农业生产上不能实现充分就业
是兼业行为发生的支撑点，农户的劳动力资源在农业生产中越不

能充分就业，农户的兼业范围就会越大，程度也会越高。陈晓红等（2007）则认为兼业是农户合理配置家庭生产要素的理性选择。农业生产强烈的季节性、生产周期长以及劳动过程和生产过程的不一致是农户兼业经营的客观基础（李秉龙、薛兴利，2009）。

2. 农户家庭内部的成员分工的优化

Low（1986）注意到，农户内部成员之间劳动力比较优势是造成兼业的原因之一。农民是理性的经济人，对自身生产要素的配置是具有效率的（舒尔茨，1987）。农户兼业经营行为是农户在预算约束条件下综合考虑各个方面因素、合理配置家庭现有劳动力资源、追求家庭总效用最大化的理性选择（扶玉枝、朱磊，2008）。向国成等（2005）认为在中国人地矛盾比较尖锐和农村社会保障还不健全的约束下，农户兼业化必然是中国农户家庭内分工的长期组织均衡形态。钱忠好（2008）认为家庭决策的基础是尽可能地利用家庭内部成员的分工优势，使家庭收益最大化。农户兼业化能充分利用家庭成员个人的专业化知识和技能，获得整个家庭的分工经济，使家庭收益最大化。农户兼业行为演化的实质是由家庭成员个体就业行为决策和家庭集体劳动分工决策共同决定的（陈浩、毕永魁，2013）。

3. 农业经营效益低于非农经营收益

随着经济社会的发展，在城镇化、工业化中前期，非农经营的效率往往数倍于农业经营，期望收入提高的农民必然将劳动力、资本等资源转向比较利益较高的部门，因此，越来越多的农民转入非农产业，从而提高自己的收入水平（陆一香，1988）。在图 3-1 中，字母的含义分别为：

L 表示农户家庭总资源；

L_1 表示农户投入农业经营中的资源；

L_2 表示农户投入非农经营中的资源；

MVP（A）表示农户农业经营的边际收入曲线；

MVP（B）表示农户非农经营的边际收入曲线。

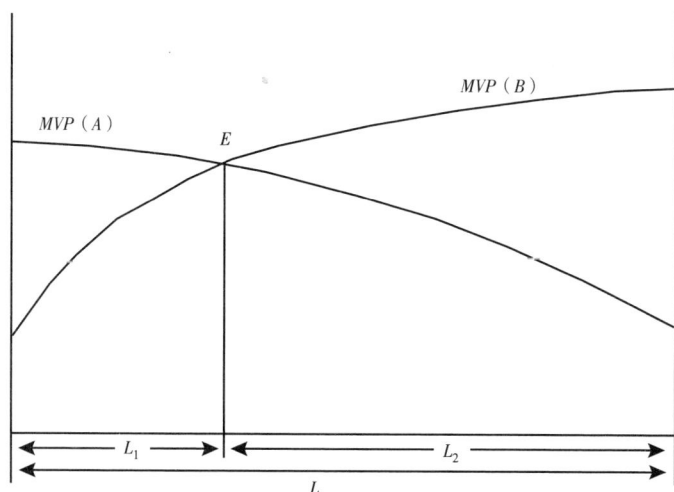

图 3 - 1　农户经营的边际收入曲线

工业化初期，农民在非农产业中没有合适的就业机会和投资机会，属于纯农户；随着工业化、城市化的推进，农民外出就业或将资金投入非农产业中的机会增加，虽然农户农业经营的边际收益曲线和农户非农经营的边际收益曲线同时上升，但非农经营的边际收益曲线上升速度快于农业经营的边际曲线。受均衡条件 $MVP（A）= MVP（B）$ 的制约，均衡点一直左移，农户投入非农产业中的资源越来越多，由纯农户变为Ⅰ兼业农户、Ⅱ兼业农户，农业经营收入在总收入中的比重越来越少，直到无足轻重，应该会退出农业，农业经营规模得以扩大。

"推拉原理"认为农户兼业经营的原因可以从推、拉两方面去理解（高强，1999），一方面，农业内部的推力和非农产业的拉力促使农户离开农业，这些因素包括获取更高收入，农业机械的使用使家庭劳动力过剩，城市化、工业化的推进使农民非农就业机会增加；另一方面，农业的拉力使农户继续经营农业，这些因素包括非农就业不稳定，就业机会不充分，土地升值预期，生活环境清新，可以生产廉价的自家用粮。Kilic（2009）也将其归结为

"推拉原理"，拉力是非农业的高劳动回报率，推力包括由信用市场、保险市场、劳动力市场、土地市场、农业要素市场的缺陷造成的农户较低的风险承受能力。

二 农户兼业经营的得失

农户兼业化是世界各国农业发展中出现的普遍现象，由于农业生产的特殊性、农业家庭成员分工优化、农业经营与非农经营的比较效益低等，兼业化具有存在的合理性，在充分利用劳动力、资本等要素和提高农户家庭收入方面具有积极意义，但并非是农业生产的理想状态。

农户兼业经营可以提高农户家庭收入。速水佑次郎等（2003）的研究发现，农户兼业经营对日本农户收入水平的提高作用显著。1945 年，农户人均收入比职工家庭人均收入少 23%，1960 年，这一数字达到 30%，但到 1970 年，两者差距仅为 6.3%，1980 年，农户人均收入反而超过职工家庭收入 15.9%，农户人均收入与职工家庭收入对比变化的主要原因是农户兼业经营的深化以及农户非农收入的增加。王图展（2005）通过对各地区农户的微观分析表明，兼业农户往往比专业农户有更高的家庭收入，农户兼业化程度与农户收入水平存在正相关关系。

农户兼业经营不利于农业生产规模的扩大和农业经营效率的提高。速水佑次郎等（2003）认为，日本的农业劳动生产率低于美国等国家的主要原因是，由大多数零散农户普遍不离开农业的所谓Ⅱ兼农户滞留现象造成的农业小规模生产导致的效率低下。我国有学者（陆一香，1988；熊建勇等，1989）认为，兼业化不利于农业专业化生产，兼业农户必将被专业农户取代，主张吸取美国、日本等发达国家的经验教训，促进土地经营规模化。毕结颖等（2013）的调研发现，随着兼业程度的提高，Ⅱ兼业农户对粮食生产新技术、新品种缺乏热情，农业投入减少，种粮效益也低于Ⅰ兼业农户和纯农户。

三　农户兼业经营的发展趋势

20 世纪 80 年代，对农户兼业经营的发展趋势问题引发了激烈讨论，有三种不同的观点：冯海发（1988）认为，无论是从发达国家还是从发展中国家经验看，农户兼业是一种发展趋势，中国也必然走农户兼业化道路；还有学者（韩俊，1988）认为，农户兼业只是过渡模式，而非目标模式，小规模农户兼业将最终被规模较大的农户兼业取代；而陆一香（1988）认为，兼业农户必将被专业农户所取代。余维祥（1999）以及 Ayal Kimhi（2000）则认为，农户兼业化经营是一种普遍而非过渡性的经济现象，不会随着经济现代化而自行消失，农户兼业是一种稳定形态，农民的非农经营和农业经营将长期结合。李秉龙等（2009）则认为，在大生产排挤下，许多兼业农户会被淘汰和消失。他们的命运可能有三种：一是被大农场、大企业吞并或收买；二是将土地租给专业农户或大型农场；三是某些小的农户自发地采取各种形式的联合，利用合作社和社会上的服务力量，完成各种作业，并且依靠农业外的收入补贴来获得生存。

第三节　农户兼业经营的国际经验

一　日本农户兼业经营概况

日本是一个多山的国家，耕地资源匮乏而贫瘠。1979 年，日本的耕地面积只占国土总面积的 14.7%，低于美国、英国和德国等发达国家的水平。受地形制约，日本的耕地分布在各种复杂的地形中，耕地极其分散，耕地中的坡地较多，相当数量的山地被开垦为耕地，因而日本耕地中小块梯田、坡地较多，土地细碎化现象突出。1995年，日本农户平均耕地规模只有 1.1 公顷，远低于美国农户平均耕地规模的 97 公顷、英国和法国农户平均耕地规模的 25 公顷（速水佑次郎等，2003）。日本每一农场平均面积只有0.9公顷，平均地块数达到5.86块，每一块地平均面积只有0.14公顷。从土地资源禀赋条件来看，日本土地经营规模和土地条件都比较差，不利于大型农业机械的使用以及农业生产效率的提高。

历史上，日本曾一度禁止农民从事商业和副业活动，延缓了农业人口向非农产业的转移。明治维新之后，为了经济发展的需要，政府开始允许农民自由迁徙和居住，并于1870年宣布废止不允许转业的规定，允许农民有选择职业的自由（刘国华等，2010）。从此，日本农民开始向城市迁移，至1920年，农业就业人口减少了25%，但农户总数并未减少，农业经营出现了普遍性的兼业现象。第二次世界大战之前，日本兼业农户占日本农户总数的1/3左右，第二次世界大战中，日本兼业农户在农户总数中的比重一度超过50%。20世纪60年代，日本经济高速增长，非农就业机会增加，日本农户总数开始下降，而兼业农户数量逐年上升。1965年，日本农户总数下降到566万户，其中，兼业农户达到444万户，兼业劳动力有778万人，占农业劳动力的50%。1961年，日本政府制定了《基本农业法》，提出了包括扩大农户经营规模、促进土地集体经营等内容的农业结构改革政策，追求一种以自立经营①农户为主的农业结构。这一政策产生了一定效果，1985年，兼业农户总数下降到374万户，1997年，兼业农户进一步下降到213万户。在这个过程中，日本的农户结构也发生了很大变化，由起初的专业农户占绝大多数，此后逐渐出现了兼业农户，并且第二次世界大战之前兼业农户的收入主要来源于农业，兼业农户以Ⅰ兼业农户为主，兼业农户占总农户的比例不断增大；第二次世界大战之后，日本农户总数开始减少，并且专业农户和Ⅰ兼业农户的数量也不断减少，而Ⅱ兼业农户总数则不断增加，至1984年，Ⅱ兼业农户在总农户中的比

---

① "自立经营"是指农户经营规模可以达到使其农业收入不低于其他产业收入的程度。

重达到了 71.1% （金茂霞、赵肖燕，1997）。虽然绝大多数 II 兼业农户原本可以完全放弃农业，这些农户家庭收入中来自非农产业的收入远远地超过农业，但这些小规模经营的零散农户普遍没有离开农业，日本农业出现了有名的"II 兼业农户滞留现象"。

日本出现 II 兼业农户滞留现象的原因包括以下几个方面。

首先，日本对农业过度保护，即便是小规模经营在日本仍然有利可图。政府主要采用提高农产品价格的办法来提高农民收入。相关的政策包括，最低保护价制度，如农产品的市场价格低于政府规定的最低价格，则农产品由政府有关部门按规定的最低保护价购入；对肉类和奶类产品提供价格支持；对蔬菜、仔猪、小牛肉以及加工水果提供差价补贴；农民生产的大米由政府按规定的价格全额采购。通过海关关税保护和各种补贴，农产品的价格得以提高，日本农民收入中的 60% 来自政府补贴，早在 20 世纪末，日本政府的支农资金已经超过农业 GDP 总额。虽然小规模农业经营效率低下，但政府对农业过度保护造成农产品价格扭曲，农业的小规模经营仍然有利可图。2005 年，日本出台"跨产品经营安定政策"，试图通过对具有一定规模的生产合作组织和骨干农户进行收入直接补贴以迫使小规模农户放弃土地，实现规模化经营。

其次，随着日本经济的发展，农地价值不断上升，农户对土地升值预期不断增强，将农地作为家庭资产来保存的倾向越来越强。

最后，日本农民将先人传下来的土地视为家产，将其世代相传视为家族成员的责任，将变卖、废弃土地视为家族的衰败。家族农地的保留具有多种功能，包括为家庭提供基本的农产品，作为居住场所，失业或退休时作为最终的生活保障。因此，虽然政府一再鼓励土地流转和出售，大量的 II 兼业农户仍然不愿最终退出农业。

二　美国农户兼业经营概况

美国是全球最大的农产品出口国，农业人口仅占总人口的

1.8%左右，但其生产的农产品不仅满足了本国近3亿人的消费需求，还大量出口，农业现代化水平很高。在美国农户兼业化过程中，农场总数不断减少，而农场规模不断增大，农业资源不断集中。1954~1974年，农场数目从480万个下降到230万个，农场平均土地规模达到440英亩；1974~1987年，农场数目从230万个下降到210万个，农场平均土地规模增加到462英亩。1974~1987年，农户规模继续分化，不足50英亩的小农场增加了9万个，这期间1000英亩以上的农场增加了114万个，而50~1000英亩的中等农场减少了30万个。所以，美国农户兼业化并没有使农业资源分散，反而集中使用了农业资源（高强，1999）。美国在农场规模不断扩大的情况下，兼业化程度也在不断加深。1944年，美国兼业农场占农场总数仅为27%，1977年达到了55%，并且非农收入占农场总收入的比重提高到了58.3%。美国农场的兼业程度与农场资产大小有密切的关系，1986年，农场资产大于50万美元的农场，农场主每周经营农业的时间基本是非农工时的2倍，属于Ⅰ兼业农户，而农场资产小于50万美元的农场则多属于Ⅱ兼业农户。美国农业的兼业程度随着部门的不同而不同，种植业中的小麦、大豆、干草、饲料、薯类，以及畜牧业中的饲养牛、猪、羊等，这些部门需要的中间投入高，劳动投入少，兼业比率高；而蔬菜、苗圃和奶牛需要的劳动投入大，则以专业经营为主。

三　美日农户兼业经营的启示

1. 农户兼业经营是农业发展过程中的必然现象，农户是否兼业与土地资源的约束程度没有必然联系

无论是耕地资源丰富的美国，还是耕地资源匮乏的日本，在农业发展过程中都经历了专业农户不断减少、兼业农户不断增加的过程；以及以农业收入为主的Ⅰ兼业农户不断减少，以农业收入为辅的Ⅱ兼业农户不断增加的过程。随着农业经济的发展，农业生产技术水平、机械化程度不断提高，也使农户拥有大量的剩余劳动力和劳动时间，非农产业的发展，也为农户充分使用闲置劳动力、增加收入提供了机会。从发达国家经验来看，农户兼业化是必然的，也将长期存在。

2. 农户兼业化道路不同对农业生产的效率及增长影响不同

日本、美国农户兼业化道路不同，日本农户兼业化的重要特征是小规模兼业，土地、劳动力以及资本等要素分散，农业生产的效率不高；而美国农户兼业化的重要特征是大规模兼业，土地、劳动力以及资本要素集中，农业生产的效率较高。美国大规模农场能够把土地、资本等要素集中起来，使用先进的技术和大型农业机械，农业生产率较高；日本农户小规模经营土地、资本等要素分散，不便于推广农业技术和使用大型农业机械，农业生产率低下。因此，农户兼业经营可能会阻碍农业生产效率的提高，也可能促进农业生产的效率的提高。由于农户兼业长期存在，未来高效的农户兼业生产形式应建立在大规模经营的基础上。

3. 适度保护农业，建立促进Ⅱ兼农户消亡的有效机制，以提高农业经营规模

农业经营规模的扩大是实现农业现代化的重要途径，农户兼业经营是专业农户向非农产业转变的过渡阶段，通过专业农户向Ⅰ兼业农户、Ⅱ兼业农户和非农户的转变，农户数量不断减少，理论上可以实现农业经营规模的持续扩大。但日本农户兼业化的经验告诉我们，对农业过度保护，将使农产品价格扭曲，农户通过占有土地、经营农业获得大量"额外"利益，迟迟不愿意放弃土地，出现"Ⅱ兼业农户滞留"现象，不利于土地规模经营，也不利于建立具有较强国际竞争力的现代农业。农业在国民经济中具有基础地位，提供人们生活必需的食品，但经营农业面临着自然风险和市场风险，农业比较效益低下。对农业进行适当的保护是必要的，但过度保护农业将阻碍市场机制在农业发展中发挥作用，造成农业收入占家庭总收入比重较低的Ⅱ兼业农户不愿意放弃农业，从而阻碍农业经营规模的扩大。政府对农业的支持与保护应以提高农业综合生产能力为最终目的，而非仅仅带来收入效应，对于大规模专业农户、大规模兼业农户和小规模兼业农户的支持保护政策要区别对待，逐步加大对大规模专业农户以及大规模兼业农户的扶持力度，控制对小规模兼业农户，尤其是小规模Ⅱ兼业农户的扶持力度，使小规模Ⅱ兼业农户保有少量耕地或继续经营农业无利可图，尽快退出农业。此外，政府还须探索建立农业转移人口市民化保障机制，消除小规模Ⅱ兼业农户对于放弃农业的种种后顾之忧。

第四节　我国农户兼业经营的现状

无论是发达国家，还是发展中国家，无论是人均土地多的国家，还是人均土地少的国家，农户兼业化是一种普遍存在的现象，只是兼业化的程度不同。

对我国农户兼业化状况，国内学者做过许多研究，但研究结论各异。余维祥（1999）根据国家统计局农村调查总队在1987年对6.7万农户家庭的调研数据，分析得出1987年我国纯农户的比重为23.4%，其中，中部地区比例最高，为27.9%，东部地区和西部地区分别为17.9%和21.2%；而温思美、赵德余（2002）则依据1998年全国农业普查办公室的调查资料计算出全纯农户比例平均为59.26%，东部为48.46%，中部为63.56%，西部为70.68%；中共中央政策研究室和农业部共同设立的农村固定观察点办公室提供的《全国农村社会经济典型调查数据汇编》（1986~1999年）显示，通过对全国300多个村庄2万多农户的调查，我国农户类型中，1995年，纯农户比例为41%，Ⅰ兼业农户比例为38%，Ⅱ兼业农户比例为14%，纯非农户为5%，其他为2%，兼业农户总计为52%；1999年，纯农户比例为40%，Ⅰ兼业农户比例为37%，Ⅱ兼业农户比例为16%，纯非农户为5%，其他为2%，兼业农户总计为53%；毕洁颖等（2013）选取吉林、河南和湖南3省，每省两县共计6县，采用两阶段抽样的方法，对 864 个农户进行了问卷调查，研究发现，3 省兼业化水平呈自北向南逐渐提高的趋势，其中湖南省 74.3% 的农户为非农兼业户，纯农户仅 13%；王兆林等（2013）通过对 1096 个农户兼业行为的调研发现，有 272 户为纯农户，占样本农户的 24.82%，有 263 户为Ⅰ兼业农户，占样本农户的 24%，有 268 户为Ⅱ兼业农户，占样本农户的 24.45%，非农户为 293 户，占 26.73%。

根据国家统计局农村社会经济调查总队公布的《中国住户调查年鉴》（2012）计算的农村居民纯收入构成（见表 3 - 2），我国

表 3 - 2　农村居民纯收入构成占比

单位：%

年份	工资性收入	家庭经营纯收入	其中		财产性收入	转移性收入
			第一产业纯收入	第二、三产业纯收入		
1983	18.57	73.50	68.65	4.85		7.93
1985	18.15	74.44	66.35	8.09		7.41
1990	20.22	75.56	66.45	9.11		4.22
1995	22.43	71.45	60.72	10.73	2.65	3.47
1996	23.41	70.74	59.57	11.17	2.21	3.64
1997	24.62	70.46	58.37	12.09	1.13	3.79
1998	26.53	67.81	55.15	12.66	1.40	4.26
1999	28.51	65.53	51.53	14.00	1.43	4.53
2000	31.17	63.34	48.40	14.94	2.00	3.40
2001	32.62	61.68	47.61	14.08	1.99	3.71
2002	33.9	60.0	48.50	11.5	2.0	4.0
2003	35.0	58.8	47.7	11.1	2.5	3.7
2004	34.0	59.5	49.5	10.0	2.6	3.9
2005	36.1	56.7	47.0	9.7	2.7	4.5
2006	38.3	53.8	44.1	9.7	2.8	5.0
2007	38.6	53.0	43.8	9.2	3.1	5.4
2008	38.9	51.2	42.8	8.4	3.1	6.8
2009	40.0	49.0	40.3	8.7	3.2	7.7
2010	41.1	47.9	39.1	8.7	3.4	7.7
2011	42.4	46.5	37.3	9.2	3.6	7.5

资料来源：《中国住户调查年鉴》（2012），中国统计出版社，2012。其中，第一、第二、三产业纯收入比例计算公式为：农村居民各类产业纯收入÷农村居民纯收入。

农户兼业化自改革开放以来得到了快速发展。从 1983 年开始，农户家庭经营纯收入中第一产业纯收入在农村居民纯收入中的比重由 68.65% 持续下降到 2011 年的 37.3%；第二、三产业纯收入的比重由 4.85% 持续上升到 2011 年 9.2%；工资性收入的比重由 18.57% 上升到 2011 年的 42.4%。这种收入构成的变化反映了我国农户兼业化程度在不断提高，尤其是到 2000 年，第一产业纯收入在农村居民纯收入中的比重已低于 50%。尽管不同的家庭和地区情况有所不同，但从整体上看，在农村居民收入的主要来源上，农户非农收入已经超过农业收入。

第五节　粮食主产区农户兼业经营的实证分析

农户兼业行为是复杂的经济现象，是众多社会、经济等因素交互作用的结果。首先，农业劳动力的兼业行为受自身人力资本禀赋的影响。很多研究证实，受教育程度高、身体健康状况好、具有一定劳动技能的青壮年农业劳动力，更倾向于在非农产业中就业。这些变量是影响农村劳动力兼业情况的重要因素；此外，家庭人口总数、家庭劳动力数量、家庭耕地规模、家庭收入水平和收入结构、家庭农业经营类别等在很大程度上影响农民的就业行为。耕地规模比较大的家庭，农业生产需要的劳动投入需求量较大，其成员的非农就业意愿就可能较低；家庭收入中农业收入占比较高的家庭，农业经营情况对家庭经济情况影响较大，家庭经营的重心倾向于农业，其成员非农就业的意愿也可能较低；从事养殖业、蔬菜种植等专业经营的农户非农就业的意愿也会比较低。此外，农民获取非农就业信息渠道，农户家庭所在地距离县城的距离，农户所在乡镇的企业数等也会影响到农民非农就业的选择。需要说明的是，本研究中我们对于兼业农户的分类方法采用了中国社会科学院农村发展所等

（2002）的分类方法：①纯农户是指住户家庭总收入中95%及以上的收入来源于第一产业收入的住户；②Ⅰ兼业农户是指住户家庭总收入中50%～95%（不包括95%）的收入来源于第一产业收入的住户；③Ⅱ兼业农户是指住户家庭总收入中5%～50%（不包括50%）的收入来源于第一产业收入的住户；④非农户是指住户家庭总收入仅有5%以下（不包括5%）的收入来源于第一产业收入的住户。

基于上述考虑，参考相关文献，我们设计了调查问卷初稿，问卷围绕兼业农户家庭特征、收入特征、农业经营特点、农户离农意愿等几个方面进行设计，在反复修改的基础上，最终形成了调查问卷。本研究于2013年12月在产粮大县山西省运城市永济市和河南省鹤壁市浚县进行了调研。调查内容为农户年龄、人口组成、受教育程度、耕地情况、收入情况、外出务工情况等。

一 调查对象基本情况

我们将问卷调查获取的数据进行描述性统计，得到表3-3，受访对象中年龄在40岁以上的占到65.8%，30岁以下的只有7.9%，其中，男性占81.6%，女性占18.4%。调研对象中受教育程度为初中及以下的为64.1%，占绝大多数，受访农户的最大耕地规模只有20亩，其中还有7户家中没有耕地，为城郊失地农民，耕地规模在5亩以下的占一半多。我们调查了农户的总收入和农业收入，并对农户农业收入占家庭总收入的比重进行了测算，其中，农业收入占家庭总收入比重为5%以下（不包括5%）的占10.5%，农业收入占家庭总收入比重为5%～50%（不包括50%）的占61.8%，农业收入占家庭总收入比重为50%～95%（不包括95%）的只有25.0%，而农业收入占家庭总收入比重为95%及以上的只有2.6%。也就是说，根据我们采用的分类方法，样本农户中非农户、Ⅰ兼业农户、Ⅱ兼业农户和纯农户的比重分别为

10.5%、25.0%、61.8%和2.6%；农户农业经营主要从事粮食种植（63.2%）和养殖业（18.4%）；农业非农就业主要集中在"打零工"（34.2%）、"进工厂"（28.9%）、"建筑施工"（32.9%）；务工地点多为"家庭所在乡镇""县城""本县周边县区""省内"，在"省外"务工的只有15.8%。

表3-3 问卷调查有效样本基本情况统计

项目	类别	频次（次）	百分比（%）	总数（次）
年龄	30岁以下	6	7.9	76
	30~40岁	20	26.3	
	41~55岁	34	44.7	
	55岁以上	16	21.1	
性别	男性	62	81.6	76
	女性	14	18.4	
受教育程度	不识字或很少	5	6.7	75*
	小学	11	14.7	
	初中	32	42.7	
	高中	16	21.3	
	中专	10	13.3	
	大专及以上	1	1.3	
耕地规模	无耕地	7	9.2	76
	5亩以下	32	42.1	
	5~10亩	18	22.4	
	10~20亩	20	26.3	
农业收入占家庭总收入比例	5%以下（不包括5%）	8	10.5	76
	5%~50%（不包括50%）	47	61.8	
	50%~95%（不包括95%）	19	25.0	
	95%及以上	2	2.6	
农业经营情况**	粮食种植	48	63.2	—
	养殖业	14	18.4	
	蔬菜种植	2	2.6	
	农产品加工	1	1.3	
	其他	20	26.3	

续表

项目	类别	频次（次）	百分比（%）	总数（次）
非农经营项目**	个体经营	12	15.8	—
	自主创业	12	15.8	
	打零工	26	34.2	
	进工厂	22	28.9	
	建筑施工	25	32.9	
	其他	2	2.6	
务工地点	家庭所在乡镇	8	10.5	—
	县城	12	15.8	
	本县周边县区	29	38.2	
	省内	16	21.1	
	省外	12	15.8	

注：＊表示由于被调查者漏填，某些题项存在缺失值，总数未达到76。

＊＊某些农户进行多种农业经营和多种非农就业，故总和超过76。

二 粮食主产区农户兼业经营的影响因素

为便于研究农户兼业程度与各变量之间的相关性，我们根据农户兼业类别对各类农户进行了赋值：纯农户赋值"1"、Ⅰ兼业农户赋值"2"、Ⅱ兼业农户赋值"3"、非农户赋值"4"。利用SPSS15.0软件计算了各类变量，对农户类别进行了相关分析，得到了相关系数表（表3-4）。表3-4中的相关系数表明：农户家庭外出务工时间越长、农户家庭总收入越大、农户进城意愿越强烈，农户兼业程度越高；而农户拥有的农业资源条件越优越，比如现有耕地、自有耕地、转入耕地、可灌溉耕地、最大地块、平地数量越大，农户的兼业程度越低；农户农业经营类型对农户兼业程度也有显著的影响，农户的养殖规模越大，农户的兼业程度就越低。

我们利用"所在乡镇企业数"和"距离县城距离"两个变量来衡量非农就业机会对农户兼业程度的影响。相关系数显示，农户兼业程度与所在乡镇企业数正相关，所在乡镇企业数量越大，农户

表 3－4　农户兼业情况与各变量相关系数表

项目		性别	乡镇企业数	距县城距离	务工时间	现有耕地
农户类别	相关系数	0.271 *	0.388 **	－ 0.527 **	0.311 **	－ 0.732 **
	显著性水平	0.018	0.004	0.000	0.008	0.000
		自有耕地	转入耕地	可灌溉	最大地块	平地
	相关系数	－ 0.723 **	－ 0.256 *	－ 0.739 **	－ 0.719 **	－ 0.739 **
	显著性水平	0.000	0.026	0.000	0.000	0.000
		总收入	农业收入	培训	养殖规模	进城意愿
	相关系数	0.327 **	－ 0.625 **	0.297 *	－ 0.213 **	0.356 **
	显著性水平	0.004	0.000	0.011	0.009	0.002

注：* 、** 分别表示在5% 、1% 的水平上显著。

兼业程度越高；农户兼业程度与距离县城距离负相关，农户家庭离县城越近，农户兼业程度越高。所在乡镇企业数量越多，农户距离城镇越近，农民从事非农就业的机会越多，农民也便于进行兼业经营，距离县城越近，农民对于土地也有较大的升值预期，就更不愿意放弃土地，更愿意成为Ⅱ兼业农户。

三　兼业农户离农意愿

对兼业农户的进城意愿，我们设置了两个题目，进城意愿1和进城意愿2。进城意愿1调查题目为："通过家庭成员在城市打工，您家可获得和城镇职工家庭相当的收入，同时政府有合理措施解决住房、医疗、教育等问题，您是否会选择到城市定居？"。进城意愿2调查题目为："若您家附近有充足的打工机会，通过农业经营和非农经营，可获得较高的收入，您是否会选择到城市定居？"。对第一个问题，56.2% 的受访者仍然选择"继续边务农边打工，长期在家乡定居"，而对第二个问题，选择"继续边务农边打工，长期在家乡定居"的高达69.4% 。

选择到城市定居的受访农户中有81.3% 是因为"城市教育质量高"，选择"城市生活方便"和"到城市生活有面子"的只有

31%和12.2%。在农户兼业原因中，选择"城里工作不稳定，这样可以留条后路"和"习惯了农村生活，不愿离开"的比例最高，分别达到了44.1%和42.6%，认为"农业是充满希望的产业，经营农业同样可以致富"的农户也达到了37.0%的比例。61.8%的农户认为兼业不会影响农业生产，只有14.4%的农户认为兼业会带来农业粗放经营问题。兼业农户非农就业人员中有65.7%采用"每天往返家中"的方式进行居住，28.6%的非农就业人员采用"长期在工作地点周边租住"的方式。

表 3-5　兼业农户离农意愿分析

项　目		频次（次）	百分比（%）	总数（次）
进城意愿1	继续边务农边打工	41	56.2	73
	条件成熟的时候到城市定居	32	43.8	
进城意愿2	继续边务农边打工	50	69.4	72
	条件成熟的时候到城市定居	22	30.6	
愿意进城的原因*	城市教育水平高	26	81.3	—
	城市生活方便	13	31.7	
	到城市生活有面子	5	12.2	
	其他	2	4.9	
农户继续兼业的原因*	农业是充满希望的产业，经营农业同样可以致富	27	37.0	—
	可以提高家庭收入	20	29.4	
	耕地不多，空闲时间多	18	26.5	
	城里工作不稳定，这样可以留条后路	30	44.1	
	经营农业可以保证家庭农产品供应	9	13.2	
	习惯了农村生活，不愿离开	29	42.6	
农户对兼业的认识	兼业不影响农业生产	47	61.8	76
	非农收入较高时，农业可粗放经营	11	14.4	
	兼业是家庭向非农过渡的一种形式	18	23.8	
农户非农就业居住方式*	每天往返家中	46	65.7	—
	长期在工作地点周边租住	20	28.6	
	单位宿舍	7	10.0	
	已在城市定居	2	2.9	

注：*表示该题是多项选择，故总比例大于100%。

第六节 研究结论

1. 从扩大农业经营规模、提高农业经营效率的角度来看，建立 II 兼农户离开农业的有效机制是当务之急

目前，我国农户中 II 兼业农户已经占有很大比重。我们在研究中发现，农户耕地面积越小，兼业化程度越高（对应的农户越可能是 II 兼业农户），也就是说，II 兼业农户在农业中的滞留是土地细碎化的重要原因，促进农地集中、提高农业经营效率的首要任务便是促使 II 兼业农户离开农业，实现纯农户向 I 兼业农户、I 兼业农户向 II 兼业农户、II 兼业农户向非农户的最后蜕变。理论上，II 兼业农户离开农业具有可能性，对于 II 兼业农户，绝大多数收入来自非农就业，农业收入只占较低比重，处于无关紧要的地位，离开农业他们也可以生存。但是在现实中，由于风险意识和投机心理的存在，很多农户将耕地作为家庭成员生存的最后保障和将来可能会大幅增值的资产，极少农户愿意放弃耕地，导致土地规模经营的发展缓滞。II 兼业农户离农机制的建立可以从以下几个方面来考虑。

第一，借鉴日本农户兼业经营的经验，适度保护农业，逐渐消除农业补贴的收入效应，加强对大规模经营农户的补贴力度，通过市场机制，压缩 II 兼业农户的利益空间，使 II 兼业农户经营农业无利可图，加快其退出农业的步伐。

第二，进行制度创新，在不改变农地用途的基础上，推进土地要素市场化，保障农民对于土地的使用权、处置权和收益权，使农民有完全处置土地的权力，消除农民对于离开农业、失去土地利益受损的顾虑。

第三，探索建立农业转移人口市民化保障机制和完善农村社会保障制度，消除农户对土地保障功能的依赖。

2. 从增进兼业农户福利、遵从兼业农户意愿的角度来看，农村居民就地城市化也是我国实现城市化的重要路径之一

本研究发现，即便兼业农户获得了和城镇居民同等的收入，政府有合理措施解决住房、医疗、教育等问题，仍然有超过半数的兼业农户不愿意到城市定居；如果家庭周边有充足就业机会，通过农业经营和非农经营可获得较高收入的农户更是有接近七成不愿意到城市定居。我国现行的城市化率是通过城镇人口占总人口的比例来计算的，其中的城镇人口包括城镇户籍人口和在城镇滞留半年及以上的非城镇户籍人口。这个计算规则并没有考虑农村居民就地城市化问题。城市化的最终目的是什么，刺激经济发展？还是促进社会福利？也许需要重新审视城市化的内涵。通过大力发展农村经济，推动农村工业、商业、服务业的发展，奠定人口集聚的基本条件，提高农村公共基础设施建设，消除城乡差别，农民在农村生活的质量会更高。此外，就地城市化也可以降低人口大范围迁移所带来的经济、社会成本。

（作者：吴乐）

参考文献

［1］〔日〕速水佑次郎、〔美〕弗农·拉坦：《农业发展的国际分析》，郭熙保等译，中国社会科学出版社，2000。

［2］中国社会科学院农村发展所等：《农村经济绿皮书：2000～2001 中国农村经济形势分析与预测》，社会科学文献出版社，2002。

［3］Fuller, A., "From Part-time Farming to Pluri activity", *Journal of Rural Studies*, No. 6, 1990.

［4］温思美、赵德余：《我国农户经营的非专业化倾向及其根源》，《学术研究》2002 年第 10 期。

［5］向国成、韩绍凤：《农户兼业化：基于分工视角的分析》，《中国农村经济》2005 年第 8 期。

［6］陈晓红、汪朝霞：《苏州农户兼业行为的因素分析》，《中国农村经济》2007 年第 4 期。

［7］李秉龙、薛兴利主编《农业经济学》（第 2 版），中国农业大学出版社，2009。

［8］冯海发：《亦论兼业化农业的历史命运——与陆一香同志商榷》，《中国农村经济》1988 年第 11 期。

［9］Ilbery, B. and Bowler, I. , "The Farm Divcersification Grantscheme: Adoption and Non-adoptionin England and Wales", *Enviroment and Planning*, No. 11, 1993.

［10］Allan Low, *Agricultural Development in Southern Africa: Farm – Household Economics and the Food Crisis*, London: James Currey, 1986: 118 ~ 152

［11］De Janvry, Sadoulet E, "Household Behavior with Imperfect Labor Markets", *Industrial Ralations*, 2006, 37 (1).

［12］扶玉枝、朱磊：《农户选择兼业经营的经济学分析》，《贵州财经学院学报》2008 年第 1 期。

［13］韩俊：《我国农户兼业化问题探析》，《经济研究》1988 年第 4 期。

［14］钱忠好：《非农就业是否必然导致农地流转——基于家庭内部分工的理论分析及其对中国农户兼业化的解释?》，《中国农村经济》2008 年第 10 期。

［15］陈浩、毕永魁：《人力资本对农户兼业行为及其离农决策的影响研究——基于家庭整体视角》，《中国人口资源与环境》2013 年第 8 期。

［16］陆一香：《论兼业化农业的历史命运》，《中国农村经济》1988 年第 3 期。

［17］高强：《发达国家农户兼业化的经验及启示》，《中国农村经济》1999 年第 9 期。

［18］〔日〕速水佑次郎、〔日〕神门善久：《农业经济论》，沈金虎等译，中国农业出版社，2003。

［19］王图展、周应恒：《农户兼业化过程中的"兼业效应"、"收入效应"》，《江海学刊》2005 年第 3 期。

［20］毕洁颖、黄佳琦：《农户兼业及对粮食生产的影响分析——基于吉林、河南和湖南的调研》，《中国农业信息》2013 年第 2 期。

［21］余维祥：《论我国农户的兼业化经营》，《农村经济》1999 年第 6 期。

［22］Kimhi, Ayal, Is Part-Time Farming Really a Step in the Way Out of Agriculture? *American Journal of Agricultural Economies*, *American Agricultural Economies Association*, Vol. 82, 1, 2000.

［23］刘国华、李永辉：《论战后日本农户的兼业现象及对中国农业现代化的启示》，《农业现代化研究》2010 年第 1 期。

［24］王兆林、杨清媛：《农户兼业行为对其耕地流转方式影响分析》，《中国土地科学》2013 年第 8 期。

第四章　新型农业社会化服务体系建设问题研究

第一节　农业社会化服务体系的概念

农业服务体系伴随着农业生产力的发展与农业市场化程度的提高而衍生和发育，其服务能力、服务水平成为衡量一个国家农业现代化程度的重要标志。没有发达的社会化服务体系，就难以实现农业现代化。建立新型农业社会化服务体系、为农民提供全方位的生产经营服务，是提高农业组织化程度、解决农业小生产与大市场矛盾的重要手段，是稳定和完善农村基本经营制度、维护农民合法权益的重要保障，是确保国家食物安全、实现农业现代化的必然要求。早在改革开放初期，我国就提出了农业社会化服务的概念。农业社会化服务体系是指根据农业再生产和农村经济发展的客观需要，通过多种经济形式和经营形式，多层次、多环节、多回路地相互联系、互相配合，全面系统化的服务，达到各种生产要素的优化组合，促进农业生产和农村经济发展，取得最佳社会、经济效益的网络体系。具体而言，农业社会化服务体系是指在家庭经营的基础上，为农业产前、产中、产后各个环节提供服务的各类机构和个人所形成的网络。农业社会化服务体系有两个基本含义：一是服务的社会化，即农业作为社会经济再生产的一个基本环节，其再生产过程不是由个别农业生产经营者完成的，而要依赖其他产业部门的服务活动。二是组织的系统性。各产业部门依据其服务内容和服务方式，构建相应的组织载体，围绕农业再生产的各个环节，形成有机结合、相互补充的组织体系，为农业提供综合配套的服务，实现农业生产经营活动的科学和高效。

农业社会化服务体系的内容十分宽泛，包括物资供应、生产服务、技术服务、信息服务、金融服务、保险服务，以及农产品的运输、加工、储藏、销售等各个方面（见图 4-1）。

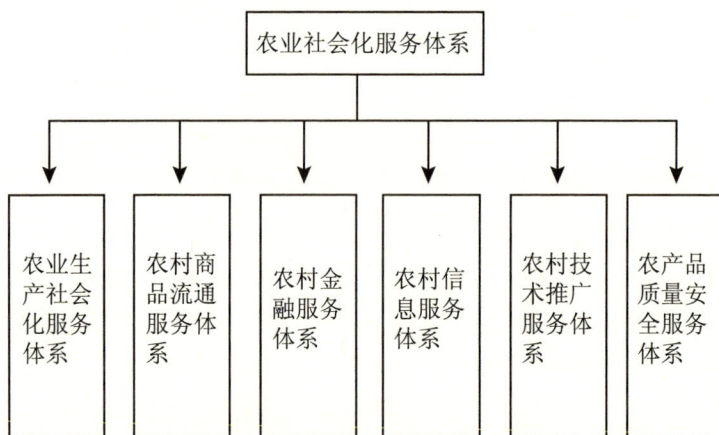

```
                    ┌──────────────────┐
                    │  农业社会化服务体系  │
                    └──────────────────┘
```

| 农业生产社会化服务体系 | 农村商品流通服务体系 | 农村金融服务体系 | 农村信息服务体系 | 农村技术推广服务体系 | 农产品质量安全服务体系 |

图 4-1　新型农业社会化服务体系框架

2013 年 12 月的中央农村工作会议指出，要加快构建以农户家庭经营为基础、合作与联合为纽带、社会化服务为支撑的立体式复合型现代农业经营体系，这是对新形势下农村改革发展的重大部署，也为新型农业社会化服务体系建设指明了方向。

第二节　我国农业社会化服务体系的演进轨迹及基本经验

改革开放以来，我国政府高度重视农业社会化服务体系建设工作，将其作为稳定和完善农村基本经营制度、深化农村改革的一项重要任务。随着相关政策的不断健全和完善，农业社会化服务体系建设取得了快速发展。对农业社会化服务体系发展状况进行回顾与梳理，可以总结不同时期农业社会化服务的特点及成效，以更好地把握新形势下农业社会化服务体系建设的演变路径及发展方向。自改革开放以来，我国的农业社会化服务体系大致经历了以下几个发展阶段。

一　探索起步阶段（1978～1989 年）

20 世纪 80 年代初，为发展农村商品生产，我国初步提出发展农村社会化服务体系的概念，并对其内容、要求和途径进行了探索，重点是利用原有组织资源，转换原有农业服务机构的职能，发展新的服务组织。1983 年，中央一号文件首次提出"社会化服务"的概念。同年，在一些地区成立了"农业服务公司"，《人民日报》评论员文章首次使用了"农业专业化服务"的概念。1984 年和 1986 年的中央一号文件提出了"社会服务""商品生产服务体系""生产服务社会化"的概念，之后出现了"系列化服务""一体化服务"等提法。在具体内容的规定方面，1982 年，中央一号文件在农业技术推广机构改革的基础上，提出要强化农业服务。1983 年，中央一号文件指出："当前，各项生产的产前产后社会化服务，已逐渐成为广大农业生产者的迫切需要。"1984 年，中央一号文件又提出，要"加强社会服务，促进农村商品生产的发展"，认为"它是商品生产赖以发展的基础，是合作经济不可缺少的运转环节"。1985 年，中央一号文件在改革农产品统派购制度基础上，提出"科研推广单位、大专院校及城市企业，可以接受农村委托的研究项目，转让科研成果，提供技术咨询服务，或者与商品基地及其他农村生产单位组成'科研—生产联合体'，共担风险，共沾利益"。1986 年，中央一号文件进一步明确指出："农村商品生产的发展，要求生产服务社会化"，不但强调现有合作经济组织的转型，也提出了建立新的服务组织，并逐步发展专业性的合作组织。期间，各级政府及有关部门采取了一系列的具体措施，主要包括：乡、村集体经济组织为农户开展统一供种、统一机耕、统一排灌、统一植保、统一收割等服务；农林水部门所属的农技站、农机站、水管站、林业站、畜牧兽医站、经营管理站不断完善其职能，为农业提供各种服务；信用社和供销社等为转换职能提供资金、销售方面的服务；科研院所开展技术咨询、集团承包、人才培训等服务；各种专业技术协会为农业提供专项服务。

从上述农业社会化服务体系的演进过程看，20世纪80年代的中央的一号文件，都在深化农村改革、构建农村新经营体制的框架下，将农业社会化服务作为解放和发展农村生产力的重要手段，对扩展农业社会化服务的内涵、明确农业社会化服务的定位意义重大。然而，这一时期虽然我国已经提出农业社会化服务的概念，但是仍未对农业社会化服务的内涵做出科学界定，服务内容集中在农业产品环节，体现出较强的农村改革的时代背景。

二　大力推进阶段（1990～1999年）

20世纪90年代，中央明确提出了建立农业社会化服务体系的内容、形式以及发展原则和具体政策，农业社会化服务体系建设的重点是大力发展专业经济技术部门。1990年，中共中央、国务院在《关于一九九一年农业和农村工作的通知》中首次提出"农业社会化服务体系"的概念，并且将服务主体确定为"合作经济组织、国家经济技术部门和其他各种服务性经济实体"。1991年，国务院就农业社会化服务体系建设发出专项通知，指出"加强农业社会化服务体系建设，是深化农村改革，推动农村有计划商品经济发展的一项伟大事业"，还对"农业社会化服务"的基本形式进行了科学界定，进一步明确了发展方向和原则，并首次确立了农业社会化服务体系的基本框架。1992～1998年，我国主要通过制定一系列政策法规，加快农业技术推广体系建设。例如，1993

年,《中华人民共和国农业技术推广法》颁布,其以法律的形式明确了农业技术推广机构的地位和作用,为公益性推广体系建设开辟了道路。1999 年,中央首次对农业技术推广体系和农业社会化服务体系之间的关系进行了界定,提出"农业技术推广体系是农业社会化服务体系和国家对农业支持保护体系的重要组成部分,是实施科教兴农战略的重要载体"。但是到 20 世纪 90 年代末,我国农村只有 15 万个专业技术协会,入会农户 500 多万个,仅约占全国农户总数的 2%,没有充分发挥专业技术协会的潜力。

三 改进完善阶段 (2000 ~ 2007 年)

该阶段的重点是改革专业经济技术部门和扶持农民专业合作经济组织。2003 年,《中共中央关于完善社会主义市场经济体制若干问题的决定》指出"深化农业科技推广体制和供销社改革,形成社会力量广泛参与的农业社会化服务体系",再次将农业社会化服务体系建设确定为深化农村改革、完善农村经济体制的主要内容之一。2004 ~ 2007 年,4 个中央一号文件再次对深化农业科技推广体系改革和建设做出明确部署,提出通过公益性服务与经营性服务相结合的方法,完善农技推广的社会化服务机制。2007 年,中央一号文件又将"发展现代农业"作为社会主义新农村建设的首要任务,提出了现代农业的发展战略,为社会化服务体系建设指明了方向。这一时期,农业社会化服务的概念内涵得到科学界定,服务内容涵盖农业产前、产中、产后环节,对农业气象服务、农产品质量安全监管和市场服务等服务领域也提出了新的要求,尤其是农业科技推广体制改革取得了重大进展。

四 "新型农业社会化服务体系"发展阶段 (2008 年至今)

农业结构调整向纵深推进,统筹城乡力度的不断加大,迫切需要进一步深化改革与创新服务,构建新型农业社会化服务体系,以顺应经济社会发展阶段性变化和建设社会主义新农村的要求。2008 年，中央一号文件提出，"加强农业科技和服务体系建设是加快发展现代农业的客观需要。必须推动农业科技创新取得新突破，农业社会化服务迈出新步伐，农业素质、效益和竞争力实现新提高"。同年召开的党的十七届三中全会对家庭经营和统一经营的发展方向做出全新表述，首次提出"新型农业社会化服务体系"的概念，并指出，要"加快构建以公共服务机构为依托、合作经济组织为基础、龙头企业为骨干、其他社会力量为补充，促进公益性服务和经营性服务相结合、专项服务和综合服务协调发展的新型农业社会化服务体系"。2009 年，中央一号文件重点对"增强农村金融服务能力""推进基层农业公共服务机构建设"做出具体部署。2010 年，中央一号文件再次提出"推动家庭经营向采用先进科技和生产手段的方向转变，推动统一经营向发展农户联合与合作，形成多元化、多层次、多形式经营服务体系的方向转变"，并要求"积极发展农业农村各种社会化服务组织，为农民提供便捷高效、质优价廉的各种专业服务"。2011 年，中央一号文件对"健全基层水利服务体系"做出部署，提出"建立健全职能明确、布局合理、队伍精干、服务到位的基层水利服务体系，全面提高基层水利服务能力"。2012 年，中央一号文件将农业科技创新提到前所未有的战略高度，提出"提升农业技术推广能力，大力发展农业社会化服务"，并通过政府订购、定向委托、招投标等方式，培育和支持新型农业社会化服务组织发展。2013 年，中央一号文件提出"构建农业社会化服务新机制，大力培育发展多元服务主体"，并从强化农业公益性服务体系、培育农业经营性服务组织、创新服务方式和手段三方面做出具体部署。

工业化、信息化、城镇化、市场化的深入发展，农业资源环境和市场约束增强，要求加速转变农业发展方式，加快提升农业竞争力，构建新型农业社会化服务体系。2008 年，党的十七届三中全会对新型农业社会化服务体系的地位作用、发展方向、依靠力量与保障制度做出了全新部署。这个阶段改革的重点主要集中在拓展服务领域、完善服务机构建设、创新服务体系等方面。从2009 年开始，中央每年都对农村金融服务做出部署，并要求加强气象服务、水利服务、农业信息服务、土地流转服务等新兴服务领域的供给能力，逐步培育生产要素服务市场。在机构建设方面，中央一方面，开始抓紧建设乡镇或区域性公共服务机构，建立政府购买服务制度，提高社会化服务的公益性地位；另一方面，要求积极培育农业经营性服务组织，扶持农民专业合作社、专业服务公司、专业技术协会、农民用水合作组织、农民经纪人、涉农企业等社会力量广泛参与社会化服务体系建设。在创新服务体系方面，中央鼓励搭建区域性农业社会化服务综合平台，整合资源建设乡村综合服务社和服务中心，探索多种服务模式。

通过对改革开放以来中央政策的回顾，可以发现，我国社会化服务体系建设经历了一个服务内涵不断拓展、服务体系不断健全、服务机制不断创新、战略地位不断提升的发展历程。进入工业化、信息化、城镇化和农业现代化同步推进的新时期后，我国将继续转变农业发展方式，创新农业生产经营体制，培育新型经营主体，发展多种形式的规模经营。今后我国家庭小生产与大市场之间的矛盾将更加突出，对社会化服务的需求更加迫切，需要构建农业社会化服务新机制，加快完善新型农业社会化服务体系。

纵观我国农业社会化服务体系的发展历程，其基本经验如下几点。

（1）各级政府明确职责、落实投入是关键

农业社会化服务的一些内容具有一定的公共物品性质，政府公共财政负有不可推卸的责任。中央政府要明确自己的职责，不能仅要求各地方政府投入，同时各级政府也要创新公共服务的供给方式，提高投入效率。另外，由于农业投资收益不高，所以，即使是非公共服务的供给，各级政府也要采取一定的引导和扶持政策。

（2）市场机制能发挥重要作用

市场机制可使各类资本、主体进入农业社会化服务市场，形成多元化的农业社会化服务组织，推动农业社会化服务市场竞争。实践证明，市场经济为农业社会化服务健康发展提供了条件，拓展了空间，增强了活力，在农业社会化服务体系建设中发挥了重要作用。

（3）非营利组织是农业社会化服务体系的重要组成部分

近年来，各类非营利组织，如农民专业合作社、农产品行业协会等，在农业社会化服务中起着重要作用，它们大多以农民为主体，扎根于农村、依托于农业、服务于农民，与"三农"保持着天然的联系。以农民专业合作社为例，它为农户提供了大量的信息、技术、产销和融资服务，是农民自我服务的有效途径，已成为农业社会化服务的重要主体，同时，其还充当着政府和农民间的"二传手"，通过合作社渠道提供信息、技术、培训等方面的服务，能有效发挥政府公益性服务的功效，是政府提供公益性服务的有效渠道。

（4）促进形成多元化的供给主体

近年来，农业社会化服务体系发展较快，一个重要的原因就是扶持多种形式的农业社会化服务组织发展，初步形成了公益性服务组织、营利性服务组织和非营利性服务组织相互补充，农技推广部门、专业合作经济组织和龙头企业等多方参与的多元化发展格局。

第三节　新时期我国新型农业社会化服务体系建设的必要性和重要意义

加强农业社会化服务体系建设，对于稳定和完善以家庭联产承包为主的责任制，健全双层经营体制，壮大集体经济，实现小康目标，促进农业现代化，具有极其重要而又深远的意义。

传统的农业社会化服务体系是指包括专业经济技术部门、乡村合作经济组织和社会其他方面为农、林、牧、副、渔各业发展所提供的服务。但随着工业化、城镇化的快速推进，我国农业已进入新的发展阶段，新时期、新形势对农业社会化服务体系建设提出了新的要求，要加快推进新型农业社会化服务体系建设。

一　我国家庭经营规模较小，对农业社会化服务有较大需求

近年来，随着工业化、城镇化的快速推进，农村青壮年劳动力加速流向城市，农业劳动力呈现低质化、老龄化、妇女化的特点。虽然在农村，劳动力中初中以上文化水平的占近 70%，但真正留在农村又从事农业生产的农民文化水平低，有典型调查表明，小学文化水平以下的占 50% 以上。2002 年以来，我国农村中 40 岁以上的劳动力年龄人口占劳动力年龄人口总数的比例逐年上升，2008 年，该比例首次突破 50%，反映了我国农村劳动力的老龄化特点。

目前，我国从事农业生产的劳动力平均年龄在 50 岁以上，其中上海等经济发达地区务农农民年龄已接近 60 岁。农村劳动力，特别是青壮年劳动力向城市、工业转移，使农业青壮年劳动力短缺、农忙季节短缺、区域性短缺问题突出，农业社会化服务的需求不断增加。近几年来，农业规模化水平持续提高，截至 2011 年上半年，土地流转面积占承包耕地总面积的 16.2%，比 2007 年提高 11 个百分点。与之伴随的是专业大户、农民专业合作社、农业龙头企业等新型农业经营主体不断涌现，农业生产的规模化、组织化、产业化对农业社会化服务提出了新要求。

二　具有公共产品性质的农业社会化服务供给既存在市场失灵问题，又存在政府失灵问题，建立新型农业社会化服务体系迫在眉睫

首先，农业（信息、技术、金融等）服务具有公益性质，存

在市场失灵。在种子供应方面，我国现在持证种子经营企业有8700多家，但99%的企业没有研发能力，国内前10名企业的市场份额仅有13%，面对国际种业公司的垄断基本上无能为力。如山东寿光的蔬菜种子，由于政府缺位，当前超高价位的洋种子正在蚕食菜农的利润空间。农业金融服务方面，供求失衡问题凸显，农民贷款困难，日本、韩国和我国台湾地区的政策性农业金融值得我们借鉴。可见，农业服务的市场失灵要求建立政府主导的农业社会化服务体系。

其次，农业服务也存在政府失灵。政府系统的社会化服务体系无法包办一切，在市场上可以由农业产业化龙头企业提供部分农业服务，日本、韩国和我国台湾地区由农民合作组织提供农业服务的经验也值得学习。此外，行业管理部分（如农业行业协会、农民专业合作社及其联合社等）要交给农民自己管理。

三 新型社会化服务体系是发展现代农业的必然要求

发展现代农业要求我们切实转变农业发展方式，用现代物质条件装备农业，用现代科学技术改造农业，用现代产业体系提升农业，用现代经营形式推进农业，用现代发展理念引领农业，用培养新型农民发展农业，提高农业水利化、机械化和信息化水平，提高土地产出率、资源利用率和农业劳动生产率，提高农业素质、效益和竞争力。而农业现代物质条件装备、农业现代科学技术传播、农业现代产业体系建立、农业现代经营形式创建、农业现代发展理念形成、新型农民培养等，都需要有一个较为完善的新型农业社会化服务体系，来推进农业经营体制机制创新，加快农业经营方式转变。因此，家庭经营可以向采用先进科技和生产手段的方向转变，可以增加技术、资本等生产要素投入，提高集约化水平；而统一经营可以向"发展农户联合与合作，形成多元化、多层次、多形式经营服务体系"的方向转变，可以发展集体经济，增强集体组织服务功能，可以培育农民新型合作组织，发展各种农业社会化服务组织，龙头企业与农民的利益联结机制可以进一步优化，农民组织化程度显著提高。

第四节　我国农业社会化服务体系发展的现状及存在的问题

改革开放以来，随着农业经济的快速发展，我国农业公共服务机构的服务功能不断完善，农业社会化服务领域不断拓展，新型服务主体和服务形式逐渐涌现。目前，我国总体形成了以国家涉农部门和国有、民营的涉农企业为主导，金融机构为依托，农民专业合作组织等农民自办服务组织为补充的多主体、多层次、多功能、多形式的农业社会化服务组织体系，在促进传统农业向现代农业的转变过程中发挥了重要作用。

一　农业社会化服务主体趋于多元化

我国目前已经基本形成由公益性政府部门、经营性企业单位和互助性合作组织构成的多元化服务主体格局。

1. 公共服务机构逐步健全，公益性服务体系的基础地位稳步提升

目前，全国逐步建立了从中央到乡镇的各级政府公益性服务组织。种植业、畜牧兽医、渔业、农机、经营管理等系统共有县乡两级公益监管服务机构 14 万多个，人员约 83 万人。绝大多数基层农业服务机构完成了改革任务，明确了公益性定位，跨乡镇建设了区域性农技推广站或统一建设了农业综合服务站，优化了农技人员队伍结构。除农业部门外，科技部科技特派员"农村科技创业行动"已覆盖全国 1750 个县（市、区），11.6 万余名科技特派员活跃在农村农业基层，开展创新创业和服务活动。商务部"万村千乡市场工程"实施以来，截至 2012 年 7 月，全国累计建设改造农家店约 60 万家，覆盖 75% 的行政村，初步形成以城区店为龙头、乡镇店为骨干、村级店为基础的农村市场网络。全国供销合作社系统"新网工程"已发展91万多个各类连锁经营服务网点，覆盖全国80%的乡镇和40%的行政村，初步形成县有配送中心、乡有综合超市、村有便利店的连锁经营网络。中国科学技术协会通过开展"科普惠农兴村计划"，扶持创办农民专业技术协会，在为农服务方面发挥了重要作用。此外，我国约有61万个村级集体经济组织在农田水利建设、机耕道路维修、机械作业调配等方面发挥着不可替代的作用。

科研院所社团组织主动参与。多年来，我国科研院所和高等院校通过建立产学研示范基地，加强与基层的技术和成果对接，通过基地的示范带动，提供种苗、技术、管理等综合服务。许多科研院所充分发挥自身的优势，通过"做给农民看，带领农民干，帮助农民销"等多种途径，达到了"实现农民富"的目的。许多涉农的社团组织，亦充分发挥社团成员的技术、资源优势，主动参与技术宣传、人员培训等工作，并取得了较好的成效，呈现了良好的发展势头。

2. 经营性服务组织迅速发展

随着我国农业产业化的深入发展，生产加工、市场流通等领域涌现了大批农产品加工、购销和农业生产资料供应的农业产业化龙头企业，它们为农户提供生产资料供应、农业生产过程管理、农产品储存运输、农产品加工销售等服务。截至2011年底，我国各类产业化经营组织达到28.4万个，辐射带动全国40%的农户从事农业生产经营，其中龙头企业11.1万家，已经形成以1253家国家重点龙头企业为核心、1万多家省级龙头企业为骨干、10万多家中小龙头企业为基础的发展格局。各类产业化经营组织带动农户达1.1亿户，辐射带动种植业面积占到全国的60%以上，畜禽饲养量占70%以上，养殖水面占80%以上。全国龙头企业年销售收入达5.7万亿元，所提供的农产品及加工制品占到全国市场供应量的1/3、主要城市"菜篮子"产品供应量的2/3、全国农产品出口总额的 4/5。农民专业合作组织在社会化服务体系中发挥着重要作用。据农业部统计，截至 2012 年 6 月底，全国依法注册登记的农民专业合作社达到 60 万家，覆盖全国 90% 以上的行政村，入社成员 4600 多万，覆盖全国 20% 的农户。合作社产业涉及种植、养殖、农机、林业、植保、技术信息、手工纺织、乡村旅游等农村各个产业，服务内容从生产领域逐步向生产、流通、加工一体化经营发展。此外，农机服务队、农村经纪人、基层农资供应商等个体形式的市场性服务主体具有数量庞大、服务内容多样、经营形式灵活、低成本等特点，同样在当前的农业社会化服务体系中扮演着重要角色。

二　服务领域不断拓展，服务内容日趋多样化

为满足农户服务需求的多样化要求，在服务内容上，社会化服务组织不但提供农资、机耕、植保、机收、加工运输、农产品销售等专项服务，还提供技术、信息、金融、保险、经纪等综合性服务，且越来越多地从简单专项服务向内容全面、形式多样的综合服务转变。农业社会化服务内容不断丰富和完善，专业化水平不断提升，多个服务领域取得了较大的突破。

在传统型的服务方面，经过多年的努力，我国已经基本实现在农业技术推广、生产信息化服务、动植物疫病防控、农产品质量安全监管等服务领域的全覆盖。同时，随着合作组织等服务主体的发展壮大，以统一生产资料供应、统一技术标准、统一生产服务、统一产品收购和销售为特征的农业合作型服务内容不断丰富。同时，新型服务领域不断拓展，为了适应新型农业经营主体的发展需求，一些机制灵活的服务主体开始与新型经营主体相联系，不断开拓新型服务领域，为其提供个性化、全程化和综合型服务。这些新型服务领域主要包括：市场预测和信息传递、土地流转服务、产品开发与推介、人才培训与管理、管理咨询与发展规划、冷链运输及储藏、金融与保险服务等。

总之，我国社会化服务体系基本提供了覆盖全程的农业服务。从发展历程上看，从单项服务到综合服务，从产中到产前、产后，从种养业到观光、休闲等多功能农业，我国社会化服务领域不断得到拓展。

三　服务手段不断创新，服务模式多样化

随着新型社会化服务主体的快速发展，服务方式与手段也不断创新，在实践中逐步建立起多形式的农业社会化服务模式。

1. 公共服务机构依托模式

政府公共服务机构承担着农业社会化服务的公益性服务职能，随着农业和农村经济发展进入新的阶段，按照强化公益性职能、放活经营性服务的要求，我国已经成功探索了一批具有典型意义的公益性农业社会化服务新模式，推动了我国现代农业的发展，如建立现代农技服务咨询平台、实施"农业科技进村入户"工程、实施农技推广责任制等。

2. 村级集体经济组织依托模式

我国各地因地制宜，形成依托村级集体经济组织的各具特色的社会化服务模式。有的村按照"民办民营"的运行模式，以技术为依托、以农资经营为经济支撑，采取技物结合的方式，成立村级综合服务站，有偿为农户提供种子、化肥、农药等农用物资。有的村依托村经济合作社对全村耕地和农户开展种苗、植保、耕作、品牌、销售等方面的统一服务，并利用村集体资源开展内外协调和联络，村集体组织为合作社提供办公和技术服务场所，推进统一服务。具体会采取村集体直接服务于农户模式、设立村级综合站提供服务模式、"村集体＋中介组织＋农户＋基地"服务模式等。

3. 农民专业合作组织依托模式

合作组织通过开展农业生产资料的"团购直购"服务，通过集体向厂家直购，通常能够以低于市场价10%左右的价格为农民

购得良种、农药和化肥等。在农业生产过程中，合作组织为社员农户提供产中的各项技术指导和服务。产后加工销售服务中，合作组织通过优先收购社员农产品，开展农副产品加工销售服务，并与农户建立紧密的利益联结机制，合作社专人记录农产品的价格、数量等信息，净盈利按照农户的交易量按比例返还给农户。具体模式如产前团购和技术培训服务、产中技术指导、产后销售和加工服务等。

4. 产业化龙头企业依托模式

随着农业市场化程度不断提高和农业产业化经营的稳步推进，我国龙头企业通过不同的利益联结方式，形成了依托农业产业化龙头的多种社会化服务模式。有的龙头企业为其所对接的基地农户提供生产资料和资金技术，农户按公司的生产计划和技术规范进行生产，产品由公司按照合同价格收购销售，并实行农产品的最低保护价，具体模式如"公司＋基地＋农户"等。

5. 民间服务主体依托模式

不同的民间服务主体在长期的实践中，形成了各具特色的社会化服务模式。有的依托农资供应商、农民技术员或专业大户，在行政村建立为农民提供技术咨询、农资供应和市场信息等服务的村级科技服务站（员），既具备农业新技术、新产品的信息咨询和政策宣传功能，也具备农资连锁经营（配送）服务和农产品销售信息服务功能；有的在县或乡镇层面上成立农村经纪人协会，把分散的经纪人联合起来，为农民解决产后销售问题，促进农民的小生产与大市场的顺利对接。具体模式如民间村级科技服务站——以服务换市场模式、农村经纪人协会服务模式、农产品批发市场服务模式等。

随着我国现代农业进入新的发展阶段，农业发展模式与增长方式发生转变，兼业农户与专业农户日益分化，新型经营主体迅速崛起，对农业社会化服务内容与形式提出了新要求。总体来看，我国目前提供的农业社会化服务还不能充分满足广大农民的需求，尤其是没有针对 1 亿左右的专业农户提供有效的服务。具体而言，当前我国农业社会化服务体系存在如下问题。

（1）农业社会化服务体系不健全

首先，公共服务机构服务能力不强，尚不能成为农业社会化服务的依托力量。公益性农技推广体系建设虽有所加强，但基层农技推广管理体制依然不顺、队伍素质依然不高、设施条件依然落后、服务能力依然不强；部分地区县乡两级动物疫病防控机构不健全，难以及时发现、报告和有效控制重大动物疫情的暴发与传播；农产品质量监管体系尚未形成，省级以下农产品质量监管机构和公共质检机构不足，对农业投入品和产地环境缺乏有效检测、监管。其次，合作经济组织不健全，难以发挥基础性作用。部分农民专业合作社的农民参与率仍较低，自身发展困难，对农户带动能力不足。再次，龙头企业等营利性机构与农户缺乏长期稳定的利益连接，一些龙头企业与农民签订的购销合同中，不少是"霸王条款"，农民的利益没有得到充分保护。最后，专业服务公司、农村经纪人等其他社会力量参与农业社会化服务难以发挥有效作用。

（2）农业社会化服务的供需矛盾突出

目前，农民对农业服务的需求已由单纯的生产环节服务向资金、技术、信息、加工、运输、销售、管理等综合性服务扩展，但现有的服务主体在产前、产中提供的服务较多而在产后提供的服务较薄弱。同时，因农产品市场竞争激烈、情况复杂，农民对农业社会化服务质量的要求越来越高，但由于服务收益较低、自身积累能力不足、基础设施较差、服务手段简陋等，公益性农业社会化服务体系发展相对滞后，无法提供高效优质的服务，特别是在公益性农技推广、动植物疫病防控和农产品质量安全监管等方面不能满足需求。

（3）农业社会化服务市场监管力度不够

一些社会化服务组织在经营过程中违法乱纪，故意压价，侵害和剥夺农民的利益，造成农民怨声载道；有的坑蒙拐骗，弄虚作假，不仅给农民造成了严重的经济损失，而且败坏了政府和社会化服务组织的形象。

（4）农业社会化服务组织定位不清、分工不明

目前，我国各种农业服务组织间的角色经常错位，应由政府农业技术部门承担的职责却往往被推给乡村集体，本来可由营利性组织或合作经济组织承担的职能，政府农业技术部门却常常插手，在一些财政开支较为困难的乡镇，原本属于政府所有的社会化服务组织被承包或转包给个人，且不加监督管理，原为政府社会化服务组织中的工作人员，也因工资收入低改行或者弃行。

第五节 发达国家农业社会化服务体系的发展经验及对我国的启示

目前，发达国家一般都建立了完善的农业社会化服务体系，主要包括三个层次：公共农业服务系统（政府）、合作社农业服务系统（合作社）和私人农业服务系统（私人公司）。根据服务系统在整个农业社会化服务体系中的地位，可以将发达国家农业社会化服务体系分为三种模式（见表4－1）。

表4－1 发达国家农业社会化服务体系的主要模式和特点

模式	服务类型	组织形式和特点
美国模式	市场导向型，"公共服务＋合作服务＋私人服务"的协同	发展路径：民间自发的"自下而上"。组织形式和功能：组织形式丰富，不同层次的组织功能有所侧重，功能比较小。组织体系：不同组织之间纵横交错，没有严格的行政界限
欧洲模式	合作社导向型，组织网络体系完整，建立联盟结构	发展路径：政府与民间"上下互动"。组织形式和功能：组织形式比较多，功能比较少。组织体系：体系完整，多层级、网络型、分权式的联合服务网络
日韩模式	农协导向型，集综合经营体、政府粮食管理附属机构和社团组织为一身	发展路径：政府主导下的"自上而下"。组织形式和功能：较为单一（主要是农协），组织功能较大，具有高度综合性。组织体系：组织分层与行政设置对应，具有半官半民性质

资料来源：笔者根据有关材料整理。

一 市场导向型的美国模式

美国农业社会化服务体系伴随美国现代农业的发展而形成，包括了公共农业服务系统、合作社农业服务系统和私人农业服务系统，私人农业服务系统在其中承担非常重要的角色，为美国农场主提供系统的购销、加工以及产中、产后服务。其主要特点包括以下几点。

1. 私人公司是社会化服务体系的主体

在美国的农业社会化服务体系中，与合作社经济相比，私人服务公司占据主体地位，实力比较雄厚的有 ADM、邦吉、嘉吉等跨国农业服务公司，它们已经成为美国农业社会化服务体系的重要力量。"公司＋农场（农户）"是美国私人农业社会化服务的主要形式，而且多以合同规定公司与农户之间的责任与义务，其中常见的合同包括农产品销售合同、农业生产资料购买合同等。在合同制度下，公司与农场主建立了相对稳定的经济与法律关系，并且有利于公司与农户较好地履行合同条款。美国农业社会化服务体系中的私人服务公司，承担着组织农业生产与销售，反映了农业市场运行状况的重要作用，是美国农业生产的"指示器"。私人农业服务系统在客观上适应了生产力发展的要求，对推动美国农业产业结构升级、促进农村经济社会发展起到了重大作用。

2. 合作社是抑制垄断、保护农场主利益的服务性主体

美国农业合作社的作用小于私人公司，但也起着抑制垄断、保护农场主利益的重要作用。美国农业合作社主要是家庭农场主为防止经销商压低农产品收购价格、维护自身利益而成立的，具体可以分为生产合作社、购买合作社、销售合作社等。此外，合作农业信贷体系是美国农业合作社的又一重要组成部分，包括联邦土地银行、合作银行、联邦中期信贷银行，主要为农场主提供低息信贷服务。在美国农业合作服务体系中，农场主与合作社之间的关系较为松散，社员与合作社组织没有经济上的依附关系。

3. 政府服务系统处于基础性地位

美国政府很少直接干预农业生产，但却为农民提供大量服务，如基础设施建设、保障农产品流通市场畅通等。美国政府通过立法和财政支持，为美国农业发展提供长期的制度安排，在农业服务体系中处于基础性地位。

二 合作社导向型的欧洲模式

欧洲是世界合作社组织的发源地，合作社组织发展较快。比如在德国，80%以上的农民都参加了各种形式的合作社，20世纪70年代以来，欧洲农业合作社走上了联合的道路，形成了三个层面上的组织机构，即初级合作社、地区级合作社联社和国家级合作社联盟。欧洲模式呈现以下特点。

1. 合作社成立遵循自愿原则

合作社完全按自愿原则成立，社员以资产入股，合作社的经营业绩直接关系到每个社员的切身利益。合作社对内以服务为主，对外以营利为目的，实行规模化经营、标准化生产，批量采购农用生产资料，规范产品生产和销售标准，使用统一品牌。农民参加合作社以后能够享受多种服务与优惠，可以使用合作社的统一标准和品牌，可以在使用大型农业机械和设施方面互通有无，以及在融资方面享受低息贷款。此外，合作社还会定期举办农业病虫害防治、卫生防疫、机械维修、农产品储藏和农业经营管理等方面的专业培训，在合作社内部推广先进的农业技术和农产品质量与安全标准体系，因此，农民加入合作社的积极性普遍较高。

2. 政府对合作社发展的支持力度大

政府通过立法和优惠政策等多种措施，鼓励农民加入合作社，走农业联合发展之路。比如，德国政府规定：新成立的农业合作社在五年内可享受创业资助，在人力资源、办公设备、信息获取等方面由政府提供资助；七年内可享受投资资助，在农业生产资料采购，农产品加工、销售、仓储、包装等投资上可获得政府专项资助。而且德国政府为鼓励合作社的发展，还出台了多项金融支持政策，如加入农业合作社的农民可以申请贴息贷款、降低贷款利息率，或由政府政策性金融机构直接安排低息贷款等。

3. 合作社执行严格的审计制度，发展程序规范

合作社在成立前必须经过当地审计协会的审计，成立后必须加入合作社审计协会，定期接受审计，审计结果必须及时向合作社全体社员公开。对合作社的审计非常严格，日常业务往来、资产资金状况、合作社领导层的收入等都是审计项目。严格的审计制度有利于对合作社领导进行有效的监督和制约，也有利于合作社本身的健康发展。

三 农协导向型的日韩模式

日本和韩国都建立了以农协为主体的农业社会化服务体系。农协是综合经营的经济团体，也是政府的粮食管理附属机构，还是一个以农村村落为基础，与町村行政为一体的农村社团组织。该模式主要有以下特点。

1. 农协是政府自上而下推进、半官方半民间的群团性组织

与欧洲国家由农民自发建立的合作社组织不同，日本、韩国的农协组织是在农业现代化程度不高的条件下，由政府行政力量推动建立的半官方半民间的群团性组织，其组织结构从中央到地方保持完整的体系。在日本、韩国，政府对农业生产的保护、农业生产技术的普及与推广、低息贷款的发放，都是通过农协来完成。

2. 农协是自负盈亏的企业组织

日本、韩国农协由参加者投资入股筹集资本并成立董事会，再由董事会选择经理人负责具体的经营业务，农协职员由经理招聘并领取工资，农协经理人利用农协的生产加工设备、储藏设施、运输系统、销售系统等为社员提供服务，并为农协赚取利润。日本、韩国农协在部门设立、治理结构以及经营活动等方面，与普通企业基本一致，是一个经济实体，具有鲜明的企业性质。

3. 农协推动日本和韩国农业由落后走向发达

20 世纪 60 年代，日本和韩国的城乡差距巨大、农民生活艰苦、居住条件简陋，农村无序现象普遍。20 世纪 70 年代以后，两国政府大力发展农协组织，开展以改变农村落后面貌为宗旨的农业发展计划，使农村得到了突飞猛进的发展。如日本农民通过农协销售的农产品 1985 年销售额达 67030 亿日元（100 日元约合 7.81 元人民币，2012 年），比 1960 年增长 11 倍多。同时，农协在农村信用保险服务、农业技术推广和生产服务方面都发挥了重要作用。

从以上内容能够看出，发达国家的农业社会化服务体系形态多样，各自有着符合本国社会、经济、文化的独特的协调机制和内在逻辑，不能简单地移植和模仿，我们应在借鉴发达国家经验的基础上，结合自己的实际国情，建立具有中国特色的农业社会化服务体系。

发达国家农业社会化服务体系建设对我国农业社会化服务体系建设的启示有以下几点。

（1）加大政府对农业社会化服务体系的扶持力度

借鉴国外经验，我国应该调整结构，健全体制，明确各级农业社会化服务层次的职能，大力发展县、乡两级农业社会化服务机构。在职能选择上，政府部门应当强化公益性服务职能，重点负责关系国计民生、基础性的、适用性较强、需求导向型的农业社会化服务项目。尤其是农业信贷机构的服务，是决定农业发展稳定性的因素。

（2）加强对农民专业合作组织的相关立法保护

日本农协为日本农村经济发展做出了很大的贡献，尤其是在农村社会化服务方面。利用这种组织优势，农民专业合作组织可以在不同的发展阶段按照农民和时代变化的要求给农民提供全方位的社会化服务，包括生产、流通、加工、销售、金融和生活等。

日本农协社会化体系是综合性服务体系，政府起主导作用，重视培训和指导以及规模经营等。目前，处在发展起步阶段的中国农民合作组织可以借鉴日本农协的模式，建立自己的农民合作组织，发挥政府主导效用，引进多元市场主体，激活农村经济。

（3）提高合作社与科研机构的契合度，提升科研成果转化率

我国农民合作组织发展尚不完善，企业科研以及服务也有局限性且作用范围不大，而有关科研机构和高等院校的研究成果也缺乏适用性，成果转化率较低。因此，应该吸取美国经验，加强政府与企业、科研机构和高等院校在农业社会化服务中的应用性研究、农业教育以及农业推广与服务的合作，建立健全我国的农业科技创新推广体系，使科技创新成为农业增长的主力军，充分发挥科技创新对农业发展的推动作用，把有限的科学技术转化成无限的生产力。

（4）丰富服务主体，活跃市场机制

鉴于发达国家的经验，我国在发挥国家农业部门职能的同时，应鼓励多种性质的农业社会化服务组织和机构发展。建立以市场为导向的农业社会化服务体系，放活各种市场竞争性服务主体，引入营利性的私营企业专业服务和其他有偿服务模式，大力发展农业合作组织，为社员提供产前、产后和产中的社会化服务。发展由单一的提供产中技术服务延伸至产前的信息、农资和农机服务，以及产后的储藏、运输、加工、销售等方面；同时，扩展服务内容，从技术推广拓展到信息、管理技能、物资供应、决策咨询等，逐步形成国家扶持和市场引导相结合、有偿服务与无偿服务相结合的新型农业服务体系。

第六节　新型农业社会化服务体系的实践——案例研究

目前，我国在实践中已建立起多形式的农业社会化服务模式。

一 政府机构依托模式

该模式以政府为主体，建立现代农技服务咨询平台、实施"农业科技进村入户"工程、实施农技推广责任制等。

1. 鹤壁市钜桥万亩粮食高产核心示范区创建

钜桥万亩粮食高产核心示范区位于鹤壁市淇滨区钜桥镇，钜桥镇原属浚县，后转归淇滨区，全镇共有 35 个行政村，5.2 万亩耕地，全镇共 4 万人口。示范区成立于 2008 年，涉及刘寨村、钜桥村、申寨村、姬庄村、白庄、草屯 6 个行政村 2013 户，规划建设面积 11340 亩。

实施万亩粮食高产核心示范区创建以来，淇滨区政府高度重视粮食高产创建工作，采取了一系列支持核心示范区的有力措施，示范区粮食产量连年创全国新高。2008 年，15 亩和 50 亩超高产小麦攻关田亩产分别为 681 千克和 673.4 千克，万亩小麦核心区平均亩产 617.7 千克。2009 年，经国家农业部、科技部组织专家测产验收，示范区万亩小麦平均亩产 690.6 千克，比全区平均亩产 455 千克多 235.6 千克，创我国万亩小麦产量最高纪录；百亩攻关田小麦平均单产 751.9 千克。2009 年万亩浚单 20 连片夏玉米高产示范区平均亩产 858 千克，刷新了全国夏玉米万亩单产纪录，比全区平均亩产 452 千克多 406 千克，15 亩超高产攻关田平均亩产 1036.83 千克，与上季小麦一年两熟合计平均亩产 1548.8 千克。2012 年万亩小麦平均亩产 695.4 千克，比全区平均亩产 466 千克多 229.4 千克。

万亩粮食高产核心示范区的主要做法如下。

第一，科学规划。示范区创建之初就瞄准"全国一流，全省最好，产量最高"的目标，高标准编制了示范区建设规划。淇滨区在示范区建立了较为完善的基础设施、灌溉设施，气象服务等也较为完善。

第二，健全机制。淇滨区从 2008 年就成立了区万亩粮食高产创建工作领导小组，以国家的粮食攻关项目为契机，在鹤壁市委市政府的推动下，成立了万亩示范区，并组建了专家指导组和示范服务组，开展技术服务和指导。为克服一家一户小规模经营的局限性而专门成立了三个农机合作社，通过土地转包、土地托管、阶段式托管等土地流转方式，大力推行规模化种植、产业化经营。目前，聚喜来、辉煌、鑫盛三家农机合作社总共土地 3291 亩。聚喜来农机合作社成立于 2009 年，目前已流转土地 800 多亩。目前，该合作社参与流转土地的农户共有 200 多户，入股的农户有 20 多户，基本是以带农机、资金、土地、技术等入股，以土地入股的有 10 户，合作社每年支付 1200 元/亩给不以土地入股的农户，以土地入股的农户参与年底分红，合作社不支付相关流转费。合作社 10 万元为一大股，1 万元为一小股，大股有参与合作社经营管理的权利，小股没有经营管理权，合作社的创始人投入了 100 万元，占合作社 70% 的股份。在具体运作方面，合作社采取了阶段式托管和全托管两种方式，前者是指农户把播种、耕种、收割等一些重要环节托管给合作社，合作社收取低于市场价的服务费，即在经营方面还是农户分户经营。后者是指农户把土地托管给合作社，农业生产的所有环节均由合作社统一管理，统一经营，农户完全从农业生产中脱离出来。因为以土地入股的农户如果遇到自然灾害等情况将得不到年底分红，有相应的风险，所以有些农户就采取了全托管的方式，无论发生什么情况，农户都能得到固定的土地流转费，即 1200 元/（年·亩）。辉煌农机合作社成立于2009 年，目前共流转土地 1500 亩，涉及 170 多户，合作社共有三个股东，没有以土地入股的农户，合作社向流转土地的农户支付1200 元/（年·亩）的流转费。三个股东把土地从农户手里流转过来后，由他们统一经营管理，农户不再参与流出土地的经营管理，只是每年收取相应的手续费。鑫盛农机合作社的运作模式和辉煌类似。

第三，强化措施，做好相关服务。示范区引进了大型种业公司，积极推广订单农业，使示范区粮食增产又增收；除此之外，示范区还开通了气象服务大喇叭和科技服务热线电话，市农科所派出 6 名技术骨干，成立了技术服务组织，长期坚持在示范基地进行巡回服务，示范区还选配了 17 名专职农民技术员，确定了 50 个农业科技示范户，构建了较为完善的农业科技服务体系。在示范基地，市农科所还建立了高产典型和管理样板，通过宣传和发动，引导群众看着学，跟着学，自愿学，在示范基地形成了良好的科学种田的舆论氛围。

第四，统一模式。在示范区集中实施了六个"统一"，一是统一聘请专家对农民技术员和技术骨干进行培训；二是统一品种和种植布局，向群众补贴、供应优质玉米包衣种子，价格比市场价每斤优惠 2 元；三是统一播种时间和种植模式，实施标准化管理；四是由专业合作社统一供应农药、化肥，集中打药，提高病虫害防治效果；五是统一收获时间，集中适时收获；六是统一采用秸秆粉碎全量还田，长期坚持培肥土壤地力与推广配方施肥相结合。

2. 山西运城市新绛县蔬菜生产基地

运城市新绛县位于山西省西南部，汾河下游盆地，全县面积 593 平方千米，耕地 53 万亩，下辖 8 镇 1 乡 1 区，220 个行政村，总人口 33 万人，其中农业人口 28 万人，是山西省最大的蔬菜生产基地。新绛县位于北纬 35 度，具有充足的光照资源，是我国最佳日光温室种植区，该县土壤有机质含量高，种植环境优越，自然条件优良，是我国优质蔬菜生产区。新绛县蔬菜种植历史悠久，在《齐民要术》中就有记载，是我国传统的蔬菜种植区。

截至 2013 年 10 月，全县蔬菜播种面积达 31 万亩，其中，日光温室蔬菜播种面积 14.8 万亩，大中小棚播种面积 10 万亩，蔬菜总产量 14.2 亿千克，产值达 16 亿元，仅蔬菜就可为农民提供人均收入 4160 元，占农民年收入的 64%。目前，该县的蔬菜销售辐射全国 20 多个省市、200 多个县。"绛州绿"品牌蔬菜直接进入我国港澳地区及俄罗斯等，供我国香港地区蔬菜的检验合格率达 99%。

新绛县被评为全国无公害蔬菜生产基地县、中国果菜十强县、全国食品安全示范县等。

上述成绩的取得主要得益于该县县委县政府的总体规划和提供的各种扶持政策。近年来，新绛县县委县政府立足于农业发展实际，以"一村一品"为载体，大力发展蔬菜产业。在政策扶持方面，全县从财政投入、金融支持、品牌打造、土地流转等方面不断加大扶持力度，坚持"六抓六提升"，即抓科学规划，提升布局规模；抓标准生产，提升安全水平；抓技术推广，提升新品种品质；抓龙头培育，提升组织化程度；抓政府引领，提升服务水平；抓平台打造，提升发展水平。加快推进基地规模化、市场拉动企业化、产品营销品牌化、利益联结机制化。在政府的倡导和支持下，该县连续三年成功举办了"一村一品"展交会，取得了良好的经济和社会效益。

二　农民合作社依托模式

合作组织通过开展农业生产资料的"团购直购"服务，通过集体向厂家直购，通常能够以低于市场价 10% 左右的价格为农民购得良种、农药化肥等。在农业生产过程中，合作组织为社员农户提供产中的各项技术指导和服务。在产后加工销售服务中，合作组织通过优先收购社员农产品，开展农副产品加工销售服务，并与农户建立了紧密的利益联结机制，合作社专人记录农产品的价格、数量等信息，净盈利按照农户的交易量按比例返还给农户。具体模式如产前团购和技术培训服务、产中技术指导、产后销售和加工服务等。

1. 河南省新乡市民顺祥农作物种植专业合作社

合作社位于新乡市获嘉县，成立于 2007 年 9 月，目前已发展成员 4056 户，覆盖获嘉县 7 个乡镇 53 个行政村，有 4 万亩耕地。

获嘉县人均耕地约 1.4 亩，属于典型的传统平原农业区，人多地少，小规模经营。由于豫北平原的土质较好，故获嘉县的农业基础较好。但自改革开放以来，尤其是近年来随着外出务工人员的增多，留在家中经营农业的基本是老人、妇女甚至儿童。合作社成立前，获嘉县的农业经营是以一家一户的小农经营为主，农民在从事农业生产时购买生产资料、销售农产品都是分散进行的，成本较高，而且还时常出现农民买到假种子、假农药、假化肥等现象。贠长华理事长看到农民有共同购买生产资料、共同销售农产品的需求，但这种需求村级集体组织又提供不了。恰逢 2007 年《中华人民共和国农民专业合作社法》颁布实施，贠长华认为，农业是一个可持续发展的行业，从事农业同样可以大有作为，于是萌生了成立农民专业合作社的想法。贠长华是名退伍军人，退伍后在获嘉县某通信公司上班，工作环境好，待遇优厚。在他萌生了成立合作社的想法后，周围许多人包括亲戚朋友都非常不理解，劝其放弃，但他依然坚持自己的想法，和其战友一起成立了民顺祥农作物种植专业合作社。贠长华理事长在通信公司做客户经理时，经常到农村发展客户，和许多村都建立了良好的关系，在建立合作社的网络时也借鉴了通信公司在各个村建联络点的做法，取得了较好效果。

合作社成立时共有 9 个发起人，启动资金仅 5 万元，目前合作社已有注册资金 80 万元，其中贠长华个人占总股本的 50% 左右，其余股份由其他 8 人平均分摊。合作社在覆盖的 53 个行政村均建立了基层社，也叫服务点，每个基层社都有一个负责人。负责人一般由村中较有威望的人担任，合作社给这些基层社的负责人按月发工资，工资额由村里合作社成员数的多少决定，如果村中合作社的社员户数较多，则其工资相应较多，反之较少。

合作社的决策程序是：首先召开合作社的理事会，目前，合作社理事会成员为 3 名，分别为理事长、经理和另外一名出资人。经理事会商讨同意决定做什么决策后，召开各基层社负责人会议，按少数服从多数的原则进行决策。

合作社的分配方式是以低于市场价的价格向农民提供种子、

农药、化肥等。具体运作方法是：首先合作社以市场价向各个农户提供种子、化肥、农药等生产资料，等粮食收获、农户向合作社卖出粮食后，合作社向农户返还相应的利润。

目前，合作社主要从事的业务是统一购买农用生产资料，如种子、化肥、农药等，统一销售农产品。在统一购买生产资料时，先由理事会决定使用什么品牌，然后召开基层社负责人的会议征求大家意见，由各个基层社负责人统计自己所在村的需求数量，然后汇总，由合作社从厂家直接购买送到农民手中。由于管理比较到位，合作社基本不需要自己的仓库，从而节省了成本。在统一销售农产品方面，合作社首先以市场价从农民手中收购粮食，然后经过简单加工、包装（主要是除杂、统一包装、分级分等），统一出售。目前，合作社的小麦主要卖给中储粮，玉米主要卖给广东的厂商，由厂商到获嘉收购。由于量大，出售时价格可以稍高于市场价，一般高于市场价1分左右，合作社可以赚取中间的差价。具体操作时，合作社利用粮贩从农民手中收粮食交到合作社，合作社只需要付给粮贩少量的运费。目前，合作社已注册了自己的商标"民顺祥"，合作社生产的农产品均以这个商标出售。

合作社的主导思想或方向就是坚持以大田作物种植为主，附带搞些特色农产品。比如，合作社已开始试种黑玉米、黑豆等作物，加以包装后作为礼品销售。

对于下一步的发展，负长华理事长的想法是：合作社首先加强内部管理，然后发展农产品加工业务。理事长的设想是农产品加工业务和企业合作做OEM，运用企业的加工设施，利用企业的销售渠道销售加工好的农产品，如小麦加工成小麦仁、玉米加工成玉米糁等。开拓信用合作，提供金融服务。合作社下一步还准备就种子、化肥、农药等设立独立负责人，目前，这些业务都由总经理一人负责。为提高农户收入，理事长还准备把留守在家中的妇女、有劳动能力的老人组织起来发展副业。

从合作社的运作效果看，合作社有效地提高了农民的组织化

程度，增加了农民的收入，对目前的"老人农业"有较大的促进
或帮助作用。

2. 鹤壁淇县裕丰果业合作社

河南省鹤壁市淇县裕丰果业合作社位于淇县北阳镇，成立于
2004 年，是一个以土地和劳动入社、实行产供销一体化经营的农
民专业合作社。合作社现有社员 1316 户，建有"猪、沼、果"一
体化的现代生态化农业园区 1000 亩，无核枣生产基地 5000 亩，被
确定为国家循环经济试点企业。

合作社坚持"入社自愿、退社自由"和"民办、民管、民受
益"的办社原则，制定章程和各项管理制度，实行"按股分红、
按产取酬"的利益分配机制和保护价收购产品，按交易量返还利
润的利益保障机制，极大调动了当地农民发展果业的积极性，提
高了农民的组织化程度，为农民增收发挥了重要作用。

合作社通过土地入股形式吸纳 67 户农民入社，创办了 1000 亩
现代生态示范园，园区选用无核枣等国内外最优果树品种，采用
无公害果品、养殖生产技术、"猪、沼、果"一体化生态农业技
术，采用滴灌节水、梯田蓄水、地膜保水等综合利用水资源技术
和水、土、田、林、路综合治理技术，实行集约化经营。园区划
分为 50 个生态小区，每个生态小区有 20 亩果园、一年出栏 400 头
的猪舍、一口 100 立方米的沼气池、一座 60 平方米的农户管理室。
形成一个小区、一圈猪、一口沼气池、一片果园、一个农户经营、
一万元收入的"六个一"现代生态农业模式。

合作社对生态小区农户和无核枣基地农户，实行统一技术规
程、统一技术培训、统一供应生产资料、统一保护价收购产品、
统一分级处理包装、统一标牌销售"六统一"管理模式，确保社
员技术有人管理，物料有人供，产品有人收，收入有保障。

合作社为增强产品竞争力，2012 年投资 1500 万元，建设 2000
平方米培训中心 1 座，续建"猪、沼、果"生态家园 40 处，铺设
滴灌 500 亩，建果品分级处理包装生产线 2 条、3000 吨气调储藏

库1座，进一步提高对农户的带动能力，力争把淇县太行山前建成一片优质林果产业带。

三　产业化龙头企业依托模式

随着农业市场化程度的不断提高和农业产业化经营的稳步推进，我国龙头企业通过不同的利益联结方式，形成了依托农业产业化龙头的多种社会化服务模式。有的龙头企业为其所对接的基地农户提供生产资料和资金技术，农户按公司的生产计划和技术规范进行生产，产品由公司按照合同价格收购销售，并实行农产品的最低保护价，具体模式如"公司＋基地＋农户"等。

1. 河南永达食业集团的"公司＋农户"模式

永达公司成立于1986年，目前已发展成为集肉种鸡繁育、饲料生产、商品鸡养殖、屠宰加工、熟制品生产（出口、内销）、速冻面食生产、冷藏配送、商业连锁为一体的肉鸡产业化外向型企业，是"农业产业化国家重点龙头企业""全国食品工业百强企业""中国肉类食品行业强势企业"等。永达集团直接下辖16个分子公司，130多个经济实体。下属企业分布在郑州、鹤壁、安阳三市，占地3219亩，企业总资产为10亿元，员工10000多人，其中，各类专业技术人才850多人。公司从2002年就开始致力于"疫病防治标准体系、药残监控标准体系、产品质量保障标准体系"三大食品安全保障标准体系建设，目前，公司企业标准化建设涵盖了从肉鸡饲养到餐桌消费的全过程，严格按照ISO9000和HACCP质量保障体系的要求，建立了542个企业管理标准。

集团目前拥有肉种鸡场7座，年存栏种鸡50万套；孵化厂2座，年孵化能力6000万羽；饲料生产线4条，年加工能力40万吨；年出栏30万只的现代化商品鸡场102座，年出栏毛鸡3000万只。目前，公司在豫北5市20个县联结3500家规模养殖户，发展社会合同养鸡，年出栏肉鸡3000多万只，年创社会效益6000万元。标准化养殖小区目前已建成35个，年出栏毛鸡1000万只；拥有肉鸡生产线3条，日屠宰肉鸡20万只，年屠宰加工肉鸡规模达6000万只；熟食生产厂6个，年加工能力12万吨；速冻面食生产厂1个，年加工能力2万吨；出口注册鸡肉熟食加工厂1个，年加工能力2万吨；冷库6座，物流配送中心拥有库容量1.5万吨；此外，集团还拥有永达放心鸡商业连锁店150家，遍布河南省郑州市主要社区及省内其他地区。

永达集团拥有的"永达"商标被国家认定为"中国驰名商标"，生产的"永达"牌速冻调理熟食品系列获得"中国名牌产品""中国出口免检产品"等称号；"永达"牌清真鸡肉系列产品由中国伊斯兰教协会监制，是"中国名牌农产品""河南省清真鸡肉第一品牌"，公司的产品畅销国内30多个大中城市，是麦当劳、肯德基长期的"十大鸡肉供应商"。公司产品出口至日本、智利、南非、韩国、中东、东南亚等10个国家和地区。

20多年来，永达集团不断探索龙头企业与农户联结的经营机制和利益机制，形成了具有永达特色的"公司＋基地＋农户＋标准化"的肉鸡产业化发展模式，与农民形成了互惠互利的利益共同体，带领农民养鸡致富奔小康。

在具体运作方面，公司创建了龙头企业带动的"6＋1"模式。这种模式有7个主体，即政府、企业、养殖合作社、农户、银行、担保公司、保险公司。7个主体各司其职，构成一个完整的体系。这种模式的具体运作方式如下：政府主要负责统一规划，合理布局。政府要统一划出一定区域建立标准化养殖小区，一个养殖小区最少3万只鸡，多的可达15万～20万只鸡。龙头企业负责提供鸡苗、饲料、药品、疫苗、统一防疫、统一收购商品鸡，其作用是有效降低了市场风险且构建了较为完善的技术体系。养殖合作社是以永达公司为主成立的，提高了农民的组织化程度，2008年开始试点，2009年开始正式运作。合作社名称为鹤壁市永达标准化养鸡农民专业合作社，注册资本为300万元，永达公司持有20％的股份，其余股份为合作分社所有。一个养殖小区就是一个合作分社，一个合作分社一般由6~10名农户自愿组成。一个合作分社占1%的股份，1股为3万元。目前，合作总社共有80个合作分社，即80个养殖小区。随着养殖小区的发展，公司的股份逐渐稀释，直到公司所持股份为20%。合作总社对合作分社采取六统一的管理模式，即统一鸡苗、统一供应饲料、统一供应药品、统一防疫、统一药残、统一回收结账，每一个合作分社与合作总社签订统一的合同，然后合作总社再与永达公司签订合同，由一个三方合同来保护各方利益。合作社的收入来源于公司支付给合作社的服务费，合作社向公司交售商品鸡，每交一只鸡公司向合作社支付一定的手续费。

农户是生产者，要负责建立养殖小区，这种养殖小区是标准化的养殖场，一个小区可能有1个、2个或者多个农户，最多10个农户。一个小区最少要养3万只鸡，多的可达20万只。一般情况下，一个养殖小区的投资需75万~100万元，由农户负责建设，合作总社投10%（实际上是永达公司投，总社负责管理），经公司培训合格后加入合作社，负责商品鸡的生产。农户把商品鸡卖给永达公司，由合作社负责把钱返还给农户。

银行发放相关的贷款，主要以合作社为平台对农户贷款，因为农户建立养殖场和养殖过程中需大量资金，而自有资金有限，所以必须要靠银行贷款。

担保公司负责银行向农户发放贷款时进行担保，正常情况下农户直接向银行还款，但若出现了农户无法归还银行贷款的情况，则由担保公司负责偿还银行本息。

保险公司负责对农户的固定资产进行投保，对于流动资产，保险公司还没有相关的保险，目前保险公司正在探讨流动资产的保险问题。

永达公司创建这种模式，是出于食品安全的考虑，目前，公司以这种模式得到的商品鸡占公司商品鸡总量的30%；公司自己养的鸡占25%；农户散养鸡占45%。散养户每户最低养

5000 只，最高的达到 2 万只，散养户的商品鸡也实行六统一的管理模式。

例如，浚县王庄乡申窑头村的一个农户总共有 4 栋鸡舍，总投资近 150 万元，其中固定资产投资近 100 万元，合作总社投了 10 万元，流动资产为 50 万元。由担保公司担保从银行贷款，永达公司派了一个技术员长期住在养殖场负责 24 小时的技术指导，技术服务的收费低于市场价，养殖场现已基本建成，目前已出栏了一批商品鸡，共 4 万只。

2. 山西运城市忠民集团有限公司服务三农模式

山西忠民集团有限公司是一个以大豆、棉籽、棉花等为原料，加工、生产、销售"忠民"牌食用油、饲料用粕和锯齿棉等产品的农副产品加工企业。公司注册资本 15278 万元，占地 860 亩，下设大豆科技、棉花科技和铁路运输三个子公司，年加工各种原料 60 万吨，生产食用油 10 万吨，粕 30 万吨，锯齿棉 5000 吨，总资产 116038 万元，近年来年利润达 8000 万元，公司的生产工艺和技术在国内处于领先地位，生产过程实现全电脑自动化控制，是我国中西部地区加工规模最大的油脂加工集团、农业产业化国家重点龙头企业。公司的"忠民"牌商标被认定为中国驰名商标。

公司立足于农业，扎根于农村，服务于农民，积极为"三农"做贡献，不仅安排了 1200 名农村剩余劳动力，还带动了养殖、商业、餐饮、包装制造等行业的发展，为 3000 余人从事农副产品的收购、产品的销售和运输提供了广阔的发展空间。巨大的加工量带动了 20 万户农民从事油料作物的种植，加强了当地产业结构的调整，发展了农村经济，增加了农民收入，取得了良好效果。

四　民间服务主体依托模式

不同民间服务主体在长期的实践中，形成了各具特色的社会化服务模式。有的依托农资供应商、农民技术员或专业大户，在行政村建立为农民提供技术咨询、农资供应和市场信息等服务的村级科技服务站（员），既具备农业新技术、新产品的信息咨询和政策宣传功能，也具备农资连锁经营（配送）服务和农产品销售信息服务功能；有的在县或乡镇层面上成立农村经纪人协会，把分散的经纪人联合起来，为农民解决产后销售问题，促进农民的小生产与大市场的顺利对接。具体模式如民间村级科技服务站——以服务换市场模式、农村经纪人协会服务模式、农产品批发市场服务模式等，山东寿光蔬菜生产基地在很大程度上就是依靠蔬菜批发市场带动起来的。

第七节　结论及政策建议

新型农业社会化服务体系的建立，通过为农民生产经营提供便捷高效的服务，把千家万户的分散生产经营变为相互联结、共同行动的合作生产、联合经营，实现了小规模经营与大市场的有效对接，提高了我国农业的整体素质和市场竞争力。党的十七届三中全会和 2013 年的中央一号文件为新时期农业社会化服务体系建设指明了方向，就是要按照建设现代农业的要求，建立覆盖全程、综合配套、便捷高效的服务体系，形成多层次、多形式、多主体、多样化的农业社会化服务格局，为进一步推进我国现代农业的发展服务。因此，要在构建新型农业经营体系过程中，同步推进新型农业社会化服务体系，要坚持主体多元化、服务专业化、运行市场化的方向，促进公益性服务和市场性服务相结合、专项服务与综合服务相协调，强化公共服务组织建设，大力扶持经营性服务组织发展，以专业农户为主要服务对象，以新型农业经营主体为重点扶持对象，通过机制创新、主体培育、领域拓展和区域协调，促进农业社会化服务全面快速发展，形成公共性服务、合作型服务、市场化服务有机结合、整体协调、全面发展的新型农业社会化服务体系。

一　构建社会化服务新机制

在体制建设上，要加强政府的主体地位，深化乡镇农业服务机构改革，打破部门、领域、行业界限，整合为农服务的资源，健全为农服务的网络。中央政府应致力于农业科技创新体系、农业技术推广体系等基础制度建设工作，致力于联结政府、教育、科研、企业等的多主体协作机制完善工作以及国家政策落实的监督管理工作。地方政府应该建立熟悉当地农情的基层农业服务队伍，负责具体技术指导，协助推行地方性农业政策。公共服务体系应设置专职人员，负责科研、教育、行政与企业等机构之间的沟通，反馈各方的需求与供给信息，促进农业社会化服务、人才教育、政策资源与生产实践之间的互动协作。同时，要提高农民组织化水平，保障农户的生产经营决策权，使村集体、合作社成为维护农民利益的有效组织载体，防止龙头企业联合相关机构形成侵害农户的利益联盟。此外，还需要通过加大制度供给，完善各主体服务衔接机制，提高政府机构服务效能，放活技术市场主体，增强政府宏观调控能力和综合协调能力，加强农业社会化服务法制建设，修改完善一些基础性法规和重要政策，并将其地位提升至法律层面。

在机制建设上，需要构建农业社会化服务新机制。新型农业社会化服务体系建设是一项复杂的系统工程，需要围绕体系确定、评估、完善等环节，创新社会化服务新机制。一是完善运营机制。农业社会化服务体系涉及多个政府行政部门，既有涉农部门，也有非农部门，要通过政策协调，形成目标明确、权责统一、有统有分、部门协调的运营机制。二是完善利益协调机制。社会化服务体系因具有主体多元化、内容多层次、方式多样性等特点，既有政府性主体，又有市场性主体，既有公益性服务，又有经营性服务。在服务供给主体、服务内容及方式上，容易产生矛盾。在新形势下，要通过完善利益协调机制，协调好各主体的利益关系，确保社会化服务体系的高效运转。三是完善保障机制。服务要有力度，保障是根本。只有通过完善社会化服务体系保障机制，确保体系运营的人、财、物落实到位，才能发挥社会化服务体系的长效作用。

二　培育新型服务主体，形成多元化社会服务新格局

新型农业经营主体将是我国商品农产品生产的主体，也是我国农业现代化的主体，应该按照"四化"要求，积极发挥新型经营主体的社会化服务职能，帮助农户实现与大市场的对接。一是支持龙头企业开展科技创新。通过国家科技计划和专项等支持龙头企业开展农产品加工关键和共性技术研发，将龙头企业作为农业技术推广项目重要的实施主体，承担相应创新和推广项目，鼓励龙头企业通过生产、加工、销售一体化经营，以多种方式开展为农服务，并在服务过程中建立双方紧密的利益联结机制。二是培育壮大农民专业合作社专业技术协会、农机服务组织、专业服务公司等经营组织，重点解决该类主体内部物质资本、人力资本匮乏问题，提高市场竞争力，提升农机作业、技术培训、农资配送、产品营销等专业化服务能力。三是加大对家庭农场、种养能手、农机服务户、农村经纪人和其他类型能工巧匠等农村各类专业户的培育力度。这些服务主体具有贴近农民、了解农村、成本低廉、持续性强等特点，能够适应农业生产的社会化、专业化方向发展，在社会化服务体系中发挥生力军作用。与我国农业社会化服务的现实需求相比，这些经营性组织还存在数量较少、覆盖面小、服务能力不强等问题。因此，需要对经营性服务组织从政策、税收、资金等方面加大扶持力度，创新政府购买服务模式，鼓励支持经营性服务组织积极参与公益性服务。

三　以市场化为主导，拓展多层次服务新领域

新型社会化服务体系建设，必须以市场化为主导，充分发挥

各类服务主体的比较优势和服务特色，建立"有进有退"的社会化服务市场机制，加强农业社会化服务市场管理，在满足多层次服务需求的同时，实现服务资源优化配置。在市场化建设过程中，要进一步探索社会化服务的内容和发展空间，改变目前以技术服务内容为主的单一服务方式，加快向信息、营销、资金、监管、创业支持等"全要素"服务领域拓展，注重传播现代科技知识、市场信息、管理理念，促进农民经营方式、发展理念的转变，使农业社会化服务从关注农业生产力提高转变为更加关注农业经营支持，从关注生产环节转变为更加关注产业链的延长和衔接。

在服务内容设置上，要针对不同的经营主体提供不同层次的服务。例如，可以针对新型农民、农业创业者、骨干农户和规模经营组织等主体，提供基础农事知识普及、创业指导、政策支援及能力建设等多种类型的服务。同时，还要加强服务供需双方的交流，在持续互动中寻找社会化服务供给的有效衔接点。服务供给既要关注农业产业发展，又要促进生态保护与农业多功能实现，既要瞄准现实需要，又要着眼于未来发展需求。

（作者：蔡胜勋）

参考文献

［1］孔祥智、徐珍源、史冰清：《当前我国农业社会化服务体系的现状、问题和对策研究》，《江汉论坛》2009年第5期。

［2］高强、孔祥智：《我国农业社会化服务体系演进轨迹与政策匹配：1978～2013年》，《改革》2013年第4期。

［3］孔祥智：《中国农业社会化服务：基于供给和需求的研究》，中国人民大学出版社，2009。

［4］高志敏、彭梦春：《发达国家农业社会化服务模式及中国新型农业社会化服务体系的发展思路》，《世界农业》2012年第12期。

［5］关锐捷：《构建新型农业社会化服务体系初探》，《农业经济问题》

2012 年第 4 期。

[6] 李春海：《新型农业社会化服务体系框架及其运行机理》，《改革》
2011 年第 10 期。

[7] 宋洪远：《新型农业社会化服务体系建设研究》，《中国流通经济》
2010 年第 6 期。

[8] 李俏、王建华：《现代农业社会化服务体系发展路径探析》，《宏观
经济管理》2012 年第 9 期。

[9] 苑鹏：《合作组织参与农业社会化服务大有可为》，《农村经营管理》
2012 年第 12 期。

[10] 孔祥智、楼栋、何安华：《建立新型农业社会化服务体系：必要
性、模式选择和对策建议》，《教学与研究》2012 年第 1 期。

[11] 杨良山、邵作仁：《我国农业社会化服务体系建设的实践与思考》，
《浙江农业科学》2013 年第 3 期。

[12] 李俏、王建华：《新型农业社会化服务体系构建与创新：基于国际
比较的视角》，《世界农业》2012 年第 12 期。

[13] 陈建华：《新型农业社会化服务体系及运行机制》，《农民日报》
2012 年 7 月 21 日。

第五章　农业科技与农业现代化

第一节　农业现代化的内涵、特证

如何实现农业现代化是当前一个非常重要的理论问题和实践问题，必须对国内外农业发展的方式进行系统分析和概括，结合我国现实的国情、农情，在科学认识和把握农业现代化的内涵、特征及未来发展趋势的基础上，采取切实有效的措施，全面推进农业现代化建设。

一　农业现代化内涵认识的演变过程

农业现代化是指从传统农业向现代农业转化的过程和手段。世界各国农业发展各异，对农业现代化的概念及内涵的认识也不尽相同，其演变过程可归纳为三个阶段。

第一阶段：以现代工业为主的农业现代化。在较早时期，人们对农业现代化的认识局限于传统农业与现代工业的结合，以现代工业的成果广泛应用于农业生产过程为主要代表，形成了以机械化、化学化、水利化、电气化为主体标志的农业现代化。

第二阶段：以现代科技为核心的农业现代化。农业生产既要采用现代工业先进物质技术，又要广泛应用现代科学技术，使整个农业生产的各个环节实现科学化、社会化、专业化。同时，农业生产成为社会生产的有机组成部分，农业产业化是农业生产纵向社会化的主要代表，农民组织化是农业横向社会化的主要标志。

第三阶段：以农业可持续发展为核心的现代化。在农业现代化概念中增加了农业可持续发展的概念，着眼于农业生态平衡与环境保护以及自然资源可持续利用。

在这三个阶段中，农业科技推广与应用是农业现代化内涵的应有之义。第一阶段更加看重现代工业发展的成果在农业生产领域的推广与应用，当然，科技进步也是现代工业发展的重要表现之一。第二阶段更加强调了科学技术特别是农业科技在农业现代化中的作用，并说明农业科技是实现农业生产科学化的前提和基础。第三阶段更进一步说明了农业科技在推进农业生产产量和质量持续提高的基础上，还要兼顾农业可持续发展。

二　农业现代化的特征

从当前农业发达的国家和地区发展上看，农业现代化具有以下几方面基本特征。

第一，农业生产机械化。农业生产机械化在农业现代化中处于基础地位，主要指在农业生产过程中普遍实现机械化，运用先进设备代替人的手工劳动，极大地改善劳动工具，特别是在产前、产中、产后各个环节广泛采用机械化作业，大大降低劳动者的体力强度，改善劳动者的劳动条件与环境，提高劳动生产率。

第二，农业生产技术科学化。科技是推动社会经济发展的核心，更是农业现代化进程的核心。现代科技是农业生产发展的动力源泉和主要推动力。农业生产技术科学化，就是要把先进的科学技术广泛应用于农业，提高农业生产的科技水平和农产品的科技含量，提升农产品的质量和产量，降低生产成本，保证食品安全。

第三，农业基础设施现代化。因农业的弱质性，农业生产必须具有良好的基础设施，农业发展才有根基，因此，农业基础设施现代化是农业现代化发展的前提。农业基础设施主要包含农村道路、水利、电力和通信等基础设施。只有贯通了城乡道路，建立了农村电力网络和通信网络，提升了农田水利工程抗灾减灾的能力，才能逐渐缩小城乡差距，为农业科技在农业领域的大量推广应用奠定基础。这样既有利于增强农业抵御自然灾害的能力，又有利于农业资源的高效利用。

第四，农业生产劳动者素质现代化。劳动者是农业生产的最基本生产要素，在所有参与农业生产的要素资源中具有主导地位。提高农业生产劳动者素质是实现农业现代化的关键，提高农业劳动者的思想道德素质和科技文化素质，使农业劳动者熟悉农业生产的相关政策和法律知识。农业生产劳动者综合素质高，才能充分理解和认识农业科技的重要性，才能增强农业科技应用的主动性，在农业生产的各个环节中科技应用率才高，农业产品的科技含量才高、市场竞争力才强。

第五，农业经营方式现代化。农业现代化的过程，也是传统粗放型农业逐步向现代集约型农业转变的过程，改变粗放的、落后的传统农业就是要把农产品粗加工转变成现代精加工、深加工；把单一的经营格局转变成产供销一体化的经营格局，使农产品生产、加工、流通各环节相结合。经营方式现代化，还体现在农业现代化要与工业化、城市化协调发展，大力发展产业化经营，提高农业经营效益，增强农业抵御自然风险和市场风险的能力。

第六，生态环境可持续发展。自然环境是人类社会赖以生产和发展的基础，保护生态环境是实现社会经济可持续发展的重要物质条件。农业现代化进程必须用现代化的手段保护环境，不但不能在农业生产过程中破坏生态环境，而且还要大力保护生态环境，使农业生态环境更加美好，促进农业可持续发展（金光斌，2010）。

农业生产科技不仅是农业现代化的一个重要特征，而且还会更广泛地渗透农业生产的各个方面、各个环节。如在经营方式中，不仅要体现农业生产工具的机械化、现代化，而且还要实现管理工具的现代化，特别是互联网的推广应用，加速了农产品销售的信息化。这些都离不开科技在各个领域的推广、应用和渗透。

三 农业现代化的指标体系

农业现代化指标是认识农业现代化发展水平、发展程度的重要依据，不同国家和地区因资源禀赋条件差异，其标准体系也略有差异。

1. 国外农业现代化的指标体系

许多发达国家以本国农业实际出发，依托发达的工业和先进的科学技术，走上了自己的农业现代化道路。下面简要介绍具有代表性的美国、日本和法国的农业现代化指标体系。

（1）美国

美国地域辽阔，人口只有3.15亿人（2013年数据），农业自然资源丰富多样，农田面积占土地面积的21%，人均耕地面积为11公顷。人少地多，劳动力供给短缺，导致了劳动力的价格相对较高，农业现代化进程主要依靠农业机械化。因此，衡量美国农业现代化进程的主要指标就是美国的农业机械化水平。美国先后经过了半机械化阶段、田间作业机械化阶段和全盘机械化阶段，最后到注重农机具的数量和质量，注重对精细作业使用的农业机械（包宗顺，2008）。

（2）日本

日本国土面积较小，但人口却有1.26亿人，农业资源比较匮乏，耕地面积508.3万公顷，占国土面积的13.5%，人均耕地面积只有0.04公顷，人地矛盾比较还严重，导致了日本农业现代化进程主要依靠农业科学技术。因此，衡量日本农业现代化进程的指标就是看农业科学技术水平。日本人多地少，现代化进程却走出了以生物技术为主的农业科学技术道路，缓解了土地资源不足，提高了农产品产量，增加了农产品供给。

（3）法国

法国国土面积虽不大，只有 55.1 万平方千米，但人口只有 6386 万人（2012 年数据）。同时，法国还有一个非常大的特征，就是农业有效用地占国土面积比重较高，达到 85%。法国既不同于美国地多人少，又不同于日本人多地少。因此，法国的农业现代化进程是由农业机械化和农业科学技术相结合，而实现了农业生产技术现代化和农业生产手段现代化，实现了农业机械化、电气化、园林化，提高了土地生产率和劳动生产率。

由以上可见，各国农业现代化指标体系设计因其农业资源状况不同，其内涵标准也各不相同。因此，每个国家、地区都要从自身的实际出发，制订适合自身农业发展的农业现代化指标体系。

2. 我国农业现代化的指标体系

我国是地域广阔、人口众多的国家，农业生产的资源不仅分布极不平衡，而且利用率也比较低。如对天然降水的有效利用率不到 10%，对灌溉水的有效利用率不到 40%。伴随着社会经济的发展、人口的持续增长、资源的短缺，人口与资源的矛盾将不断扩大，农业现代化建设依然严峻。因此，从实际出发，制订符合国情的指标体系，将会更加有利于农业现代化的发展（谭爱花等，2011）。在长期的农业现代化建设和探索过程中，在不同时期，我国结合当时的农业发展状况，形成了反映农业现代化的指标体系。新中国成立初期，我国形成了以农业生产总值、农业设施投资、粮食产量、劳动生产率、农民消费水平指数等为指标的指标体系。改革开放后，衡量农业现代化的指标体系主要包括农业生产总值、农业设施建设、农业生态环境质量、农业经济结构和农民人均纯收入 5 个一级指标。目前，关于农业现代化指标体系的研究较多，比较公认的指标体系主要包括农业机械化水平、农业生态环境质量、农业科学技术、农业基础设施、农业经济结构、劳动者素质 6 个一级指标。其中，农业机械化水平包括水稻、小麦、玉米、大豆、棉花主要农作物的生产全程机械化（60%），畜牧机械化水平两个二级指标；农业生态环境质量包括农作物秸秆利用率（60%）、畜牧养殖废弃物利用率（60%）两个二级指标；农业科学技术包括自主知识产权量、农作物新品种、农业科技进步贡献率（55%）3个二级指标；农业设施建设包括科研仪器基础设施建设、重点实验室建设两个二级指标。

四 农业科技在农业现代化中的地位

目前，我国正处于农业现代化进程的关键时期，在思想上要逐步从自给自足型向商品化市场型转化，在技术上从传统技术向现代技术和装备转化，在数量、质量和效益关系上，要在保持供需总量平衡的基础上向优质、高产、高效转化，在结构上从主要是种养业向农林牧副渔，第一、二、三产业的全面发展转化，在产品上从主要提供初级产品向提供分层次深加工产品和产、加、销的增值转化，在市场上从主要面向国内市场向面向国内、国外两大市场转化。实现上述转化目标，必然要求依靠农业科技进步来推进我国农业现代化的进程。长期以来，中国政府非常重视农业科技创新工作，对农业科技的研究给予了很多关注，推动农业科技工作不断取得新成绩，在重要领域也取得了重大突破，农业科技对农业增长的贡献率稳步提高。

1. 科技进步是农业现代化的主要推动力

科学技术已经成为实现农业现代化的关键性因素。科学技术运用于农业，使得生产工具、设备更加先进；由科技进步带来的各种新工艺、新流程被广泛应用于农业生产，扩大了农业劳动对象的来源和范围；科技进步带来了农业劳动者科学文化水平和素质的不断提高。另外，科技进步的作用还极大地改善了资源的配置效率，节约了生产成本，扩大了资源的利用范围和生产领域等。可见，现代科学技术已经渗透到农业生产力的基本要素中，转化为推动农业发展的直接生产力。

第一，科技进步为农业现代化提供了新知识和新技术。科学研究和实践证明，科技进步是知识创新的基本形式，知识创新和知识积累可不断地为研究、认识农业发展提供新的原理、新的理论、新的视角、新的逻辑，从而准确把握我国农业现代化的方向。科技进步是农业技术创新的主要途径，农业技术创新可不断地为农业现代化进程提供高新技术和先进实用技术，从而为拓展新的生产领域和延长产业链、提升农业及其相关产业的技术装备水平、提高农业的综合生产能力和农产品的有效供给能力、改进农产品及其相关产品的质量和市场竞争力，提供技术支持。农业领域的重要科技成果由 2000 年的 4147 项增长到 2010 年的 5683 项。

　　第二，科技进步为农业现代化提供了现代装备和新的生产要素。科技进步可以对现有的生产要素进行改进，提高质量，产生适应农业现代化的新生产要素。如低产土壤改良技术和农地整治技术等可以使大面积盐碱地和红黄土壤得到改造，大大提高土地的生产率。科技进步可以创造新的投入要素，如播种机、施肥机、除草机、收割机、脱粒机等新型农机具的研制和应用，减少了农民个体劳动的强度，使得农业生产率成倍增长；化肥、农药和农膜等农资商品和其他新兴投入要素的推广与应用，大幅度提高了土地生产率和农业劳动生产率。科技进步可以为农业现代化提供先进的技术装备和模块化的配套集成技术模式，有效改善农业生产条件和运行环境，如设施农业技术、集约种养技术的应用，打破了自然条件的限制，使农产品、畜产品、水产品的周年生产成为可能①。另外，农业科技进步又带动了农业科研投入的增加，我国的农业科研总量由 1985 年的 11.04 亿元增加到 2002 年的 69.33 亿元，由 2003 年的 70.91 亿元增加到 2010 年的 140.59 亿元。由于国家加大了农业科研投入，农林牧渔业的总产值由 2003 年的 17914.6 亿元增加到 2010 年的 43038 亿元。

　　第三，科技进步可以改善农业的管理方式、产业组织方式和

---

　　①　马克思、恩格斯：《马克思恩格斯全集》（第 26 卷），人民出版社，1972，22。

营销方式。系统科学、管理学、计算机和信息技术的发展为农业管理的现代化奠定了理论和方法基础。如运筹学及其相关技术的发展，促进了管理的科学化进程。再如，以信息与网络技术的发展为主导推动形成的"三 S"技术的出现和应用，使农业生产、投资决策向精确化、科学化方向迈进了一大步，也为资源的高效合理利用和管理创造了条件。同时，利用现代模拟集成技术，农业生产和管理者可以较容易地模拟各种变量和要素之间的互动关系，对农业生产、市场需求、价格变化趋势进行预测、预警和预报，极大地提高了农业生产、管理和经营的科学化水平。

第四，科技进步可培养和造就现代知识型农民和企业家。农业科技创新、推广和培训之间的有机结合，造就了满足农业现代化需要的现代知识型农民和农业企业家，现代物质资本和人力资本投资相结合为现代农业创造了数量巨大的人力资本。随着农业科技的发展，科学探索和技术研究与开发的领域大大拓宽，农业科技知识和科技成果大量涌现，这些科技成果的推广和应用，既造就了大量的知识型农民，也培养了大量的农业企业家。例如，动植育种技术、栽培与养殖技术的发展与进步，使农民掌握了大量的种植和养殖技术知识，提高了农民种植和养殖的技术水平。农产品加工、储运、保鲜和营销技术的推广与普及，不仅提高了农产品的附加值，也造就了一大批懂技术、会管理、善经营的现代农民和农业企业家。

2. 农业现代化水平提高对农业科技进步提出了更高的要求

农业科技进步加速了农业现代化的进程，优化配置了农业生产的各种要素资源，使农业要素生产率水平大幅度提高。相反，农业现代化水平提高又对各种资源配置提出更高的要求，需要在现有科技创新和发展的基础上，对资源配置中产生的新问题进行深入研究和探索，以突破自然、经济和社会发展的各种不利因素，通过提升资源配置水平加快农业现代化进程。具体要求体现为以下几方面。

首先，突破资源约束对农业科技提出了更高的要求。在我国社会经济发展中，资源约束主要存在三方面的瓶颈，一是资源总量不足。据统计，我国人均耕地不足世界人均水平的45%。二是资源的配置结构和地域分布不均衡，我国农业每年缺水300亿立方米，受旱面积4亿亩，全国每年旱涝灾害造成1000万吨粮食损失和300亿美元的经济损失。三是由于环境污染、土壤退化和城市化进程的加快，资源不断减少，据推算，我国耕地以每年500万亩的速度减少。在克服上述资源约束、提高农业科技水平方面，常规技术发挥了重要作用。但是，面对资源匮乏加剧、农业发展新的挑战，常规农业技术难以全面适应新形势的要求，农业科技应在更高层次和更广泛领域取得突破，提高农业科技对资源的节约、替代和保护作用。

其次，确保粮食安全对农业科技进步提出了更高的要求。随着我国人口数量的增多和人民生活水平的提高，粮食安全面临两个方面的挑战：一是粮食数量安全，即满足人口持续增长条件下实现粮食的有效供给，保障粮食供求基本平衡，提高我国农业综合生产能力和总供给能力；二是粮食质量安全，即满足我国城乡居民收入不断提高条件下对粮食多元化的需求，提高农产品质量安全和监测、管理水平。拓展新的食物来源、开发新的食物生产技术，发展健康食品、环境友好型食品所需要的新技术对农业科技进步提出了更高要求。

最后，参与国际竞争对农业科技进步提出了更高的要求。自我国加入WTO后，农业生产来自世界市场的竞争压力越来越大。从世界农业发展的经验看，国际市场农业竞争主要表现在价格竞争、品种和质量竞争、服务竞争，而这些竞争的本质是科技的竞争。农业面临的竞争主要表现在三方面，一是粮食等资源密集型的大宗农产品缺乏成本优势。据研究，我国单位小麦生产成本是美国的1.2倍，阿根廷的1.4倍，加拿大和法国的2倍以上。二是水果、蔬菜、花卉、肉类等劳动密集型产品缺乏质量优势。国家质检总局抽样调查结果显示，2011年，中国有35.2%的出口企业受到国外技术性贸易措施的影响；企业为适应进口国要求进行技术改造、检验、检疫、认证等新增成本为 259.6 亿美元；国外技术性贸易措施导致我国出口产品被国外扣留、销毁、退货等直接损失达 622.6 亿美元，同比增长 40.2 亿美元，占同期出口额的 3.3%。三是贸易层面的宏观管理和微观管理缺乏效率。从长远来说，降低农产品生产成本，提高农产品质量，提升农业管理水平，增强农产品的国际竞争力，唯一的选择就是要持续深入地开展农业科技创新，大力推进农业科技进步。

第二节　农业科技内涵及进步类型

一　农业科技内涵

《中华人民共和国农业技术推广法》修改方案指出，农业科技就是指应用于种植业、林业、畜牧业、渔业的科研成果和实用技术，包括重大种养技术的引进、示范、推广，良种繁育、肥料施用、病虫害防治、栽培和养殖技术，农副产品加工、保鲜、储运技术，农业机械技术，土壤改良与水土保持技术，农村供水、农村能源利用和农业环境保护技术，农业气象技术等。这主要是从科技推广的立场来界定的，更多地体现了物化技术。从全社会角度看，农业科技不仅包括物化技术，还应该包括以知识形态存在的技术手段、技术方法等方面的非物化技术。因此，能够全面地反映农业科技内涵的定义必然要包括物化和非物化技术两个方面。农业科技是指农业科技工作者及农业生产者通过考察、分析、试验、研究或农业生产实践等创造性劳动取得的，能应用于农业生产、经营、管理活动以及农业科研的手段、工艺、方法和技能体系，它是农业经济发展和农业科技进步的有力手段。

从上述定义中，可知农业科技的创造者包括农业科技工作者和农业生产者，在农业生产中，农户、农业企业和农业科研机构是农业科技的主要使用者。在农业发展中，农业科技具有双重作用，农业科技在推动农业经济发展的同时，也能够促进农业科研成果的产生。农业生产者从农业科技中获取收益后，就会主动增加对农业科技的需求，从而推动农业科技不断创新。农业科技既包括以重大种养技术、农业机械技术、土壤改良技术等物化技术，也包括农业科技手段、工艺、方法、技能以及能用于农业科研的其他非物化成果。

二　农业科技创新内涵

科技包括科学和技术两个方面，科学主要指为获得某种可能对生产技术或流程起到促进作用或价值增值的活动，而技术主要侧重于应用，是指活动主体为了使某项成果能达到应用目的而进行的研究活动，这种成果在生产活动中具有可实践性，可直接应用于生产活动形成某种产品或服务。科学是基础的研究，而技术是将科学运用于实践的活动及其过程。因此，科技创新是指从基础研究、应用研究开发到科技成果商业化的全过程。农业科技创新主要指为了满足现代农业产业化发展的需求，以促进产业发展为目标，各类科研主体将农业生产的资金、人员等投入转化为有效的新知识以及新技术的过程。这个过程包含了农业生产的整体链条，结合了农业成果的研究、发明、创造以及农业科技成果转化、推广、应用在内的全过程。

三　农业科技创新的特征

农业生产活动是一个复杂的生产过程，这也决定了农业科技创新具有其独有的特征，具体来讲，主要具有周期性、区域性、复杂性等特征。

一是农业科技创新具有周期性特征。农业科技创新活动从最初的技术发明或专利的生产进入农业生产领域被广大农民所接受的过程，由于受到研究对象所处的环境及生命周期等多种因素的影响，农业科技创新将是一个长期的过程。另外，农业科技创新的推广与应用和工业生产还有非常大的差别。工业生产领域内，科技创新可以直接运用于大规模的生产，而农业科技创新还需要借助农业推广和科技队伍的支持和指导，需要一定的时间（解宗方，1999）。总之，农业科技创新活动具有周期性的特点。

二是农业科技创新具有区域性特征。农业生产对象对环境依赖性较大这一特点，决定了农业科技创新具有区域性的特点。受环境依赖性因素影响，农业生产不仅在时间上受到限制，而且还由于动植物等农业生物的特点，其生产和生活的区域都有特定的要求。这就要求农业科技创新必然遵循农业生产的基本要求，因此，农业科技创新具有区域特性。

三是农业科技创新具有复杂性特征。农业科技创新过程中，参与者众多，在其创新过程中涉及的方面也比较多，这也决定了影响因素也比较多，又因其创新过程较容易受到外界因素的干扰，这就决定了农业科技创新具有复杂性的特点。农业科技创新是一个从农业科技成果的研发供给到产品生产、技术推广的全过程，它的参与者涵盖了这一生产过程的全部人员和机构。因此，在研究中要把握每一个参与者的特点和作用，才能理解农业科技创新的复杂性。

四是农业科技创新还有许多不确定性因素。由于农业科技创新受到技术方面、市场方面、制度方面等很多不确定性因素的影响，同时，基于其复杂性的特征，农业科技创新的过程具有很多不确定性因素。

四 农业科技进步类型

按照不同的分类标准，农业科技进步可划分为不同的类型。按照技术进步的原因来划分，技术进步可划分为外生技术进步和内生技术进步；按照技术进步的传导机制来划分，可以划分为物化技术进步和非物化技术进步；按照技术进步给收入分配带来的效应来划分，可以划分为节用劳动的、节用资本的和中性的三种类型。现代经济学认为，如果在技术进步的同时保持了资本与劳动在总收入中的分配份额，那该技术进步就是中性的，如果导致偏向某一生产要素，就属于节用劳动型或节用资本型。中性技术进步的定义取决于节用资本或节用劳动的精确含义，具体地就是取决于究竟以生产函数上的哪些点作为生产函数移动前后的比较对象，来确定要素份额的变动方向。希克斯（1932年）、哈罗德（1942年）和索洛（1969年）给出了三种不同的中性技术进步定义方法，即希克斯中性技术进步、哈罗德中性技术进步和索洛中性技术进步。

根据技术进步对农业生产过程中投入的资金、劳动、土地等要素比例关系的影响，可以将技术进步划分为资金节约型、劳动节约型、土地节约型和中性技术进步四种类型。资金节约型技术进步指经过技术进步后，在资金、劳动、土地等要素的配合比例中，资金的份额相对减少。劳动节约型技术进步与资金节约型技术进步相反，技术进步后，在土地、资金和劳动的配合比例中，劳动所占的份额相对减少了。土地节约型技术进步指技术进步后，在土地与资金、劳动力配合生产同样多的农产品中，土地投入的份额相对减少，劳动和资金的投入相对不变。中性技术进步指技术进步后，生产一定量农产品所需要的资金、劳动与土地的最佳配合比例，仍然保持在技术进步前生产等量农产品或取得同等收入的配合比例上。资本、劳动、土地节约型技术进步，都是有偏向的技术进步，可以用希克斯、宾斯旺格、速水和拉坦的要素稀缺诱导型技术创新理论来解释。对中性农业技术进步的理论阐释主要是借助希克斯和哈罗德的中性技术进步理论。

结合我国农业生产的情况及其在农业生产中所起主要经济作用的不同，本研究把农业科技进步类型划分为劳动节约型技术、资源节约型技术和中性技术三种类型。

1. 劳动节约型

劳动节约型技术主要通过先进实用的农业生产技术装备，如农业生产机械设备来提高劳动效率，进而使劳动消耗大量节约的技术。这种技术进步的优点主要集中在两个方面，一方面是可大量节约劳动投入，大幅度地提高劳动生产率。劳动比较短缺的国家或地区，可大力发展这种类型的技术，解决农业劳动力不足的矛盾，缓解劳动力不足对经济发展的制约。同时，也可为农业劳动力向生产的深度和广度进军及向非农产业转移创造条件。另一方面，还能带动相关行业发展。农业先进的技术设施设备的推广应用，可带动机械行业、钢铁行业、燃料和维修服务业的发展。但是，这种技术不足主要体现在，它不适宜资金不足而劳动力丰富的国家和地区，因为在农业生产中推广应用劳动节约型技术，不仅需要大量资金，而且也会使本来就较为丰富的劳动力变得更加过剩。另外，推广应用劳动节约型技术，还要受到劳动者本身素质的制约，因为先进农业技术装备又要求劳动者具有较高的文化和科学技术素质。劳动节约型技术进步主要是通过改进农业生产工具提高农业生产中的劳动生产率。

2. 资源节约型

资源节约型技术主要通过在农业生产中实施精耕细作、使用良种、使用有机肥和现代生物技术等，使劳动以外的其他经济资源的生产效率明显提高，从而节约资源的技术。这种技术进步的优点主要体现在两方面：一方面可大大提高单位资源的生产能力和资源产出效率，解决某些国家或地区劳动要素以外其他农业资源不足的矛盾；另一方面，在充分发挥其他资源潜力的同时，还可以为更多的劳动力提供就业机会，减轻就业的社会压力。因此，这种技术进步比较适宜于在资源少而劳动力丰富的地区，但是会造成劳动生产率较低，容易使大量农业劳动力滞留在土地资源上，也会造成社会资本存量和经济实力的积累和增长缓慢。资源节约型技术进步主要是通过改进农业生产资源提高农业生产效率。

3. 中性技术

中性技术主要是劳动节约型和资源节约型密切结合、取长补短、综合运用的技术。它集合了这两种科技进步的优点，即可使劳动生产率和资源生产率都得到提高。但是，这种技术的推广应用所需要的条件较高，尤其需要较多的资本投入并要求劳动者具有较高的综合素质。

五 农业科技进步的动力及推广体制

从微观视角看，农业科技进步的类型不同，在农业生产中发挥的作用也略有不同，其农业科技进步的动力来源也是不完全相同的。

1. 诱致性科技创新

著名学者速水和拉坦根据资源禀赋、文化状态、科技和制度等因素在农业生产发展的作用，提出了著名的诱致性科技创新理论。农业科技创新作为一种经济活动，研究资源的有效配置，其所发挥的作用具体包括如何节约日益稀缺的生产要素和如何创新市场需要的商品这两个方面，换句话说，也就是重点关注要素稀缺和如何满足市场需求这两方面的问题。希克斯、速水、拉坦、宾斯旺格认为，也正是农业生产要素稀缺才诱致节约型生产要素的创新。在农业生产的过程中，生产要素稀缺反映在价格市场上，表现为其要素的相对价格昂贵，生产成本高，进而就会诱致生产者主动寻找能够节约稀缺性要素的科技创新。施莫克勒－格里克斯研究认为，在其他市场因素不变的情况下，对一种商品的科技创新的可得性是对该商品市场需求的创新函数，市场需求则是商品创新的因变量。在许多发展中国家，上述两种科技创新的诱致性理论在实际生产中还存在许多缺陷，主要表现在，农业科技创新部门的公共性降低了对市场的敏感性，不能够将优势资源及时配置，不能及时把研究活动与新知识的潜在价值通过价格杠杆与农业的生产活动紧密地联系起来。在实际运行过程中，主要出现了以下几种模式。

一是发明带动模式。这种模式是农业生产中的核心农户进行农业科技发明，并将其投入农业生产过程中，并在使用过程中不断地完善与修正使其成为成熟的农业科技。核心农户通过新的农业科技的推广应用及其农业科技的扩散进而实现收入增加，周边区域农户在核心农户示范效应的带动下，纷纷采用其农业科技，进而促进整个生产力水平的提高。

二是实业带动模式。这种推广模式的核心农户自己要利用农业科技举办实业，并给其他农户传授相关技术、提供相应的服务，使他们能够为其实业的发展提供原料等各方面的支持，进而带动农户采用相关技术，实现科技富农，并支持实业的发展，实现双方共赢。从理论上讲，农户应该是农业科技创新的核心主体，主要是因为农户处于农业生产的第一线，是农业生产的具体实践者，也更清楚地知道自己的技术需求。因而，他们研发的或引进的技术往往对其他农户具有很强的参考和应用价值，这对处于核心地位的农户，以及辐射范围内的其他农户都是十分有益的事情。总而言之，农户主导的农业科技创新模式，应该是最理想的农业科技创新模式，也是直接来自农业生产诱导需求的直接反映。但是，我国农户的整体文化程度偏低，对农业生产技术的理解和掌控能力略显不足，风险承受能力也非常有限等，也就决定了这种模式还不具备大量或大规模实施的条件。

三是"农民合作组织＋农户"模式。在这种模式中，农民合作组织发挥着重要作用。农民合作组织是农户自己的合作组织，是农民自愿参加的，以农户经营为基础，以某一产业或产品为纽带，以增加成员收入为目的，实行资金、技术、采购、生产、加工、销售等互助的合作经济组织。农民合作组织主要向农户提供产前、产中、产后有效服务，是实施农业产业化经营必不可少的手段。由于农民专业合作经济组织扎根在农民土壤中，因此，它对农户的服务最直接、最具体，从而成为农业社会化服务体系中不可取代的重要组成部分，成为维系农业产业化链条各环节得以稳固相连并延伸的生命线。在农业科技方面，农民合作组织从科技单位引进各种优良品种和先进的种植技术，向其会员推广，会员通过对农业科技的成功采用实现其收入的增加，并通过示范效应带动其他农户加入组织，进而促进合作组织的发展，形成农民合作组织良性互动的关系。在这种农业科技创新推广模式中，农民合作组织负责客体要素的获取和供给，并建立相应的机制使农户自愿加入组织并结合起来，最终形成利益共同体。

四是"公司＋基地＋农户"模式。公司（主要是农业企业）是农业生产经济的主体之一，利用先进的农业科技提高劳动生产率，进而获取更高的利益也是公司经营目标之一。在公司的运营中，公司也会主动地获取新技术并把它直接应用于生产过程。同时，以生产基地为基础，公司会把技术传授给农户并建立起农户和公司实现利益的有机结合。在这种模式中，公司是农业科技创新的主体，会依据自身的农业生产需求，自发研制、开发农业科技成果，或者从国外引进，或者与科研单位联合或委托科研单位进行科技成果的研究和开发等。综合各种情况看，这种模式是一种比较适合我国现阶段农业生产力水平和农村经济现状的农业科技创新模式。因此，各级政府应该着力培养农业龙头企业，帮助龙头企业和农户之间形成风险共担、利益共享的经济共同体，以强化该模式的推广和应用。

五是"农业科教单位＋基地＋农户"模式。该种模式的关键在于科教单位利用自身的技术、人员优势，主动与农民建立联系，通过为农户提供生产资料、技术和服务，在帮助农户从使用新技术中获益的同时，也推动了经济及社会利益的提高，同时也实现了科技成果的转化。从理论上讲，这是一种比较理想的农业科技创新模式，但由于农业科研单位自身筹集资金的难度比较大、技术推广能力比较弱，特别是农业科研单位在农业科技创新方面具有明显优势，但是在农产品的市场开拓上却呈现明显的弱势，这也削弱了农业科技的市场效果。因此，这也需要外力的推动，特别是政府力量的推动，并建立起有效运行所需要保障机制的能力。

2. 政府推动性科技创新

这种观点的主要推崇者为著名发展经济学家刘易斯，他认为农业生产的公共性决定了农业科技创新的倡导者和推动者应该主要由公共部门来承担，政府可以通过规章制度间接地影响微观市场主体。诺斯（1994）研究认为，政府既是经济增长的关键，同时又是人为经济衰退的原因，政府失灵会进一步加剧市场配置资源的无效率现象。政府必须采取措施将政府失灵降低到最低范围，尽可能提高资源配置效率。农业科技创新的链式叠加与系统性又要求政府必须完善农业科技创新每一个环节，其资源配置的效率才能充分显现出来。农业科技创新是一个动态过程，主要包括农业研发、创造和科技成果转化、传播与扩散、运用在内的链条式发展系统，最终达到满足农业产业发展，并承载和促进其他产业发展。农业科技创新的系统过程涉及政府、企业、组织等众多主体参与，同时还要触及文化、历史等众多领域。而在任何一个环节或在其中任何一个领域受到限制，都会影响农业科技创新的效果。在农业科技创新的实践过程中，结合区域特点和农业生产实际情况，政府主要起要素整合和服务作用，通过要素整合和服务为农业科技创新中各主体之间的协同，以及农业科技创新不同环节之间的有链接创造必要的条件，从而推动农业科技创新。主要有以下几种模式。

一是"政府＋农户"模式。在这种模式中，政府根据市场对农产品的需求情况，从外界引进新技术并提供相应的技术服务、要素整合服务等帮助农户在农业生产中采用先进技术，有时候还要进行资金补贴，鼓励农户使用新技术，进而促进农业发展、增加农户收入。当农户从新技术推广应用中获取更高收益后，其对新技术需求的动力增强，农户主动使用新技术的意愿增强，从而使农户和政府形成良性互动关系。这是一种最简单也是最直接的政府推动模式，主要适用于农产品生产和储存技术创新环节。

二是"政府＋农业科技园＋农户"模式。这种模式关键是要充分发挥好农业科技园的示范效应。在具体实施过程中，政府要结合本地农业发展的实际需要，从外界引进先进技术，然后投资建设农业科技示范园，通过农业科技示范园的示范效应、辐射，带动周边农民采用新技术，进而推动农业生产发展。农户因新技术推广应用而从中受益，这样会进一步增加对相关技术的需求，又会使政府增加对农业科技园的投资，使农业科技园发挥更好、更强的示范效应，最终促进农业科技创新模式的有效运行。

三是"政府＋科研机构＋示范园＋农户"模式。在这种模式中，政府架起了农业科研单位与农户联系的纽带，推动和加快科研单位的科研成果在农户的农业生产环节的推广与应用。政府一方面通过财政扶持，支持农业科研单位的科研创新，鼓励多出成果、出好成果；另一方面通过建立农业科技示范园区，把新科技成果引入示范园进行试验、示范，然后再把成熟实用的农业科技推广到农户生产中。在这种模式中，政府还要促使农业科研单位与农户结成"风险共担，利益共享"的利益共同体，运用利益机制促进农业科技创新成果的推广应用，进而促进该模式的良性循环。

在政府推动模式运行中，政府如果能有效利用资源整合功能和服务功能，就可以在比较短的时间内将农业科技导入农业生产系统中，促进农业生产发展，带动农户农业生产效益提高，实现农户增收。但是，在社会经济发展中，政府推动模式还存在许多缺陷，主要表现在，一是政府难以充分把握不同要素的动力来源和约束条件，进而难以有效利用自身的资源整合功能和服务功能为模式运行建立有效的机制。造成这些情况的主要原因在于政府不直接参与具体的经济活动。二是参与的其他要素都处于被动状态，参与各种模式的运行既不是他们的自愿行为，也不是自觉行为。这些从根本上决定了不可能完全调动农户的积极性、主动性和创造性，进一步增加了建立有效机制的难度，进而难以形成农业科技创新链循环的要素条件。三是政府推动模式中，政府常常通过政府行政干预或者行政手段促使农业科技创新的深化，但是在实际运行中，行政手段的使用存在短期行为，很容易恶化干群关系，甚至会引发严重的后果。

第三节　国外农业科技对农业现代化的贡献

一　世界发达国家的农业现代化模式

1. 美国的农业现代化模式

美国是世界上经济最发达、科技最发达的国家，也是世界农业强国。美国农业科技贡献率在80%以上，农业科技成果的转化率也在80%以上。由于幅员辽阔、土地资源丰富，农业生产建立在农场的基础上。农场制的存在充分发挥了农业现代化的规模化生产和机械化生产，以及高效率管理的优势。因此，美国的农业现代化主要是以农业生产的机械化为主而实现的。美国农业现代化模式中，农业科技创新扮演着重要的角色。

一是劳动力短缺，刺激了农业机械的发展。人少地多、劳动力短缺、劳动力要素相对昂贵，再加实施农场制生产方式，大大刺激了农业技术，特别是农业机械的发展。农场主在农业生产中大量使用现代化的机械设备和发达的科学技术，不仅弥补了劳动力的短缺，而且极大地提高了农业剩余的供给能力。

二是土地规模经营为现代化机械设备推广应用提供了基础。农场是美国农业生产的基础组织，也是最适合于人少地多的国情需要的生产组织形式。美国农场分为家庭农场、合股农场和公司农场三大类，其中，家庭农场占全部农场总数的90%以上，其农产品销售量占美国的70%以上。土地经营规模大，有利于大型现代化农业机械设备的应用，弥补了劳动力短缺的缺陷，提高了农业劳动生产率。

三是政府的农业政策加速了农业科技的推广应用。美国政府制定了完善的政策制度，极其重视农业科技的研发和推广，为农业科技发展营造了良好的科研创新环境，构建了完备的知识产权保护体系。美国政府还通过农业资源的保护政策、农产品价格补贴政策、农业信贷政策等保护农场在农业生产经营中的利益，特别是大量使用农业新技术的利益。

四是建立了完善的农业科技应用服务体系。政府不但加大对农业科研资金的投入，还非常重视提高科研经费的使用效率，同时还建立完善的农业科技的推广服务体系。农资市场、农资使用、农产品销售等各个环节都有完善的服务体系。服务的主体是合作社，完全由农民自发联办，主要解决农业生产者在使用新技术过程中出现的问题。

2. 日本农业现代化模式

日本地少人多，资源贫乏。日本对实现农业现代化进行了有益探讨。19 世纪 70 年代，日本希望通过使用先进技术和现代化工具，提高农业建设水平，期望通过全盘照搬，在短期内使农业赶上发达国家，实现农业现代化。日本开始通过提高农业科学技术水平和加强农业人才培训提高农业储备人才的知识层次和水平，但是都以失败而告终。随后，日本在总结失败经验教训的基础上，结合自身自然资源特点，努力探索出适应自己国情的农业现代化之路，改变了西方发达国家高效省力的开发模式，创造出以多投入劳动力使多余人口充分就业和多投入肥料于贫瘠土地的集约型土地经营方法。

一是政府对农业发展的强力主导和干预。结合国情，慢慢普及农业机械、农用设备，顺利完成农田排灌系统的建设。到 20 世纪 50 年代，日本基本完成了农业的机械化进程，为进一步完成农业现代化奠定良好的基础。

二是奠定科技大国和农业技术大国的地位。日本通过自发研制和引进高产粮食品种，提高单位面积粮食产量，满足国内市场对农业产量的需求。另外，随着生物化学技术的发展，化肥等化学物品成为提高土地肥效的捷径，日本利用农膜、农药和除草剂等以及现代化的养殖方法提高单位土地生产力。

三是充分利用财政、金融等手段，对农业实行高资本投入。20世纪60~70年代，日本政府充分利用财政金融手段，不仅直接对农业实行国家补贴，以保护和促进农业发展，还通过发放低息政策贷款，调动农民积极性，诱导农民贯彻国家农业政策。

四是大力发展现代"MIDORI"（美多丽）绿色生态技术。日本成为农业科技大国并实现农业现代化，但是，日本农业现代化进程也面临来自两个方面的威胁，一方面，农业劳动人口快速下降，且人口老龄化问题日趋严重，这些都使日本土地改良变得更为艰难。另一方面，20世纪70年代后，日本农业的调整发展和工业化的普及，工业废水和农业化学污染水大量的排放导致生态环境受到严重破坏，高额的环境成本也给日本农业现代化发展带来沉重的负担。这些都要求日本必须选择一种新的发展模式，便于形成环境保护和农业发展和谐的局面，于是，发展"MIDORI"现代都市农业发展模式成为新的选择。具体实施从以下四个方面进行：科学的方法保护和整治土地资源；有效管理和精细利用水利资源；促进城乡互动，实现工业反哺农业，农业绿化城市；建立生态农业。"MIDORI"绿色生态农业的发展是技术集约型的重要表现。在保护和整治土地资源过程中需要现代土地管理和技术维护，有效管理、利用水利资源需要先进的水利技术，在工业反哺农业过程中促进了现代农业技术的发展，建立生态农业更需要先进的生物技术。例如，通过发展农作物良种化、农产品高附加值化，缩短农作物的生命周期，提高菌株抗病能力等生物技术，提高土地利用效率，促进绿色生态农业的发展。

3. 法国农业现代化模式

法国是欧洲农业现代化模式的代表，走出了既不同于美国那样劳动力短缺，发展节约劳动型的技术进步模式；又不像日本那样耕地短缺，探索出节约土地型的生物化学技术进步的模式。法国在农业现代化过程中，选择了一条适合本国国情的农业生产模式——传统"集约＋技术"复合型农业发展，即以机械技术为主要特征，以先进技术为基础，辅以集约化、专业化和一体化生产的集约化生产方式来实现农业现代化。

首先，调整土地政策，使高科技融入农业生产过程中。为了实现土地规模化经营，法国政府通过土地制度改革，推动"土地集中"。一是政府采用多种办法减少农村剩余劳动力，规定年龄在55岁以上的农民，国家负责养起来，一次性发放"离农终身补贴"；同时，鼓励农村年轻人离土离乡，到国有企业工作。1954～1962年短短的8年时间，约150万农民退出农业生产领域。农业劳动力占总人口的比例，20世纪50年代初近40%，2008年只有2.2%，农民平均占有农场达10公顷以上。二是政府推行土地规模经营的大农业政策。规定农场主的合法继承人只能有一个子女，其他子女只能继承货币资产，防止了土地再次分割。三是国家给大农场提供低息贷款，对农民自发的土地合并减负税费，促进农场规模不断扩大。1955年，法国10公顷以下的小农场有127万个，20年后减少到53万个，规模在50公顷以上的大农场增加了4万多个，使全国农用土地总量1/4实现集中化经营。法国政府通过一系列政策措施和制度改革为现代化打下较好的基础。扩大农场规模，实现土地集中经营有利于政府对农业耕种的集中管理，也有利于实现农业机械化，提高农业生产效率（张新光，2009），形成规模小于美国但远大于日本的适度规模化经营局面。同时，法国政府对中等规模以上的农场实行补贴，促进土地的集中。在此基础上，法国直接介入农业的生产和销售环节，通过补贴和低息贷款等手段加速法国农业和现代科技的融合，使机械化、电气化和科学化等技术手段融入农业现代化生产过程中。

其次，促进农业生产实现专业化和一体化，形成集约化的农业生产方式。农业生产的专业化可划分为三种形式：地区专业化、农场专业化和工业专业化。地区专业化就是要依据不同地区的客观地理条件、生产经验和区域经济特点等发掘具有特色且收益较高的主导产品，充分发挥区域优势，提高产品产出效率。农场专业化主要体现为农场生产单一农产品或以某一农产品生产为主，辅以两三种有联系的农产品，便于农场实现规模化经营并促进农业生产部门由最终消费品生产者向原料提供者的转变。工业专业化就是指农产品加工过程分为若干可独立操作但相互联系的流程，由不同的农业企业生产并专门完成。法国实施专业化有利于提高法国农业生产效率，增强法国农业与上下游产业之间的关联，使其成为农工商综合体的一部分。这种发展模式有利于实现农业生产的集约化发展，充分提高农业产效。根据各地不同的自然条件、传统习俗和技术水平，对全国农业分布进行统一规划，合理布局。把全国分成 22 个大农业区，其下细分为 470 个小区，因地制宜地发展区域特色农业。到 20 世纪 70 年代，法国半数以上农场搞起了专业化经营。农业生产分工越细，效率就越高，收益就越好。专业化生产使法国农民人均收入达到城市中等工资水平。

最后，重视科研与教育，加强农业科技推广。为了提高农业技术研发水平和推广应用转化率，法国政府建立包含国家、地方和农场的三级科研体系，加强农村教育力度和人才培养，并且，在此基础上，鼓励个体农户自愿成立农业互助合作组织。为了鼓励合作社的发展，法国出台了有关政策，合作社可免交 33.3% 的公司税。经过几十年的发展，目前，法国农户基本上都成了合作社社员，农业合作社占据了农产品市场绝大多数的份额，生产资料和饲料基本上由供销合作社销售，90% 以上的农业贷款业务由信贷合作社提供。从国家层面上讲，法国农业实现了从宏观由政府调控到微观由农民自由合作的农业生产方式，农民从事农业生产积极性高。经过几十年发展，法国使农业生产水平顺利得到提高并达到世界强国的水平。

二　经验与启示

1. 结合本国特点，选择适合自身条件的农业技术模式

以上三个国家的农业现代化实现方式各不相同，也各有特色。美国是人少地多，走出了以节约劳动型的农业机械化为主要推动力的农业现代化的技术进步模式；日本是人多地少，开辟出了以节约土地型的生物质化学为主要推动力的农业现代化的技术进步模式；法国的国情不同于美国，又不同于日本，却走出了"复合＋技术"型，即以机械技术为主要特征，以先进技术为基础，辅以集约化、专业化和一体化生产的集约化生产方式来实现农业现代化。从这三个国家在实现农业现代化的实践经验看，农业技术都发挥着非常重要的作用，但每个国家农业技术进步的模式又有非常大的差别，其共同的特点就是每个国家技术进步的模式都与本国的国情相结合，走出符合自身发展要求的农业技术进步道路。因此，我国在实现农业现代化的过程中，重视农业技术的重要作用，但是，绝不能完全照抄照搬发达国家的技术进步方式，要寻找适合本国国情、自身发展需求的农业技术进步模式。

2. 都需要政府的大力支持和保护

由于受到严格的自然环境限制和市场波动的干扰，农业对外部环境的变化有较大的敏感度，所以，这就需要政府为农业生产发展提供各种基础设施、公共服务等方面的资金支持和管理，科学合理地引导农业发展的方向。另外，任何新技术或者生产要素的调整与优化都是对原有农业生产方式的挑战和突破。农业生产双重风险的存在，造成了任何农业生产新要素的推广与实施，都不会是一帆风顺的，并且往往存在较大的阻力。打破这些阻力就需要政府的支持，对积极推广和使用新要素的农业生产者给予保护，让他们从中获取更多的收益。如美国、日本和法国政府都通过财政拨款等方式发展农业技术及其相关研究和推广、出台低息贷款政策保证农业运行中的资金供给，保证充分发挥市场的调节

功能，以避免自然环境和市场波动给农业发展带来的冲击。

3. 大力发展农业技术密集型是加快农业现代化的基础

科技是农业现代化的主要推动力量，科技现代化是推动农业成功实现现代化的有利保证。无论是美国的"高投入＋高消耗＋高补贴"的发展模式，法国"集约＋技术"复合型的农业发展模式，还是日本的"MIDORI"绿色生态农业发展模式都明显地体现了现代农业技术密集型的特点。因此，大力发展农业新技术，走技术密集型的农业生产是农业现代化实现的重要途径。

4. 都有健全的农业技术推广体系

一个系统的、有效的农业技术推广体系是真正将技术推广转化为劳动力的必要途径。美国、日本和法国都建立了比较完备的农业技术研发推广体系。日本建立了国立和公立科研机构、大学、企业三大系统在内的农业科研体系，日本的实用农业科研成本和尖端农业技术层出不穷，而且官方和民间均对农业现代化积极地提供资金与技术方面的支持。另外，为确保农业科研成果普及推广的成功进行，日本政府建立了从中央到地方的一整套科技推广制度，形成了"农林水产省＋都道府县＋地域农业改良普及中心＋农户"的农业科技推广体系。支援组织为农业教育和科研机构，技术源为国立及县立农业试验站，技术普及路径为试验站研究者—专门技术人员—改良普及员—农户。农业推广服务主要由农协和农业改良推广所负责，农协已经成为一个机构和职能非常完善的组织体系。2000 年，日本农协组织数量超过 6000 个，围绕现代农业生产的产前、产中和产后进行全面的技术推广和综合服务，对促进日本农业现代化发展起到重要的推动作用。目前，日本拥有500 多个地区改良推广中心，每个中心平均有推广员 25 人，中央政府每年划拨技术推广经费超过 350 亿日元，而且都道府县也分别配套与此相当的资金应用于农业科学技术推广。

美国具有集教育、科研、推广"三位一体"的农业科技推广体系。明确了以大学为基础，承担农业技术推广工作，由联邦政府提供农业推广经费并落实农业技术推广的具体方式，在各个州设立农技推广站，在各县设立办公室，负责技术与项目宣传，社区资源的开发与利用等，促进了美国农业部与赠地大学在农技推广中的紧密合作。同时，在公立的农业技术推广服务体系外，美国还拥有一批世界规模的农业企业，它们组成了私人农业科技推广服务体系，这个体系实力大、效率高，覆盖农业生产的产前、产中和产后服务的绝大部分。

法国政府也建立了一套高效的技术推广和服务体系，主要有 4 个层面：第一层是法国农业科研成果推广署，主要负责对技术转让项目提供无息贷款、为企业雇用高级专家、免费培训青年企业家等；第二层为农业发展署，负责科普宣传、培训农业工作者和科普工程师，促进农业企业和研究单位合作等；第三层为农业研究单位和专业技术中心，在农业部的资助下，法国各研究单位都有自己的技术推广和服务队伍，从事技术开发活动；第四层为专业技术协会，法国共有 15 个国家级农业生产协会，11 个农产品加工协会，分布在全国维护农业工作者的利益，进行技术推广和技术服务工作。

5. 都非常重视对农业科技人员的培养

凡是农业比较发达的国家都非常重视农业科技人才的培养工作，美国、日本和法国也不例外。在农业现代化发展的历史中不难看出，农业科技的发展和推广是农业迅速发展并成熟的重要条件。其中，农业科技人才培养成为农业长期保持强劲发展势头不可忽视的重要元素。如美国非常注重农业科技人才在产、学、研相互结合中的成长与培养，并且采取多种措施和优厚条件吸引外国农业科技人才移民美国，带动农业科技人才的培养水平，直接推动了农业技术的进步和农业生产力的提高。另外，美国还建立了系统的科研机构并给予大力的支持。而日本大力发展各种层次的农业教育，目前，日本设有农学部的大学有 52 所，内设农学类学部 60 个，中等农业技术学校 677 所。日本农学教育已经走出了初建时的学科范围，发展成为多学科、跨门类、综合型学科。同时，还非常注重农业教育培养同生产实践的结合，并随着农业生产的发展，不断调整、充实和改进，及时为农业生产实际工作培养所需要的各类人才。

第四节　现代化进程中农业科技发展状况

中国是一个人均资源稀缺的国家，地少人多，以全球7%的耕地，养活着世界20%的人口。随着城市化、工业化水平的逐步提高，可用于农业生产的耕地越来越少，提高农业生产率及其农业产量，夯实农业在国民经济发展中的基础作用，依靠农业科技创新，提高农业生产单产是重要途径之一。

新中国成立以来，特别是改革开放以来，中国农业科技对农业的贡献率取得了长足发展。"十五"时期，中国农业科技创新能力明显增强，农业科技进步对农业增长的促进作用逐步增加，中国农业科技的贡献率达到了48%；在"十一五"时期，农业科技工作成效显著，科技进步对农业增长的贡献率提高到52%。2014年1月，新华网报道，2013年，我国农业科技进步贡献率已经达到55.2%，超过"十二五"初期制订的农业科技贡献率要超过55%的目标。

一　农业科技发展水平

1. 农业科技创新成果突出

首先，农作物新品种培育成果显著。加强新品种培育不仅是农作物自身更新换代的要求、农业生产发展上新台阶的必然要求，也是农业生产总产值稳步增加的内在要求。1999年到2014年1月底，全世界农种物品种权的申请数与授权数都创历史新高，分别为11869件和4157件。其中，大田作物品种权申请数为9956件，授权数为3790件；蔬菜品种权申请数为663件，授权数为157件；

花卉品种权申请数为 837 件，授权数为 137 件（见表 5 - 1）。从品种权申请数所占比重看，大田作物所占比重最高，为 83.81%，其次为花卉和蔬菜，分别为 7.05% 和 5.59%，所占比重最少为 0.10%（见图 5 - 1）。从作物品种授权数所占比重看，只有大田作物、蔬菜、花卉和果树四种作物获得了授权，其所占比重分别为 91.17%、3.78%、3.30% 和 1.73%（见图 5 - 2）。

表 5 - 1 1999 年至 2014 年 1 月农作物品种权申请数与授权数

单位：件

类别	大田作物					蔬菜					花卉	果树	牧草
	总计	水稻	玉米	普通小麦	大豆	总计	大白菜	马铃薯	黄瓜	辣椒属			
申请数	9956	3501	3893	970	68	663	56	77	69	103	837	58	12
授权数	3790	1351	1600	378	44	157	28	17	15	22	137	72	0

资料来源：农业部植物新品种保护办公室。

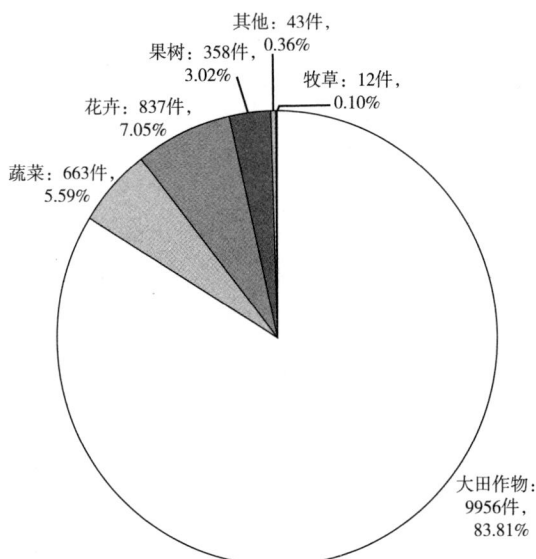

图 5 - 1 1999 年至 2014 年 1 月农作物品种权申请数及其所占比重

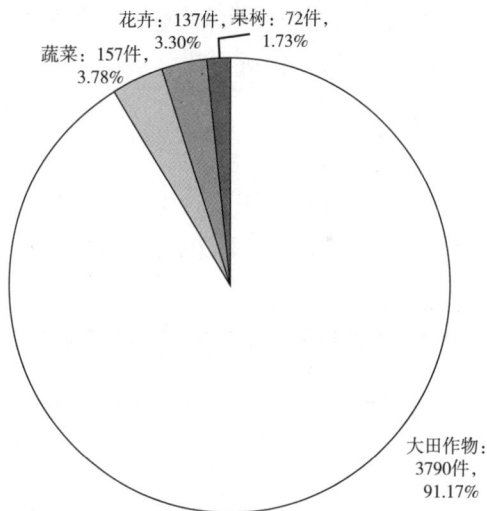

图5-2 1999年至2014年1月农作物品种权授权数及其所占比重

从品种权申请的国家或地区分布看，我国为11109件，比重为93.60%，其他国家只有760件，占6.40%，其中，荷兰和美国数量最多，分别只有291件和217件。也就是说，我国农作物新品种的创新数量远远超过其他国家。从获得授权的情况看，我国所占的比重也远超其他国家，我国共获得授权4050件，其他国家也只有107件，其比重分别为97.4%和2.6%。

2. 农业生产中化肥、农膜和农药的使用量稳步增加

一是化肥施用量增长较快。1990年，我国农业生产中化肥施用量为2590.3万吨，到1995年增长到3593.7万吨，比1990年增加1003.4万吨。2000年，化肥施用量已经突破4000万吨，达到4146.4万吨；2011年再次突破5000万吨大关，2012年又达到5838.8万吨。二是农膜无论是使用量还是覆盖面积都再创新高。1990年，我国农用农膜使用量仅为48.2万吨，到1995年其使用量已经达到91.5万吨，比1990年提高了近1倍，其中，地膜使用量为47万吨。2000年，农用农膜使用量已经超过100万吨，达到

133.5 万吨，2011 年再次创使用量新高，达到了 229.5 万吨，其中，地膜使用量为 124.5 万吨，2012 年又比 2011 年提高 3.9%，达到 238.3 万吨，其中地膜使用量提高了 5.3%，达到 131.1 万吨。从地膜覆盖面积看，1995 年已经达到 6493 千公顷，在 2011 年地膜覆盖面积达到最高，为 19790.5 千公顷。三是农药施用量稳步增长。1990 年，我国农药的施用量为 73.3 万吨，1995 年施用量已经达到 108.7 万吨，2012 年为 180.6 万吨，比 1990 年增加了 103.3 万吨（见表 5-2）。在农药施用量增加的同时，农药也向无毒、低危害方向发展，20 世纪八九十年代大量施用的剧毒农药全部淘汰出市场。

表 5-2　化肥、农膜和农药的使用情况

单位：万吨，%

年份	1990	1995	2000	2011	2012	2012 年与上年的比例
化肥施用量	2590.3	3593.7	4146.4	5704.2	5838.8	102.4
农用农膜	48.2	91.5	133.5	229.5	238.3	103.9
地膜使用量		47	72.2	124.5	131.1	105.3
覆盖面积(千公顷)		6493	10624.8	19790.5	17582.5	88.8
农药施用量	73.3	108.7	128	178.7	180.6	101.1

资料来源：《中国农村统计年鉴 2013》，中国统计出版社，2013。

3. 农业机械化水平提高

据农业部统计，2012 年，我国农机装备总量继续增加，装备结构不断优化。耕种收综合机械化水平达到了 57%。1995 年，我国农用机械总动力为 36118.1 千瓦，其中，柴油发动机动力为 24176.3 千瓦、汽油发动机动力为 3433.9 千瓦、电动机动力为 8443.7 千瓦，其他机械动力为 64.2 千瓦。到 2000 年，农用机械总动力达到了 52573.6 千瓦，比 1995 年增长了 45.56%，其中柴油发动力增长最快，比 1995 年增长了 61.89%。到 2011 年，农用机械总动力已经达到了 97734.7 千瓦，比 2000 年提高了 85.90%，到

2012 年底，已经达到 102559 千瓦。在具体动力源上，以柴油发动机动力和电动机动力为主要动力来源，2012 年两项分别为 82365 千瓦和 16985.3 千瓦（见表 5-3）。

表 5-3　主要农用机械年末拥有量及增长情况

单位：千瓦，%

项目	1995 年	2000 年	比上期增长	2011 年	比上期增长	2012 年	2012 年比 2011 年百分比
农用机械总动力	36118.1	52573.6	45.56	97734.7	85.90	102559	104.9
柴油发动机动力	24176.3	39140	61.89	78536.3	100.65	82365	104.9
汽油发动机动力	3433.9	3128.9	-8.88	2872.4	-8.20	3124.1	108.8
电动机动力	8443.7	10126.7	19.93	16259.4	60.56	16985.3	104.3
其他机械动力	64.2	89.9	40.03	66.6	-25.92	84.5	127

资料来源：《中国农村统计年鉴 2013》，中国统计出版社，2013。

农业机械的装备结构不断优化。1995 年，农业生产大中型拖拉机拥有量为 67.2 万台，小型拖拉机为 864.6 万台。小型拖拉机远多于大中型拖拉机的行情与我国农业生产家庭联产承包制的经营制度密切相关。由于家庭农业生产规模小，大型机械设备使用量小，联合收获机仅为 7.5 万台，节水灌溉类机械也仅有 58.6 万套。随着各项涉农政策的逐步实施，特别是土地流转政策的推广应用，农业生产规模开始扩大。2000 年，农业机械设备的拥有结构得到了部分优化，各种大中型机械设备拥有量开始增加，但增长速度相对缓慢。大中型拖拉机为 97.5 万台，联合收获机为 26.2 万台，与 1995 年相比，大中型拖拉机增长速度与各小型机械设备大体相当。大中型机械设备增长了 45.09%，小型机械设备增长了 46.24%；联合收获机增长速度最快，达到 249.33%。2011 年，伴随着农业生产规模的扩大，各种大型机械设备的拥有量迅猛增加，增长速度也远超过各种小型机械设备。大中型拖拉机为 440.6 万台，联合收获机为 111.4 万台，与 2000 年相比分别增长了

351.9% 和 325.19% 。其他各种小型机械设备的增长速度大部分都维持在 50% 左右。从单个年度看，2012 年，大中型拖拉机拥有量为 485.2 万台，比上年增长了 10.10% ，联合收获机拥有量为 127.9 万台，比上年增长了 14.8% ，二者的增长速度都超过了 10% 。与此相比，小型机械设备开始出现负增长，如小型拖拉机为 1797.2 万台，比上年减少了 0.8% ，其他的机械设备年增长速度都在 10% 以下，最快的为节水灌溉类机械，为 8.4% 。节水灌溉类机械设备的大量使用也表明了我国农业生产由原来粗放型生产逐步向实施精细化生产转变，集约化水平开始提高（见表 5－4）。

表 5－4　我国主要农业机械设备情况

项目	单位	1995 年	2000 年	比上期增长（%）	2011 年	比上期增长（%）	2012 年	2012 年与 2011 年的比例（%）
大中型拖拉机	万台	67.2	97.5	45.09	440.6	351.90	485.2	110.1
小型拖拉机	万台	864.6	1264.4	46.24	1811.3	43.25	1797.2	99.2
农用排灌电动机	万台	535.2	741.3	38.51	1213	63.63	1248.8	102.9
农用排灌柴油机	万台	491.2	688.1	40.09	968.4	40.74	982.3	101.4
联合收获机	万台	7.5	26.2	249.33	111.4	325.19	127.9	114.8
机动脱粒机	万台	605.9	876.2	44.61	1001.9	14.35	1042.3	104
机电井	万眼	—	435.8	—	464.9	6.68	483.2	103.9
节水灌溉类机械	万套	58.6	91.9	56.83	168.5	83.35	182.6	108.4
农用水泵	万台	903.5	1392.5	54.12	2173.8	56.11	2211.5	101.7

资料来源：《中国农村统计年鉴 2013》，中国统计出版社，2013。

机械化作业水平迅速提高。2011 年，我国农业生产的机耕面积为 10779.8 千公顷，机播面积为 80251.7 千公顷，机收面积为 66073.6 千公顷。到 2012 年，只有机播面积减少了 3457.5 千公顷，其余都比上年有所增加，机耕面积和机收面积分别增加了 9505 千公顷和 5095.3 千公顷（见表 5－5）。据农业部统计，2010 年和 2011 年，农业生产机耕综合机械化水平分别为 52.28% 和

54.82%。2012 年，农业生产机耕综合机械化水平为 57%，比 2011 年提高了 2 个百分点，其中，水稻插秧、玉米收获等机械化作业水平迅速提高，分别比上年提高了 4 个百分点和 6.5 个百分点。

表 5 - 5　我国主要农机农业情况

单位：千公顷，%

项目	2011 年	2012 年	增长绝对量	2012 年与 2011 年的比例
机耕面积	100779.8	110284.8	9505	109.4
机播面积	80251.7	76794.2	-3457.5	95.7
机收面积	66073.6	71168.9	5095.3	107.7

资料来源：《中国农村统计年鉴 2013》，中国统计出版社，2013。

4. 农村教育事业发展较快，农业从业者素质提高迅速

农村劳动力整体素质提高较快。1990 年，平均每百个劳动力中不识字或识字很少的为 20.73 人，小学学历的达到 38.86 人，初中学历的为 32.84 人，高中学历的为 6.96 人，中专及中专以上人员仅有 1.51 人。在农村劳动力中，初中学历以下居民是主体。2012 年，平均每百个劳动力中不识字或识字很少的仅有 5.3 人，小学学历的为 26.07 人，而初中学历的成为主体，达到 53.03 人，高中学历的为 10.01 人，中专及中专以上为 5.59 人。从 1990 年到 2012 年，基本上呈现了低文化层次人数逐步减少的趋势，与此相反，高学历层次的劳动力人数表现为逐步增加的趋势。不识字或识字少的人数 2012 年的为 1990 年的 25.6%，而小学学历、初中学历、高中学历、中专学历和大专及大专以上学历的比值分别为 0.671、1.615、1.438、5.22 和 29.296（见表 5 - 6）。

通过实施农村劳动力培训阳光工程，提高农村劳动力的劳动技能。2011 年，中央共安排了阳光工程财政资金 11 亿元，安排示范性培训任务 300 万人。在培训对象上，由原来的以外出就业培训为主转向主要围绕农业和农村服务业、农产品加工等涉农工业和农村特色第二、三产业，引导农村劳动力就地就近转移就业，鼓

励和扶持农民积极创业。培训不但提高了农民素质和技能，还支撑了农业增产增效，同时还支持了农业社会化服务体系发展。

表5-6 农村居民的劳动力状况

单位：人

年份	平均每百个劳动力中					2012年与下列各年的比例(%)	
	1990	1995	2000	2011	2012	1990	2011
不识字或识字很少	20.73	13.47	8.09	5.47	5.3	25.6	96.9
小学学历	38.86	36.62	32.22	26.51	26.07	67.1	98.4
初中学历	32.84	40.1	48.07	52.97	53.03	161.5	100.1
高中学历	6.96	8.61	9.31	9.86	10.01	143.8	101.5
中专学历	0.51	0.96	1.83	2.54	2.66	522	104.9
大专以大专以上	0.1	0.24	0.48	2.65	2.93	2929.6	110.4

资料来源：《中国农村统计年鉴2013》，中国统计出版社，2013。

农村劳动力农机操作应用水平大幅度提高。从2011年起，农业部将农机化教育培训工作纳入重要的工作内容。并在当年完成了全国10%以上的农业机械化管理、技术和作业服务人员培训，共培训各类农机人员674.6万人次，并且还加大了对新购机农民的培训力度，全年培训新购机农民118.6万人次。这些为农业生产中大量的农业机械设备的推广应用奠定了基础，也为提高农业生产机械化水平提供了强力支撑。

加快农村实用人才培养，增强其带头作用。从2011年起，农业部印发实施了《现代农业人才支撑计划实施方案》，示范性培养1000多名农业技术骨干人才、3000名农业产业化企业和农民专业合作组织负责人、7000名农村能手和3000名农村经纪人，同时还依托11个农村实用人才培训基地举办50期培训班，培训了5000名基层组织负责人、农民专业合作组织和大学生村官，为活跃农产品市场，加强农产品流通提供了保障。

5. 农业科技推广服务不断完善

基层公益性农技推广服务进一步增强。近年来，我国普遍健全了乡镇或区域性农业技术推广、动植物疫病防控、农产品质量监管等公共服务机构，更加明确了公益性定位，并根据产业发展需要设立公共服务岗位。实行人员聘用制度，严格上岗条件，落实岗位责任制，推行县主管部门、乡镇政府、农民三方考评办法，确保农技推广服务水平持续提升。到 2012 年底，基层农业技术推广体系改革与建设示范县项目基本覆盖农业县，农业技术推广机构条件建设项目覆盖全部乡镇。加大关键技术推广补助，按市场化方式运作，实施多种形式的公益服务形式，改善农技推广服务手段，充分利用广播电视、报刊、互联网等现代媒体和现代信息技术，为农民提供高效便捷、简明直观、双向互动的服务。

农业生产的气象灾害防御科技水平不断提高。扩大农业农村公共气象服务覆盖面，提高农业气象服务和农村气象灾害防御科技水平。加强乡镇或小流域水利、基层林业公共服务机构建设，健全农业标准化服务体系。

科研院所开展农技服务的能力提升快。鼓励科研教学人员深入基层从事农技推广项目，通过推行专家大院、校市联建、院县共建等服务模式，集成、熟化、推广农业技术成果能力进一步增强，推动了农业科研及时转化为农业生产力。通过实施科技特派员农村科技创业行动，农村创办科技型企业和技术合作组织数量不断增多，农业科技成果服务"三农"的责任不断得到强化。

新型农业社会化服务组织应用先进技术，参与现代农业科技推广应用愿望不断增强。众多的农业社会化服务组织参与到农业产前、产中、产后服务中，加速了农业科技在农业各个环节的渗透，提高了技术应用水平。通过创办农业服务企业，推行科工贸一体化服务的企业化，提高农业科技的收益率，加速科普惠农兴村的步伐。

二　农业科技发展存在问题

近几年来，我国农业科技取得了长足的发展，创新成果数量多，有力地促进了现代农业发展。农业创新成果虽硕果累累，但是成果转化率还比较低，仅有25%，还不足发达国家的1/3，这与现代农业发展要求还有非常大的差距。农业科技的贡献率虽然达到了55%，但与发达国家70%的水平还有非常大的差距。我国农业科技创新主要存在三个方面的不足：成果的创新供给不足，农业技术推广服务不足和农业人才支持总量不足。

1. 创新成果供给不足，特别是高端的高新技术成果供给严重不足

近几年，我国农业科技无论是农作物品种创新，还是农业机械设备更新改造都取得了非常突出的成就，从绝对数量上也绝不落后于发达国家。但是，高新技术、高精尖技术与现代农业的发展需求还有非常大的差距。如50%以上的优良种子、60%以上的大豆和70%以上的高效化肥和100%的高端农药等基本上由国际资本掌握；70%以上的先进农产品加工成套设备依赖进口；大多数国产农机产品仅相当于发达国家20世纪70年代水平。[①] 因此，这就要求我国农业科技创新的方向更应该侧重于生物技术研究，更加注重生物、农机及工程、材料、信息技术研究相结合；注重提高土地产出率、资源利用率和环境保护及可持续发展和谐统一。农业科技创新更要与现代农业的多功能性、多层次性相适应。

2. 农业经营规模制约了农业科技有效需求不足

受家庭联产承包责任制限制，我国土地经营规模小，在一定程度上制约了农业科技成果的推广与应用。有关数据显示，目前，我国人均播种土地面积只有0.17公顷，农户户均0.5公顷，远低

---

① 王菡娟：《农业科技成果转化率为25% 委员聚焦农业科技创新》，人民网，2012年4月10日。

于世界户均 3 公顷的平均水平（见表 5-7）。从世界来看，我国农业生产规模也处于很低的水平，不但经营规模小，地块也分散，这就进一步降低了土地经营的实际规模。一方面，过小的农业生产规模导致我国农户采用先进农业科技成果的成本增大，另一方面，过小的农业生产规模，导致我国农户在采用农业新成果的投资所能获得的利润增加有限。很多农业科技成果，如化肥、农药、良种、饲料和农业机械等都是物化的成果，需要由农民通过购买来投入。由于农户土地经营规模小，大部分农户投资于购买农业机械设备的资金非常少，甚至没有，而更多地采用短期租用农业机械设备用于农田的收获。从我们对河南省鹤壁市农业生产情况调查结果看，绝大部分农户采用农业机械设备进行农田收割，但是都以每亩 100 元左右租用临时的农业机械设备，因此，在此农业生产环节，农业机械化水平较高。但在其他生产环节，因农业机械设备较少，农业机械使用率较低，甚至没有。从整体上讲，农业生产的机械化生产水平还比较低，这与农业土地经营规模小、农户不愿意投资于农业机械设备等生产性物质有着密切联系，使得农业科技成果的转化水平与农户的投资能力有密切关系，农业科技成果的转化必须建立在农户相应的投资能力的基础上。如果一项农业科技成果超过了用户的投资能力，必然导致成果难以转化。

表 5-7   我国农业经营规模的国际比较

指标	中国	美国	加拿大	法国	德国	英国	日本	韩国
农业人口人均耕地面积（公顷）	0.17	28.73	59.17	9.66	6.0	5.64	0.97	0.44
相当于中国的倍数（倍）		170.5	351.5	57.3	35.6	33.5	5.7	2.6

资料来源：参见周琳琅《关于现代农业发展的几个问题》，《经济问题探索》2007年第 5 期。

对农业企业而言，虽然相比于农户，其投资能力要高得多，但是，同时，农业企业所需技术需要的投资也要大得多。而农业产业的弱质性造成了大多数农业企业一般规模都较小，自有资金缺乏。目前，许多农业企业虽然有强烈的科技需求愿望，但是由于资金缺乏，难以吸收新的科技成果。近些年来，城市化和工业化进程不断加速，农业生产者投资农业领域的机会成本不断增大，相当多的农业生产者开始愿意投资于非农领域，寻找盈利机会，而不愿意进行农业领域的技术投资，从主观愿望上造成农户农业新技术应用动力不足。农业科技有效需求不足，不能为农业科技成果转化形成支撑。依据营销理论，市场需求是产品成功销售的必要条件，只有市场对产品存在需求，产品才有可能成功完成交易。在农业科技成果转化方面也是如此。在市场经济条件下，农业科技成果也是需求品，而成果转化的实质就是农业科技成果的销售。因此，农业科技成果转化的本质就是农业科技成果销售，这种交易达成必须以该农业科技成果存在市场需求为前提。目前，由于农业生产者，特别是广大农户，对农业科技的需求不足，还不能为我国农业科技创新和农业科技成果转化提供有力支撑。

3. 农业科技成果的供给与需求脱节，阻碍了农业科技成果的转化效果

农业科技成果供给与农业科技成果市场需求相匹配是农业科技成果转化的必备条件，但我国农业科技供需存在明显脱节的弊病，严重阻碍了农业科技成果的顺利转化。

宏观层面主要表现为，农业科技成果供给结构不合理，与农业产业结构发展不相适应。一方面，随着农业现代化水平不断提高，我国农业产业结构也发生了很大变化，除了传统的粮食种植业领域外，渔业、牧业，包括种植业内部的经济作物领域的农业科技需求都发生很大的变化，从而导致对农业科技创新需求的专业分布也发生了非常大的变化。另一方面，农业科技成果供给的产业链分布不合理，我国农业科技成果也存在过度集中于农业产业链的产中阶段，而产前、产后环节相对薄弱的问题。近年来，农业产业向产前和产后延伸，农业产业呈现了第一、二、三产业全面发展的良好局面，而我国农业科技成果供给没有顺应这种变化，有90%的农业科技资源仍然集中于产中阶段。这两个方面从另一视角说明了我国农业科技成果总量虽然不断增多，但低水平重复建设严重，农业科技资源的效益严重不高，资源浪费严重，在市场需求容量本就不大的情况下，成果转化率低是必然的结果。

微观层面更多地表现为农业科技成果质量不过关，不满足转化条件。农业科技成果本身构成农业生产主体对其是否存在需求的最主要的影响力量。实际农业科技成果转化工作，经常会出现这样的情况：有些成果一进入市场，便很快引起农业生产者的兴趣和关注，形成不推自广的局面，而有些成果可能问世多年，并做了大量推广工作和宣传工作，却一直形不成大范围应用的局面，并很快退出市场，还有的甚至一直引不起农业生产者的兴趣，被束之高阁。这些情况的出现，究其原因可能是多方面的，但不可否认，最根本的因素还是成果本身质量不够过硬。质量过硬是农业科技成果实现顺利转化的基础条件，农业科技成果只要具有较高的效益性、较强的成熟性、突出的适用性和操作上的简易性等方面特征，其转化速度都比较快。但目前，我国大部分农业科技成果质量不高，成果缺乏综合配套性，适用性不强、成熟度差、保密性差、经济社会效益不明显，从而大大增加了转化的难度。

农业生产者的文化素质影响其对农业科技成果的认识水平和掌握能力。近几年来，农业生产经营者的文化素质整体上已经有较大提高，但还是以初中以下学历的为主，中专及中专以上学历的只占到5%左右，远远低于发达国家，如美国25岁以上青年，有25%的人完成了成人高等教育。一方面，文化素质不同的人对新事物的敏感性、接受能力、接受的速度、行为特征等都会有差异。一项技术，其本身可能确实质量过硬，但是其推广对象如果文化素质较低，难以认识到它的这些优势，或者即使认识到了就是不采用、采用过慢，该成果也都难以转化。另一方面，文化素质不同的人掌握新技术的能力也不同，文化素质较高的人可能很快便能掌握技术要领，并能很好地操作和使用，使技术的效果发挥到最大，而文化素质较低的人，可能不仅无法发挥技术的最大效果，可能连技术本身都掌握不了。我国农业生产者文化素质普遍较低，在一定程度上限制了其对农业科技成果，尤其是一些先进农业科技成果的需求。

因此，要推动农业科技成果的转化，主要是要加强对我国农业生产者的推广、沟通，推广方法上的创新，更根本的是要提高我国农业生产者的文化素质。美国之所以农业很发达，很大程度上是因为有一批高素质的农业生产者队伍，先进的农业科技成果转化快。

4. 农业科技中介服务支撑薄弱

中介服务组织参与农业科技成果转化是发达国家农业科技贡献率较高的重要原因之一。但农业科技中介服务组织体系还不完善，还无法为农业科技成果转化提供大批量、全方位、高质量的服务支撑，在这一定程度上制约了我国农业科技成果的转化。

首先，农业科技中介服务总量还太少。目前，我国农业科技中介服务组织总体数量小且地区分布不平衡，对农业科技的推广能力远远不能满足广大农民的科技需求。农民专业合作社是农业科技服务体系中的重要组成部分，其功能发挥好坏直接影响着农业科技成果转化的效果。据农业部统计，2012 年，我国农民专业合作社只覆盖了全国农村总数的 22%，参与农民专业合作社的农民也仅占总农户数的 9.8%。在发达国家，农民专业合作社十分发达，覆盖面广，覆盖农民多。如在美国，平均每个农户能参加 2～3 个农民专业合作社；而荷兰、日本等国参加农民专业合作社的农民达到了 90% 以上。同样，在许多发展中国家，各类农民专业合作社也非常发达。在巴西，约有 80% 的农户参加了农民专业合作社。农民专业合作社是农民自愿自发组织的组织，其提供的服务最贴近农民实际生产需求，在调动农民各方面的积极性上也具有先天的优势，特别是在农业科技成果推广、组织农民采用农业新技术等方面具有其他组织不可代替的有利条件。但我国农民专业合作社发展滞后，农民参与各类农业中介服务组织的程度低已经成为制约我国农业科技成果转化的一个重要因素。

其次，农业科技中介服务内容不全面。我国农业科技中介服务组织不仅数量少，而且服务内容也较为狭窄。目前，许多农业中介服务组织的服务内容主要集中在农业科技信息推广传递、农业生产资料的集中采购等方面，而有关农业科技创新服务、农业新技术推广评估等农业科技成果转化需要的大量其他形式的服务内容无人提供，直接造成大量的农业科技成果只能停留在实验室阶段而得不到推广应用，而对农业生产经营者而言，由于对农业新科技缺乏足够的信息和转化资金而止步。

最后，农业科技中介服务质量有待提升。因为农业中介服务机构规模小，其服务能力有限，并且业务操作也不规范。在实际运营中，多数涉及农业科技中介服务的中介组织往往只提供初级阶段或初级形式的服务，对农业科技成果转化项目的全程参与程度不够，无法为成果转化提供综合服务。另外，许多农业中介服务组织也因管理章程和管理制度不健全，组织松散、混乱，矛盾纠纷多，影响了其服务质量。

5. 农业科技推广体系不完善，也阻碍了农业科技成果转化应用

随着 1993 年《中华人民共和国农业技术推广法》的实施和1995 年全国农业科技推广服务中心的组建，我国基本上形成了政府主导型的全国农技推广中心，省、市、县级农技中心和乡镇农技推广站的五级农业科技推广组织体系。2006 年逐步形成了以国家农业科技推广机构为主导，农村合作组织为基础，农业科研、教育等单位和涉农企业广泛参与的多元化基层农业技术推广体系。随着我国经济体制改革的不断深入，这种政府主导的农业科技推广体系也显现出诸多弊端。

（1）投入不足严重制约了农业技术推广

农技推广经费来源单一，投入总量严重不足。我国的农技推广经费来源主要依赖财政拨款，并且地方性财政拨款比重超过了

90% 以上，中央财政的推广经费还不到 10%。由于农业科技推广投资周期性长、风险大，市场不完备等因素，农业企业、个人及其他经济合作组织不愿意投入。长期以来，我国财政投入也远远不能满足开展技术推广服务所需。发达国家农技推广经费一般占到农业总产值的 0.6%～1%，发展中国家大多也在 0.5% 左右，而我国一直徘徊在 0.22%～0.36%。农技推广经费不足使得我国基层农业科技推广机构经常处于"线断、网破"的危险境地，同时，也严重制约着我国农业科技推广的资源条件配置。

农业推广工作条件差，推广队伍不稳。由于农技推广经费总量不足，农技推广的工作条件和待遇得不到保证，造成农业科技人员"下不去，蹲不住"，再加上农业科技推广缺乏有效的激励机制，推广人员缺乏工作热情，农业科技推广效果差，推广部门的职能和效力必然受到冲击。另外，因基层农技推广机构缺乏吸引人才的体制机制，无法吸引和留住优秀人才，现有推广人员大多是中专及中专以下学历，大专以上学历的相当少，致使高素质农技推广人才缺乏，这在一定程度上影响农业新技术的推广应用和效益发挥。

（2）生产需求同科技成果发生错位

我国每年都有大量的农业科技成果被研究开发出来，但许多科研成果都无法得到合理的运用，满足不了现实的生产需求，也不能转化为现实的生产力，科研成果推广效果差。目前，我国多采用自下而上，由论证立项到应用研究、验收鉴定的层层报奖运作机制，以此对科研人员的劳动成果进行肯定。该种机制存在许多的弊端，如农业研究没有以市场需求为导向，研制出来的产品不能直接应用于农业生产；自下而上的层层报奖方式，会使成果数量增加，容易产生成果数量多的假象等。

（3）农民缺乏对新技术的操作运用能力

高新技术在现代农业中的推广，尤其是某些新科研成果的应用推广，需要运用人员具备一定的专业知识，掌握基本的操作原理，并严格按照操作技术科学实施。而目前只有少量的农户具有此类的操作运用能力，推广起来比较困难。对科研成果加以运用除需要有一定的技术支撑外，还需要有一定的经济支撑。我国农业的比较收益低，以小规模经营为主，农民承受着来自各方面的经济负担，多数农民都会选择投入低、收益快、效果明显的技术成果，许多高新技术都得不到实际的运用。在小农经济的影响下，农民多养成了回避风险、急功近利的意识，他们宁愿选择效益低、保险系数高的传统技术，也不会采纳及运用新的技术成果，其接受和使用新技术的能力与思想和文化素质有着十分密切的联系。

第五节　构建农业科技推广新机制

农业科技创新在农业现代化建设中具有重要的作用和不可替代的基础地位，完善农业科技推广体系将会促进农业现代化的进程。新型农业技术推广体制构建既是一个利益调整的过程，也是一个制度创新的过程。按照一般物品和服务的权属关系与应用效应，农业科学技术可分为公共技术、准公共技术和私人技术。再依据农业科技创新类型，对不同类型农业技术，明确实行分类推广，以最大限度地发挥各类推广组织作用。

一　建立顺应现代农业发展要求的农业科技推广体系

1. 公益性服务是政府农业科技推广的主体任务

（1）确立政府型农业科技推广服务体系的主体地位

农业的弱质性需要政府保护，农业科技成果的公共产品属性需要政府提供，农业科技推广在推进农业现代化中的地位直接决定了政府投资建设公共农业科技推广体系是政府职能的重要体现。现阶段，政府通过公有财产和供给公共物品的方式，为农业和农村发展提供农业科技推广服务，应当成为新型农业科技推广制度安排的最主要形式。从性质上，必须建立以公益性为主的，从执行动力上，必须是政府主导模式的农业技术推广组织体系，在此体系中，政府应该成为农业推广的主要投资者和主要管理者。在具体实施中，政府可以通过构建新型公共农业技术体系引导其他技术推广组织的发展，通过制度、法律、法规等适度干预措施，完善推广体系制度安排，提高农业推广的预期收入，降低其创新建构的风险；通过营造良好的生存环境，增强新型农业技术推广体系的整体服务功能。在今后相当长一段时期，政府型农业科技推广创新将是新型农业科技推广体系中的主导模式。

（2）公益性推广服务应是政府主导型农业技术推广体系的主旨

主要由政府推广机构承担的公共技术难以物化。其非竞争性和不可排他性，决定了所有用户可以平等使用，市场无法提供最优状态的投资量。同时，中国是发展中的农业大国，农业效益低，农民是弱势群体，农村经济尚不发达，主要靠营利性机构进行农业研究和推广是不现实的。因此，对公益性技术的研发与推广，应由政府负责投资。政府农业科技推广部门应集中力量完成那些社会效益较高而推广机构又难以获得直接经济效益的公益性职能。

公益性服务应当是政府农业技术推广的主体任务，特别是动植物病虫害的监测、通报和防治，新品种和新技术的引进和示范，多种形式的农业实用技术的宣传和培训等，都具有公共产品属性，存在着市场失灵现象，不可能促使个人或企业在这些领域足够多的投资，必须由政府主导推动。此外，国家重点推广企业和私人难以参与和不愿参与的公益性公共技术，特别是需求弹性低的粮食作物生产技术的推广，如农作物栽培技术、灌溉技术、施肥技术、病虫害防治技术等；对于一些风险高、收益高、投资高的农业高新技术，企业一般不愿意投资，也要由国家面向市场，进行研究和开发，大力推广。

（3）政府型农业科技推广体制创新

目前，我国政府型农业科技推广体制困境实质上是制度性困境，破除这种困境，就必须从制度视角进行体制创新。首先，对政府型农业科技推广组织创新。创新主要解决的问题就是要从根本上解决政府型农业科技推广体系的多头管理、机制不活、效率低下、行政依附性强，特别是基层管理体制不顺等一系列问题。在机构设置上就应该按照精简高效的原则，依据本地农业的主导产业和区域经济特点，综合考虑当地财力状况，选择适宜的形式稳步推进，逐步形成中央、省、市、县、乡各层级相对独立的组织架构。其次，对政府型农业科技推广机构的职能重新定位，明确各机构各部门的具体职责。政府农业技术推广机构应承担法律法规的执法和行政管理，重大技术的引进、试验、示范、推广，动植物病虫害及灾情的监测、预报、防治、处置，农产品（包括动物产品）质量安全的检测、监测和强制性检疫等公益性职能；积极参与和组织一般性农业科技推广服务的实施，如动植物良种繁育及推广、技术咨询及对农民进行技术培训；逐步退出技物结合以及产后加工、运销等经营性服务领域。再次，建立地方政府适度参与本地农业科技推广决策的参与机制，实行垂直管理与参与管理相结合的管理体制。最后，对提供公益性服务的政府农业科技推广部门实行统收统支制度和全额拨款。用于农业科技推广的人员经费、固定业务经费和专项补助费必须以法律形式固定下来。人员经费应与当地公务员的标准相同，而固定业务经费可按照人员经费的标准以同等数额配备，并根据地方的财力情况不断提高，专项补助费应根据具体任务确定。

政府型农业科技推广服务体系创新改革的重点在基层农业科技推广机构。基层科研推广机构上联农业科技开发创新部门，下联农业科技具体使用者，起着重要的桥梁作用。

第一，要明确基层农业科技推广机构的改革思路。主要是集中人力、物力和财力，加强基层县级农业技术推广机构建设，首先发挥农民专业合作组织及协会的枢纽和桥梁作用。乡镇级的政府农业技术推广职能实行社会化，组织管理职能由乡镇政府承担；根据需要，县级机构可设跨乡镇的专业中心站。

第二，基层农技推广机构的设置可考虑四种选择方式：一是在整合乡镇范围有关机构的基础上综合设置；二是由县级农技推广机构向乡镇派出推广机构；三是跨乡镇设置区域推广机构；四是由县级农技推广机构向乡镇派出农技人员。

第三，创新农技推广运行机制，改革用人机制，完善考评制度，创新农技推广的方式方法，完善合作推广机制。

第四，用人机制改革。应提高对农业技术推广人员的资格和业务素质的要求，对于进入农业技术推广机构的专业人员，应当实行严格的资格考试，建立激励机制和动态的人员管理机制。

2. 经营性农业科技推广采取市场化机制

（1）经营性推广服务主要由市场型推广组织承担

缘于排他性、竞争性和独立性的特点，在市场经济条件下，"私人技术"一般是可以物化的技术，或知识产权相对可以得到保障的技术，投资具有较高内部回报率，技术的研发与推广部门可以获得较高收入，在这种情况下，一些具有经济实力的企业就愿意投资这些技术。对这类技术的推广应用主要依靠市场机制发挥作用，通过技术市场等中介进行公平交易来加快私人技术的推广应用。因此，私人技术的推广可由企业、农村专业技术协会、农民专业协会等非政府技术推广组织来进行。这类推广组织一般以盈利为目的，因此，他们尽可能多渠道、多方式、快速地向用户推广技术，使尽可能多的用户接受并使用。

我国新型农业推广体系中的市场型力量包括涉农企业、农民专业合作经济组织、农产品行业协会等。近些年来，我国涌现了一大批以龙头企业为主的企业型技术推广组织，它们在我国农业技术推广事业中发挥着不可低估的作用。龙头企业已成为农业技术推广的一种有效组织形式，它可以调动农户应用农业科技的积极性，可以将产、学、研有机地结合起来，可以把农业技术的应用与市场需求联系起来，提高农业科技成果转化率和应用效果，为增强农户的科技素质和提高他们的竞争意识开辟一条新途径。

农民专业合作经济组织与农产品行业协会的产生和发展为农民掌握和运用科学技术，以及发展现代农业提供着持续的重要服务，不仅减轻了农民负担，降低了信息缺失成本，而且增加了农民收入。经营性农业科技成果推广项目，应采取市场化机制，以涉农企业为主，农业大学、科研单位和基层推广组织参与配合，积极培育、发展技术市场，通过公平交易，无偿服务与有偿服务相结合，鼓励多元化推广主体参与，项目经费主要由企业自筹资金，同时吸引和聚集社会资本，引导市场型推广组织做大做强。

（2）市场型农业科技推广组织体制创新

目前，市场型农业科技推广组织尚处于发展的初期阶段。由于各地的自然、经济和社会条件不同，其创建和发展也不可能采取统一的模式。正确的选择是因地制宜，尊重农民的创造，遵循协会发展的规律，坚持多种形式的共同发展。市场型农业科技推广组织的自身发展和自身建设密切相关，完善的管理体制和运行机制则会促进其良性发展。因此，在组织内部建立利益互补机制、利益分配机制和民主科学管理机制就显得尤为重要。首先，深化产权制度改革，构建参与市场竞争的微观主体，建立利益互补机制。它是指在市场型农业科技推广组织内部的几种主要的服务功能之间形成一种能够相互抵消和消除所出现的亏损或赤字，达到利益互补，并具有自我服务和自我发展活力的良性循环机制，完善资产管理和运营机制，充分保证所有者的职责和权益。其次，建立利益分配机制。农村专业技术协会的核心问题是如何解决好公司和农户之间的利益分配关系。最后，建立民主科学管理机制。采用现代管理技术和方法，提高企业的科学管理水平和经营管理效率，健全和完善各项规章制度，加强营销管理，树立品牌意识，根据市场需求组织生产和销售，充分利用本地资源优势，不断完善和创新营销体系，科学组织企业的市场营销活动，多层次多渠道地搞好产品流通，这样才能保证市场型农业科技推广组织的健康发展。

3. 中性技术推广采取政府调节与市场机制相结合的方式

准公共技术由于具有排他性，在运作上可采取市场机制的运行方式；同时由于其又具有非独立性，具有外溢效应，所以为了使该类技术的推广应用与社会需要相适应，政府应对其外部效应加以调节，使得外部效应内部化，即当使用该技术发生外部负效应时，由政府向技术用户征收一定费用对受外部负效应影响的农户加以补偿，这样就使外部负效应转化为技术用户的内部成本；当发生外部正效应时，可由国家向除技术用户以外的其他受益者征收一定的税费，用于补偿技术用户本人。因此，在推广实践中，对于准公共技术应采取市场机制与政府调节相结合的方式。这类技术在推广应用上，应采取市场机制与政府调节相结合的方式。

二　构建科学的运行机制

1. 管理机制

创新管理机制，结合事业单位改革推行专业人员全员聘用制、技术职务竞争上岗制、目标责任考核追究制和激励约束机制，报酬、荣誉与绩效挂钩，奖勤罚懒，促使农技推广服务人员加强学习与实践，努力提高自身素质，提高服务质量。同时，要制定优惠政策及激励机制，放宽、放活农技推广服务人员，鼓励和支持他们去创办、联办各类专业协会，建设科技服务实体、农业科技示范园区（场），激励他们承担技术承包项目，开展群众性科技培训、技术咨询和致富信息服务等。充分发挥农业高校科技优势，整合各种资源，将管理、培训平台建设纳入学校的整体规划和工作之中。按照现代企业管理制度建立和完善涉农企业的技术服务机制，确保新型农业科技推广服务体系的顺利实施。

2. 动力机制

长期以来，农业科技推广服务过程中，无论是政府领导部门还是基层农技推广服务人员，一直忽略了同一地区不同农户与农业企业在选择和应用新技术上的差异。其实，农户与农业企业在科技需求、管理能力以及对技术的理解和使用能力方面都存在明显的差异。因此，这就不难理解为什么很多农业技术示范成功，却在大面积推广使用时不尽如人意，究其原因就是在源头上忽略了示范农户和一般农户，甚至贫困户之间的非同质性特征。

在农业科技推广实践中，农业科学技术是农业推广体系运行的载体，由此而形成了推广过程中的物资、能量和信息在不同利益主体间的分配与流动。人们基于采用新技术会增加农户与农业企业利益这一基本假定，从上而下地传递着能改变农业生产状况的物资、能量和信息。但是由于忽视了农户自身的素质、市场、资源、环境等的巨大作用，尤其是技术信息在进入农村的过程中所遇到的种种障碍以及人们获取信息机会的不平等，使得新技术应用的结果往往只是少数农户受益。这种以科研部门或以科学家为主导的农业科技推广体系要求推广人员和农民共同对其技术予以适应，而客观上农户的应用能力达不到其技术的要求，这样，就造成农业科技推广体系运行低效。

随着市场经济的发展，农户与农业企业的生产主体地位得到加强，这意味着农户与农业企业系统逐渐成为农业科技推广体系的核心。因此，本研究认为，形成以农户与农业企业为主导的动力机制是农业科技推广体系健康发展的必由之路。构建以农户与农业企业为主导的推广动力机制要充分尊重农民的价值观、知识、劳动以及农民在推广活动中的权利；要建立一种有效的双向沟通机制，使推广活动成为科研人员、农技推广人员和农民相互学习的过程，将现代科学知识融入推广活动中，最终达到使农民理解、接受和自觉运用农业新技术的目的。与此同时，蕴含在民间的丰富的、充满创造性的乡土知识也成为推广人员和科学家进一步创新的动力之源。基于农户与农业企业是农业科技推广活动中的主体的判断，在农业科技推广过程中应该坚持以下原则。

第一，要将农户与农业企业的利益置于科技推广活动的优先地位，充分调动农户与农业企业参与的积极性。

第二，由于现有的农户与农业企业系统运行效率不高以及资源配置效率低等，增加农户与农业企业系统的运行效率理应成为推广活动的重要内容。

第三，赋予农户与农业企业在农业科技推广活动中的最终决策权，推广活动的重点是向农户与农业企业提供咨询、培训和技术信息服务。

第四，探索并建立能将分散的农户行为整合为具有一定秩序的群体行为，并最终实现整体行为利益最大化的运行机制。

3. 供需协调机制

农业科技推广体系是一个复杂的社会系统，要使其正常运转，系统各要素之间以及系统与环境之间必须保持经常协调，实现农业科技推广有效供给。新型农业科技推广服务体系中，农业科技推广过程中涉及多个主体，表现出推广过程中主体的多元化。供给主体主要有：政府、高等院校、科研院所、涉农企业、其他农业教育机构、农业专业技术协会、个人等，新型农民为需求主体。

（1）供给主体之间的协调

农业科技推广服务供给主体的职能主要为：①政府的主要职责是农业科技推广工作宏观经济环境的优化，制定相应的政策和法律，对各类推广组织和主体行为进行调控和监督，建立公平合理的竞争机制，发挥多元主体的整体功能。②农业院校或科研院所的工作目标是教育性或推广其社会及经济成果，其技术特征以科技成果为基础的知识性为主，通过科技培训、基地建设和项目实施等传递方式，以达到转化科技成果、增加农民收入和提高农民素质、改善农村生活社会环境的目的，主要采取"教学与科研示范基地""技术入股型""技术转让型"等推广方式。由农业教育或农业科研机构通过项目、基地、企业和合作组织等媒介，把教育机构的科研成果转化为现实生产力。③涉农企业参与农业科技推广，主要是通过引入现代装备、现代科技、现代理念、现代管理，不断应用新品种、新技术、新工艺，有效改造传统产业，推进农业生产手段和经营方式的现代化，提高农业整体规模效益。④农业专业技术协会通过为农户与农业企业提供技术、购销、信息服务等途径，与政府部门、农业科研院所、涉农企业等组织机构建立良好的沟通、协调关系，反映农民的科技需求，实现农业科技有效供给。

（2）供求互动的利益联结机制

由于在科技供给与需求之间缺乏有效的双向交流与沟通机制，利益相关者尤其是用户不能有效地参与农业科技创新计划的制订、实施与评估过程，由此导致农业研究领域与农产品生产的区域化布局、产业化经营、农业与农村经济结构变化的需要不完全相适应，科技与经济脱节的局面不能得到根本改变，农业技术供求上存在总量和结构的双重失衡，科技推广效率不高。提供满足农民和市场真正需要的技术是成功实施农业技术创新战略的基础和前提，为此，必须深化农业科技体制改革，改革现有的远离农民、远离市场的农业科研体制，促进农业科研与农业生产的紧密结合，在技术创新供给与需求之间建立一个有效的双向沟通的机制。同时，由于农业科技成果公共物品的属性，免费搭车、无偿获取的现象十分普遍，这使得成果拥有者（包括成果转化开发单位和各级推广组织）的经济利益不能得到切实保障，严重者甚至无法收回成本。因此，科技成果供体被迫提高成果转让的价格或成果使用的门槛，而过高的收费又往往造成潜在用户的流失，反过来又导致了成果转化率的下降。政府为了提高科技成果转化率，就会出台相应的政策法规或一定的经济补贴来支持成果供体，鼓励其开展农业科技的推广与服务。供求方和政府三方博弈的结果便为利益联结机制的建立提供了前提条件。

这一机制应该满足两点要求：能够将农民对市场信号的反应有效地传递给农业技术创新者，对创新者的创新活动产生激励，能够将创新技术及时有效地推广开来。要切实加强农业科技推广和科技服务体系的建设，充分发挥市场经济的杠杆作用，促进农业科技推广队伍多元化、技术服务社会化、推广形式的多样化、运行机制市场化。

（3）协调作用与实现途径

各主体的协调作用表现在四个方面。①各主体对农业科技推广项目要有高度的认同感，有相互合作和共同推进科技推广工作的意愿。只有这样，各主体才能完成好各自承担的任务，发挥协作的功能。②各主体在工作中要相互衔接，递次推进。当有关主体提出农业科技问题后，决策主体应及时就技术问题做出项目选择和确定研究目标；研究主体应及时组织科研力量攻关并提供技术成果；推广主体应适时对技术成果进行宣传、示范，以促进技术采用者主动接受和积极使用，加强各主体在工作程序上的相互衔接，从而使科技推广有序进行。③各主体在工作质量上要对应、匹配，即每一次科技推广过程都要求各主体保质保量完成任务。④各主体在功能上要发挥配套作用，即某一主体功能的发挥都要充分考虑和满足其他主体功能发挥的需要，如资金、物资提供主体要保证农业科研和推广所需的资金和物资，技术研究主体要满足农户、农业企业和农业科技推广组织的要求，以提高科技推广的效率。

协调农业科技推广中各行为主体单靠主体自身是难以完成的，需要采取一定的措施来促进各主体行为的协同作用。①政策调控，政府通过制定科技政策、法规制度和农业科技发展规划来指导和规范各主体行为，促进多元化的农业科技推广系统的协调发展，逐步实现农业科技推广管理的法治化和科学化。②项目诱导，目前，很多推广活动是通过政府的农业科技推广项目的形式实施的，因此，可以通过项目这种形式来协同各主体行为，推行严格的项目管理，使相关主体相互协同配合去完成推广任务。同时，各相关主体为求得自身的发展，也会通过各种形式结成"利益共同体"，加强彼此间的合作，以争取更多的政府资助项目。③分工协作，政府可以通过行政和经济手段，对不同类型的主体进行指导性分工，发挥不同主体的科技推广作用。④市场机制，利用市场的科技需求与供给变化，促进不同主体之间的竞争与合作，形成农业科技推广中的主体多样化新格局。

4. 人才激励与约束机制

随着经济发展、科技进步和广大农民各种社会需要的提高，社会对农业科技成果转化人员提出了更高的要求。建立一批数量足、素质高的农业科技推广人员队伍，对振兴农村经济、发展农业生产、促进农村社会全面进步具有十分重要的意义。建立和完善农业高校、科研院所、涉农企业、农业专业技术协会科技推广专家（科技人员）数据库。农业科技示范项目、基地实行首席专家负责制。首席专家主要由农业高校著名专家教授组成。项目、基地推广人员实行首席专家和科技推广人员双向选择招聘制。人才招聘根据示范项目、基地和产业发展需要，实行动态管理。在农业科技推广过程中，以项目、基地为纽带，吸纳基层科技推广人员和涉农企业优秀人才，建立协作和利益关系，以充分调动科教人员、涉农企业、农业专业技术协会和基层农技推广人员等多方面的积极性。

在所有推广主体中，农业教育机构人才济济，具有多学科、多专业的农业科技推广服务人员，在资源配置、创新团队建设方面优势明显。因此，必须建立适合市场经济和农业发展要求的良性循环人才机制，建立有效的人才激励与约束制度，激励农业教育机构科教人员积极投身于技术创新与农业推广服务之中。建立和完善农业科技推广奖励制度，更好地利用激励机制，加大对直接从事农技推广服务体系有功人员的奖励力度。对那些取得重大成绩、创造显著经济效益的人员给予重奖。实行严格的绩效考核和奖励制度，要加大农业科技推广项目获奖人员的比例，科技推广奖励要与其他奖励享受同等待遇。在职称评比工作中，把农业科技推广、转化应用情况作为重要考核内容，适当增加高级专业技术职务岗位名额，以引导科技人员和科技管理人员加强农业科技成果的推广应用。调整科技成果鉴定和奖励的评价取向。目前，许多农业科研成果直接为报奖和评定职称服务，其技术成熟度比较差。为鼓励科研机构从一开始（即选题立项时）就立足于开发涉农企业、农民群众乐于接受和便于推广、应用的成熟技术，就必须对目前的科技成果鉴定和奖励政策进行调整，将申请鉴定和报奖的农业科研成果的实用性和技术成熟度作为重要的评价内容，使通过鉴定或获得奖励的农业科研成果能够更有利于推广、应用。农业科研成果鉴定和奖励评价取向的这种调整，应成为促使科研院所和农技推广服务机构工作重心转移的有效杠杆。

在激励机制建设的过程中，农业科研人员和农技推广服务人员的收入逐步由工资制改为"工资制＋项目成果产出和推广应用的绩效收入"。即按照一定比例，根据科研成果产出以及推广应用数量、质量支付科研人员和农技推广服务人员的薪金，将农技服务人员收入与农业科技项目推广应用绩效直接挂钩，加大对科研人员的激励力度，实现农业科技成果有效转化应用于农业生产中。

保护科研院所和科研人员的知识产权。农业基础科学的研究有益于整个社会，国家的项目由国家相关部门定价收购付款，有偿使用；地方区域性项目则由相关组织、实施部门给予经费和政策支持；而对于农业企业类研发项目，科研人员作为人力资本投入者，同时也承担科研风险，应当获得股权并参与年终分红，使科研人员不仅成为涉农企业的劳动者，而且成为涉农企业产权的所有者。

5. 保障机制

（1）经费、投资保障

农业科技推广是一项社会公益性事业，离不开国家在政策和经费上的支持。要切实加大政府对农业科技的投入力度，突出支持农业科技成果的转化和技术创新，特别要保障基层农业科技推广机构人员的工资供给和工作经费。农业高校科技推广创新体系经费主要由国家设立专项资金，以项目任务下达。对涉农企业参与、产业化程度较高、效益明显的产业化项目，以企业投入为主，积极鼓励专家入股、个人集资等多种形式筹措资金，和高校、科研单位共同协作建立农业科技推广体系，逐步建立以国家投资为主、社会经济组织为辅的多元化投资体系。

（2）法律法规制度保障

构建稳定、有效的新型农业科技推广服务体系，必须有稳定的农业科技推广法规政策作为保障，以确保农业科技推广体系建设的稳定性和发展的连续性。目前，与农业科技推广有关的法律主要有：《中华人民共和国农业技术推广法》《科学技术进步法》《农业法》《农业技术合同法》等。这些法律对农业科技推广和农业科技应用起到了极大的促进作用。

加强执法监督。我国农业科技推广体系的构建和改革过程，缺乏与法律和政策配套的实施机制，使得出台的法律法规和政策措施在实际中没有得到很好的贯彻落实。例如，虽然《中华人民共和国农业技术推广法》规定基层农业技术推广机构为全额拨款事业单位，但目前全国乡镇农技推广机构预算管理形式却多种多样；虽然推广法规定农技推广机构的专业技术人员占全部推广人员的比重要达到80%，但实际上，全国情况普遍低于80%的规定标准。违法违规现象时有发生，如截留推广人员工资和推广事业费等。因此，国家执法监督部门应加强对农业科技推广活动和法规实施情况的监督，通过法制监督，规范农业科技推广项目规划和资金的管理，促进农业科技推广向规范化、科学化方向发展。

市场经济体制下，农业科技推广政策要遵循市场运行机制，促进技术、资金、人力等生产资源的有效组合，提高科技推广的效率和技术应用的效益，适应市场环境变化的需求，完善多层次、多元化的新型农业科技推广体系的发展。国家应制定相应政策，实行政府行为、科技行为、企业行为与农户行为相结合，科学研究、科技推广、企业利益与生产需求相结合，技术咨询、科技服务和技术转让等多种形式相结合。

因此，加强立法和完善科技推广法制建设是稳定农业科技推广服务体系的重要保证。一方面，要不断修改和完善现行法律制度，使之适应市场经济发展的要求；另一方面，要继续出台一些新的法规，保障非政府农业科技推广组织发挥科技推广作用，促进科技推广队伍的多元化发展。同时，还应加强农业科技推广的法制监督，即由政府执法监督部门对有关农业推广法律的实施情况进行监督。

（3）组织保障

实行产学研、农科教相结合，建立开放、流动、竞争、协同的运行机制，优化配置农业科学研究、农业教育和农业科技推广资源，加强协调，通力合作，形成合力，切实加强农业科技创新能力和提高农业科技成果转化率。对项目的推广要实行推广单位一把手责任制下的课题组负责制，每个推广项目都有专门的技术人员牵头来进行，注重推广网络的建设，使推广网络有序运转，做到村村都有示范户。

（4）人员保障

稳定现有农业科技推广队伍，同时创新人员使用机制，实行一套能激发推广人员主动性、积极性和创新精神的人才使用机制，结合人事行政管理部门推行的事业单位全员聘用制，实行岗位聘任，根据单位职能，重新定编、定岗，按照市场经济法则，以竞争促进步，运用竞争机制进行人才的选拔聘用，竞争持证上岗，建立完善的岗位管理制度，真正做到人员能进能出，职务能上能下，待遇能高能低，鼓励先进，促使优秀农业科研人员、农技推广人员脱颖而出，实行利益向关键岗位倾斜，多劳多得，贡献大奖励高。

第六节　加快农业科技发展政策措施

一　加大资金支持力度

第一，加大农技推广的财政资金投入，创新投入分配机制。

农技推广服务是一项国家、消费者均会受益的公共事业，所以，政府应在农技推广投资中占主导地位，加大财政投资力度。这一原则应该在法律法规的层面上得到更明确和更具体的规定，从而能以法律手段确保政府投入的稳定性、连续性和递增性。

第二，设立农业科技推广基金，弥补政府推广经费不足。农业科技推广基金会的资助对象主要是乡（镇）一级的农业科技推广事业，资助的方式主要有5种，①通过表彰、奖励对农业科技推广事业做出突出贡献的乡（镇）农技员和优秀乡（镇）农技员来稳定基层农技推广队伍。②通过表彰先进乡（镇）农技站，来引导和鼓励乡（镇）农技站加强自身建设，增强农技推广队伍服务的责任心。③通过资助农业科技试验示范推广项目，支持乡（镇）农技站开展基层农技推广工作，使乡（镇）农技员有用武之地。④通过贷款贴息项目，资助农技站兴办经济实体，壮大服务实力。⑤通过资助欠发达地区乡（镇）农技站建设，提高贫困地区乡（镇）农技站的农技推广服务能力。

第三，完善推广项目的基金管理制度，加强资金使用的规范管理和跟踪监督。目前，农业科技推广项目一般要经过政府计划，采用计划的方式来管理，即通过政府核拨给农业科技推广部门一定的推广项目经费。虽然对项目经费的管理需要经过竞争，但仍要先通过当地政府再到科技推广人员，是逐级下达而非直接与项目执行者见面，所以容易造成项目执行过程中的资金不到位或流失现象的发生。因此，通过对科技推广项目实行基金化管理以及竞争申请或公开招标，可以有效地提高科技推广效率，使有限的科技推广经费得到最有效的利用。

二　加强农业科技人才队伍建设

第一，建立合理的人才选聘机制。农业科技推广人员的聘用，要根据按需设岗、竞争上岗、按岗聘用的原则，确定具体岗位，明确岗位等级，聘用工作人员，签订聘用合同。参加竞争上岗的在编人员，应具备竞聘岗位相应专业学历或取得国家相应职业资格证书。同时要按照市场经济的法则，以竞争促进步，运用竞争机制进行人才的选拔聘用，做到人员能进能出、岗位能上能下、待遇能高能低。

第二，健全考评激励机制。由于缺乏有效的激励机制，推广人员的推广结果往往与其利益并不挂钩，使推广部门及推广人员不注重推广效果，往往只是为了完成任务，更谈不上帮助农户进行生产决策和进行推广教育，推广人员与农户之间缺乏有效信息沟通。因此，应根据当地农业生产实际和农技推广服务的岗位职责，确定对农技推广人员的考核内容和方式，建立健全科学的绩效考评机制和指标体系，将农技推广服务的项目数量和实际效益纳入考核机制，强化农业科技推广人员的责任。

第三，建立有效的农技人员教育、培训制度。高素质的农技推广人才是实现农业现代化的决定因素之一。借鉴国外的经验，农技推广系统应把人才培养、素质提高放在重要的位置上。要有计划地对农技推广人员进行新成果、新技术、新动态、新方法培训和专业拓展培训，不断提高农技推广队伍素质，提升推广服务能力，适应现代农业发展需要，满足农民多样化需求。提升农技推广体系服务"三农"的能力和水平，满足农民调整产业结构、发展高效种养业的多样化需求，有效促进农业增效，帮助农民增收。要制订具体措施，鼓励农业科技推广人员参加继续教育和业务培训，并把农业科技推广人员参加继续教育学习的成果作为考核晋升的重要依据。

三 提升农业劳动力综合素质

第一，加大农村教育投入。①将农村科技教育纳入地方经济建设和社会发展的总体规划，增加必要的投入；改变在教育经费上重基础教育、轻成人科技教育的倾向，充分利用"绿箱"政策，增加农民科技培训财政预算，并根据实际需要逐年增加。②多渠道筹措资金，保障农村科技教育改革和发展的需要；在资金筹措上采取以中央和地方财政为主，以引入社会资金和学校自筹为辅的方式进行，实现资金来源多元化。③出台培训扶持政策。在税收政策方面，对参加农民培训的企业给予税收减免方面的政策，调动企业参加农民培训的积极性；在农民创业资金扶持政策方面，对参加培训的骨干农民，可优先提供贷款和政府贴息。

第二，建立农民科技培训需求的动态管理制度，有针对性地为农民提供各种科技培训，努力提高农民参加科技培训的参与度。①完善培训内容。在培训内容上，按照"有文化、懂技术、会经营"的要求，结合当地主导产业发展要求，切合农民致富增收的需求，对农民开展产前、产中、产后的技术要领培训，包括品种选择、生产过程的技术管理（如施肥、用药、动物防疫等）以及储藏、加工、销售各环节的培训。在此基础上，开展经营管理知识、必要的法律常识、农村生态环境等公共知识培训，注重农民的素质与能力的整体提升。②构建新型培训网络。以乡镇产业结构调整对人才和技术的需求为基点，依托县农职校、农广校专业优势，在县乡、村、户之间形成辐射网络，构建信息传播、科技培训、生产示范、项目推广的立体交叉服务网络体系；大力开展"科技大篷车""农技110"活动，建立综合农业科技推广服务体系，满足农民对科技的需要。

四　完善土地流转政策，发展农业生产规模化经营

一家一户的分散经营和农村劳动力素质下降（劳动力转移造成），使农村土地有所闲置，利用效率不高，而且不利于新技术的推广应用和现代农业发展，因此，应加强土地流转，发展规模经营。各区县根据自身优势，因地制宜、合理规划产业布局，加强土地治理等基础设施建设，积极创造优惠条件和良好氛围，制订土地流转、农业担保、农业保险等切实可行的优惠措施，促进城市、工业、商业的各种要素向农村流动，发展规模化生产和产业

化经营。这样既有利于新技术的推广应用，又有利于高效的现代农业发展和新农村建设，也有利于城乡统筹发展。

（作者：张扬）

参考文献

［1］ 金光斌：《关于实现我国生态环境可持续发展途径的探索》，《当代生态农业》2010 年第 6 期。

［2］ 包宗顺：《国外农业现代化借鉴研究》，《世界经济与政治论坛》2008 年第 5 期。

［3］ 谭爱花等：《我国农业现代化评价指标体系的设计》，《干旱区资源与环境》2011 年第 10 期。

［4］ 张新光：《当代法国农业资本主义发展的主要途径和特征》，《中国发展》2009 年第 2 期。

［5］ 徐秀丽、李小云等：《农业科技政策应以支持农民生计改善为导向》，《中国农村经济》2003 年第 12 期。

［6］ 杨戈：《走向现代农业——农业现代化与创新》，中国农业出版社，2003。

［7］ 林毅夫：《再论制度、技术与中国农业发展》，北京大学出版社，1999。

［8］ 王元、胥和平、刘冬梅：《农业新特点与农村科技战略选择》，《农业技术经济》2002 年第 5 期。

［9］ 曾福生、李明贤：《技术进步与农业增长方式的转变》，国防科技大学出版社，2001。

［10］ 李建军：《面向新农村建设的农业科技战略调整》，《科学对社会的影响》2006 年第 4 期。

［11］ 陈建伟：《我国农业科技创新效率研究》，河北农业大学博士学位论文，2010，第 14～19 页。

［12］ 段莉：《典型国家建设农业科技创新系统的经验借鉴》，《科技管理研究》2010 年第 4 期。

［13］ 王红玲、柏振忠：《世界农业科技服务系统比较与借鉴》，《科技进步与对策》2004 年第 12 期。

［14］ 张静：《我国农业科技创新能力与效率研究》，西北农林科技大学博士学位论文，2011。

第六章 政府在农业发展中的角色

改革开放以来，中国农业发展取得了巨大成就，但是，距离未来对中国农业发展的要求仍然很远。未来的中国农业发展要求在国内实现农业现代化，在国际上，要在符合 WTO 规则的条件下不断提升我国农业的国际竞争力。从国内讲，农业现代化是中国农业的发展方向，现代农业是中国农业的发展目标。从国际上讲，WTO 规则也对中国农业提出了诸多要求，不断提高我国农业竞争力，充分利用 WTO 规则并真正融入 WTO 是中国农业发展的必然要求和发展趋势。

纵观世界各国农业发展，几乎所有国家都对农业进行支持保护，政府作为社会经济中心，在国家农业发展中所起的作用无可替代；尤其是在发达国家的农业发展过程中，政府更是对农业发展起到了异常重要的作用。我国要实现农业现代化，同时不断提升农业国际竞争力，就必须充分认识政府在一国农业发展中的作用，从而正确定位我国政府在农业发展中的角色。

为此，我们首先必须弄清楚，农业为什么需要支持和保护，其理论依据是什么。其次，要了解在发达国家和地区，尤其是在美国、日本、欧盟等主要发达国家和地区的农业发展演变中政府担当了什么角色，起到了什么作用。无疑，借鉴发达国家和地区经验，对我国农业发展中的政府角色研究具有重要参考意义。再次，了解我国政府在农业发展演变中的作用与现状。最后，在此基础上，探索既符合中国实际，又能满足未来发展要求的我国政府在农业发展中的角色定位。对这几个方面的研究也就构成了本文的主要内容。

第一节　农业是一个需要支持与保护的产业

农业是人类社会存在的基础，是国民经济其他部门赖以生存的基础，也是国民经济各部门进一步发展的基础。随着一国经济的发展，农业与其他产业相比，比较优势下降，农业生产要素不断流失，农民收入相应降低，这不仅是个经济问题，而且容易引发社会和政治问题，因此，必须对农业进行支持保护。农业支持保护政策的制定、实施必须建立在一定的经济、社会理论基础之上，否则，农业支持保护政策很容易偏离社会经济的发展方向，不仅难以达到预设的政策目标，还容易造成更大的效率损失，甚至出现更为棘手的社会、政治问题。农业支持保护政策的理论依据主要有以下几个方面。

一　从经济学意义上讲

1. 农业的弱质性

农业的弱质性是指农业部门与非农部门相比，总是处于相对不利的地位，自我发展能力较弱。与非农产业相对而言，农业科研周期较长，技术进步慢，同时，相对素质较低的农业剩余劳动力转移到非农产业的速度较慢，因此，农业劳动生产率较低；与非农产品和服务相比，农产品价格需求弹性小，且具有数量大、价值低、不耐储运等特点，使其难以根据市场状况及时调节供给，使得农业贸易条件不断恶化；随着经济的发展，土地、资金和较高素质劳动力等生产要素用于农业的比较利益远远低于其他产业，受利益驱动，农业生产经营中这些生产要素的流失不断增加，造成农用土地不断减少、资金短缺、农业高素质劳动力的缺乏，使得农业发展后劲不足，这说明农业具有天然的弱质性，这些问题的解决必须依靠政府对农业的保护。

2. 农业的不稳定性

农业生产过程是自然再生产过程和经济再生产过程的统一，在这个过程中，自然风险与市场风险交织在一起，很容易导致农业的波动。首先，农业生产周期长，生产不易调整，容易导致农业生产波动。其次，农产品大多具有易腐性、不耐久藏、储藏费用高等特点，使得农产品一经产出，就必须出清，否则，价值很容易丧失。再次，农产品的短期供给弹性较小、需求弹性更小，难以实现农产品的市场供需均衡，容易产生蛛网效应。最后，国际、国内宏观经济形势的变化，也会对农业造成冲击。因此，农业的不稳定性要求政府要建立农业保护政策。

3. 农业的公共产品属性

公共产品，是指具有非排他性和非竞争性的产品。非排他性，是指即使某一经济主体并未支付相应的费用，也无法将其排除到对该产品的消费之外；所谓非竞争性，是指不会因某一主体的消费而减少其他主体对该产品的消费量。同时具有非排他性和非竞争性的产品被称为纯公共产品，而具备这两个特性中任一特性的产品则被称为准公共产品。农业的多功能性特征（经济功能、生态环保功能、社会功能等）决定了农业不仅提供商品产出，而且提供非商品产出；农业多功能性所提供的许多非商品产出（如粮食安全所带来的社会稳定，良好环境所带来的生活高质量，生物多样性所带来的选择价值和存在价值等）具有不同程度的非排他性和非竞争性，即具有公共产品或准公共产品的部分特性，因此，农业多功能性特征决定了农业的公共产品属性。同时，农业科研、农业基础设施、农业公益性服务等农业投入品也具有公共产品或准公共产品属性。市场机制难以有效地解决农业公共产品问题，这也体现了政府实施农业保护政策的必要性。

4. 农业的外部性

农业的公共产品属性带来正外部性，如经济缓冲作用、保持农村经济活力等对经济的外部性，形成农业景观、保持生物多样性、保护水土和环境等对生态环境的外部性，发挥就业缓冲、维持社会稳定、社会福利替代等对社会的外部性等。市场机制无法全面反映农业活动的全部成本或收益，从整个社会来看，无法达到资源配置最优，从而引起社会福利的下降。农业的外部性也决定了政府必须通过对农业进行支持保护，以修正市场经济的缺陷，促进资源优化配置，增加社会福利，实现农业可持续发展。

二　从贸易理论视角看

从贸易理论视角看，农业保护也是一个历史概念，只是在生产发展到一定阶段才出现的。在传统的农耕文明中，农业处于社会生产的主导地位，农民收入相对较高，不存在需要保护的问题。只是到了农业发展的一定阶段，即农业在整个经济中与其他产业相比，比较优势下降，农业从整个经济中获得的利益少于社会平均水平，此时，农业才开始需要保护。

一国国内农业生产成本下降速度低于国外农业生产成本下降速度，或者国内工业生产成本下降速度高于国外工业生产成本下降速度，都会导致该国农业比较优势下降（速水佑次郎、神门善久，2003）。在国内，随着一国的经济增长，农业中的土地、资本、劳动力等要素流向非农部门，农业部门要素数量减少、质量相对降低，其比较优势相对下降；且非农产业增长越快，农业的比较优势也就丧失得越快；农业比较优势下降会形成农业与非农业部门之间收入差距，这就提出了农业需要政策保护的理由。在国际上，在世界经济一体化趋势下，由于各国存在着农业资源禀赋差异和比较优势差异，处于相对劣势的国家农业将面临国际市场竞争的压力和冲击。因此，大多数国家一般都对缺乏比较优势的农产品采取关税、配额等措施实行进口保护。

三　从社会和政治角度考察

农业不仅是经济问题，而且事关国家安全和社会稳定，因而也是政治和社会问题。在发达国家，农业日益成为一个政治和环境议题；在发展中国家，农业更多的是一个经济和社会议题（何传启，2003）。

从政治层面讲，对农业的支持保护是一国"粮食安全"和"国家安全"的需要。粮食是每个国家，尤其是大国安全的重要战略因素。首先，粮食是人们的生活基础。其次，粮食是关系到国家安全的重要战略物资。在动荡不安的世界环境下，主要农产品，特别是粮食的生产依靠外国进口是极不安全的；如果粮食无法自给，一旦发生战争，粮食将成为一国安全保障的严重威胁。农业发展事关粮食安全和国家安全，必须予以支持和保护。

从社会层面讲，首先，农业是人类社会存在的基础。确保稳定地供应保证国民生存和健康基础的粮食是国家承担的基本责任和义务，是关系到国民生存权的重大问题。其次，农业在国民经济和社会发展中居于基础性地位。农业不仅是经济增长的原动力，是经济发展的支撑和保障，而且也是国民经济其他部门独立化和进一步发展的基础。再次，在我国目前的现代化进程中，不同产业比较收益的差异也可能引发社会不稳定，造成社会安全问题。根据贸易理论，随着农业比较优势的下降，应顺其自然，将丧失优势行业的资源优化配置到其他部门。但是，由于农业在一国国民经济发展中的基础性地位，尤其是当农民的收入全部或主要来自农业时，对农业的保护就不仅关系到整个国民经济的发展问题，而且关系到农民的生存问题。最后，农业在一定程度上承载了农村社会保障功能。因而，对农业的支持保护就成为对一国政府的必然要求。作为政府，不管是从农业的基础地位考虑还是从对农民生存问题的关心考虑，都不得不对农业采取一定的保护措施。这也是大多数发达国家和新兴工业化国家对农业采取支持保护政策措施的根本原因。

第二节　主要发达国家政府在农业发展中的作用

现代化始于 18 世纪 60 年代英国开始的工业革命，至今已历时两百多年，其实质是把传统的农业社会转化为现代的工业社会。世界主要发达国家和地区如美国、日本、欧盟等已经先后实现了现代化。在它们各自的现代化和参与国际农产品市场竞争过程中，经历了各种不同的状况，积累了丰富的经验。我国目前处于工业化中期阶段，了解这些发达国家和地区在其农业发展过程中，政府如何通过农业政策调整、充分并灵活利用 WTO 规则支持保护农业发展，从而实现农业现代化，并不断提升农业国际竞争力，对于探索中国的农业发展道路，尤其是对于我国现阶段，即工业化发展中期的农业发展中的政府作用和角色定位具有重要意义。

一　主要发达国家农业现代化的发展模式

1. 农业现代化

农业现代化过程大致分为两类：一类是前沿过程，即发达国家的农业现代化，一类是追赶过程，即发展中国家的农业现代化。1763 ~ 1970 年的前沿过程是第一次农业现代化，是从传统农业向初级现代农业、从自给型农业向市场农业的转型；1970 ~ 2100 年的前沿过程是第二次农业现代化，是从工业化农业向知识化农业、从初级现代农业向高级现代农业的转型。两次农业现代化的协调发展是综合农业现代化，这是农业现代化的一条基本路径。综合农业现代化包括两次农业转型的联动和持续向知识型农业转变，具体地讲，包括农业机械化、市场化、绿色化、信息化、国际化的协调发展，以及农民收入和农业效率的提高、农民福利和生活质量的改善、农业在国民经济中比例的下降、国际农业竞争力和国际农业地位的提高等。从政策视角看，农业现代化的目标主要有提高农业生产力和农民生活水平，维持国家粮食安全和保护农业生态环境。一国农业现代化的政策选择必须尊重农业现代化的客观规律，必须适合该国的资源禀赋和现实条件。农业现代化的判断标准主要有三个：一是有利于农业生产力的解放和提高；二是有利于农民生活水平提高和农民全面发展；三是有利于国家粮食安全和农业生态环境保护。一般而言，实现农业现代化的基本标准包括农民收入、农业效率、农业结构、农业制度和农业观念等达到世界先进水平。农业现代化是一个历史过程，其发展具有路径依赖性和资源依赖性。第一次农业现代化的模式选择，受自身条件的影响较多，而第二次农业现代化的模式选择，更多地受到科技水平和国际环境的影响（何传启，2003）。

发达国家基本上都实现了第一次农业现代化，目前，这些国家第二次农业现代化正在进行中（下文所讲的农业现代化是指第一次农业现代化）。

2. 主要发达国家和地区农业现代化的发展模式

美国、日本、欧盟等主要发达国家和地区分别于 20 世纪 40 年代、60 年代、70 ~ 80 年代实现了农业现代化。不同国情决定了他们的农业现代化经历了不同的发展路径，表现为不同的发展模式。

（1）美国模式

以美国、加拿大等为代表，走的是农业机械技术主导、劳动力节约型的发展道路（Yujiro Hayami & Vernon Ruttan, 1985）。其特点是优先发展机械技术，大力提高农业劳动生产率；然后发展生化技术，大力提高土地生产率。此外，为了快速实现农业现代化，美国在其发展过程中主要采用了以下重要政策措施：确立适合农业生产的家庭农场制度，注重物质基础设施和社会基础设施建设，组织农业科研、教育和推广的"三位一体"体系，制定多种保护水土资源和生态环境的法律法规，等等。

（2）日本模式

以日本、荷兰为代表，从其土地资源稀缺出发，走的是生物技术主导、土地节约型的发展道路（Yujiro Hayami & Vernon Ruttan，1985）。其特点是优先发展生物、化学技术，大力提高土地生产率，然后发展机械化，提高劳动生产率。在日本农业现代化进程中，伴随着生化技术的开发，重视兴修水利等农业基础设施，注重合理栽培，并建立农业科研、教育以及推广制度，推动现代化发展，是农业资源禀赋较差的国家发展农业现代化的典型。

（3）西欧模式

以英国、法国、德国、意大利等西欧国家为代表，西欧这些国家既不像美国那样劳动力短缺，也不像日本那样耕地短缺，因此，其现代化是生产集约加机械技术的复合型模式，走的是节约土地和劳动力的农业现代化发展道路。其特点是同步发展机械技术、生物技术和栽培技术等，同样重视劳动生产率和土地生产率的提高。西欧国家在实现农业现代化方面采取了许多有效措施，例如，英国于1947年开始颁布了一系列鼓励、确保农业发展的法令，用法律的手段支持保护农业；制定了一系列保护农产品的价格政策；制定促进农业土地规模化、产业化形成的政策；对农业直接投资；对农业基本建设（如土地改良、田间供排水设施）提供补助；大力开发农业信贷业务；等等。法国在人多地少、土地分散和农场经营规模小的情况下，通过国家直接干预，控制土地的收购和转卖，改善了农场结构；兴建农业基础设施，发展农业科研与教育推广事业、提供农业信贷、组织与协调全国性的农业服务活动等；同时，法国政府还高度重视农业教育、职业培训、开发研究等在内的农业智力投资。

比较美国、日本、西欧国家等主要发达国家的农业现代化模式，可以发现，在其农业现代化过程中，农业现代化的政策选择尊重了农业现代化的客观规律，且适合国家或地区的自然禀赋和现实条件（何传启，2003），由此也表明了政府在一国农业现代化过程中的角色无可替代。主要发达国家政府在其现代化进程中担当了不同的角色，起到了不同的作用：美国一直以来实行的是市场经济制度，因此，政府并不直接干预市场运行，而是通过频繁出台和修订农业政策进行宏观调控，对农业进行全方位、多层面的支持和干预；在实现现代化的过程中，日本经济被称为管理型市场经济或规制型市场经济，政府在农业发展中的作用典型表现为政府主导，政府对农业生产和流通进行几乎全面的支持和干预；而西欧各主要发达国家政府的作用虽然不尽相同，但基本上都介于美国与日本之间，既非政府主导，也不是完全的间接干预，而是政府既有直接支持和干预，更多的是间接干预，基本上让市场发挥基础性作用。

二 主要发达国家政府在农业支持保护中的作用

美国、日本、欧盟等主要发达国家和地区的政府不仅在各自的农业现代化中发挥了积极的不可替代的作用；而且在国际农产品市场竞争中也发挥了极为重要的作用。归纳起来，主要发达国家政府在其农业支持保护中的作用有三种典型模式：美国模式、日本模式和欧盟模式。

1. 美国模式

（1）美国农业支持保护政策的历史演变

美国农业支持保护政策始于 1929 年的《农业销售法》，其核心是农产品价格支持政策。自 20 世纪 30 年代罗斯福政府制定临时农业法案以来，美国政府一直对农业实施巨额补贴政策，每隔几年都要根据农业面临的情况变化对农业法条款做增补修改，先后通过了 1949 年、1956 年、1981 年、1985 年、1990 年、1996 年、2002 年和 2008 年《农业法》。

美国农业支持保护政策的历史演变大致可以划分为三个阶段。

第一阶段，1933～1985 年，农业支持保护政策形成与修订阶段，农业支持保护政策以价格支持为核心。1933 年的《农业调整法》建立了价格支持和限产措施相结合的农业补贴制度，奠定了美国农业保护政策的法律基础。

第二阶段，1985～2002年，农业支持保护政策市场化改革阶段，政府农业补贴开始从价格支持向直接收入支持转变。在20世纪60～70年代生产能力严重过剩、巨额农业补贴导致的沉重财政赤字压力下，美国政府于1985年和1996年两次颁布农业法案，农业向市场化方向改革，补贴额逐年减少。尤其是在WTO《农业协议》正式生效后，为适应WTO规则，美国对其农业政策进行了重大调整，促使农业保护政策从"黄箱"政策向"绿箱"政策转变，这种转变集中体现在1996年开始实施的《1996年联邦农业完善与改革法案》，其主要调整如下几点。

其一，为了使美国农业完全过渡到市场经济，取消目标价格和差价补贴，同时实行多种收入支持措施，化解和分担农民的市场风险，保证农民收入稳定。

其二，为弥补取消目标价格和差价补贴造成的农民收入损失，在1996～2000年间设立弹性生产合同补贴，用直接固定收入支持替代国内价格支持。

其三，取消对农场主储备的补贴。

其四，为降低农户受到的国际市场和亚洲金融危机的负面影响，实行市场丧失补助政策。1998年10月开始实施该政策，1999年市场丧失补助支出28.57亿美元，2000年为55.4亿美元。

其五，解除大部分农作物的种植限制。美国农业政策虽然进行了上述重要调整，但只是主要框架的局部发生了一些变动，仍然保持了很强的连续性（李勤昌，2009）。

第三阶段，2002年以来，农业支持保护政策逆市场化阶段，农业补贴加快向收入支持为主方向转变。为扭转1997年亚洲金融危机影响所导致的美国农场主农业收入急剧减少的困境和WTO启动新一轮谈判的需要，美国出台了《2002年农业保障和农村投资法》，扭转了农业政策市场化改革步伐，重新走上贸易保护轨道。

其主要特点如下几点。

其一，大幅增加农业投入和补贴，农业补贴总额达到历史最高水平。根据该法，未来10年联邦政府对农业的补贴从1996年法案规定的1073亿美元增加到1900亿美元，年均190亿美元，增幅近77.2%。

其二，农业补贴范围为美国农业政策史上最广的。包括扩大了农产品反周期补贴和不挂钩直接补贴的范围，扩大了销售支持贷款和贷款差额支付的支持范围，把畜牧产品、水果、蔬菜等农产品纳入农业补贴范围，扩大了固定直接补贴和反周期补贴的面积范围。

其三，在补贴方式上主要采取"黄箱"措施，即主要通过固定直接补贴、贷款差额补贴和反周期补贴等农业补贴三大支柱措施，大幅度增加农产品补贴，将对种植小麦、饲料谷物、棉花、大米、油籽的农场主收入完全置于政府构建的三级"收入安全网"中。对乳制品、花生、食糖生产者继续提供价格、贷款补贴和进口保护。

其四，农业补贴的分配相对集中。新法案扩大了补贴范围，但农业补贴仍集中于少数农产品和少数规模较大的农场（王丽萍、蒋乃华，2005；叶堂林，2011）。2008年《农业法》不仅维持了2002年《农业法》的补贴，且进一步扩大了农产品补贴的范围，因此，农业支持保护政策仍没有发生实质性改变。尽管美国在WTO农业谈判中一直扮演着农业贸易自由化的主导者角色，但2002年以来农业补贴的巨额增加意味着美国农业贸易自由化的倒退，且近年来，美国的农业支持保护政策、制度不断完善和加强，这不仅与WTO农业谈判自由化趋向背道而驰，同时也是多哈回合农业谈判久谈不决的主要原因之一。

（2）美国农业支持保护政策现状

当前，美国农业支持保护政策大致可以分为三类：一是农业生产保护政策，二是农业对外贸易保护政策，三是农业生态环境保护政策（徐更生，2007）。

美国农业生产保护政策旨在通过对农业生产领域的保护使得农场主能够获得社会平均利润率，从而使农业生产能够按照国家的农业发展方向进行。美国农业支持保护政策中最重要、最核心的政策手段是农产品价格支持和收入支持政策，即主要通过固定直接补贴、贷款差额补贴和反周期补贴等农业补贴三大支柱措施，为种植小麦、饲料谷物、棉花、大米、油籽等主要农作物的农场主提供巨额补贴，使其生产可以不必考虑市场状况，为其构建三级"收入安全网"；对乳制品、花生、食糖生产者继续提供价格、贷款补贴和进口保护。另外通过储存或缓冲库存计划、土地休耕保护计划、农业保险、农业灾害补贴等，把农场主收入完全置于政府补贴的安全网中。OECD指出，对生产和贸易有扭曲作用的补贴依然在发达国家农业补贴中占较大比例，其中，应对国际市场价格波动、确保国内农产品价格稳定的市场价格支持补贴额最大，例如，美国2009年生产者支持估计值（PSE）占农业总收入的比例为10.6%，市场价格支持为1160亿美元，占其PSE的46%（农业贸易促进中心，2010）。

美国农业对外贸易保护政策旨在提高美国农产品的国际市场竞争力和市场份额。美国农业对外贸易政策已经形成了十分完善的农产品出口促销体系，为农产品出口提供全方位的服务，一是出口补贴，旨在通过给本国农产品出口补贴，降低本国农产品出口价格，增强本国农产品的国际市场竞争力。例如，2002年的《农业法》规定每年投资4.78亿美元援助因国外农产品实施出口补贴而蒙受损失的本国出口商。二是市场开发补贴，通过广告、国际农产品综合信息服务、技术援助等手段，扩大农产品出口需求。例如，在2002年的《农业法》中，美国计划在未来5年投资8.5亿美元用于提高美国农产品出口计划和拓宽国家市场。三是消除或减轻卫生、动植物检疫及其他形式的技术贸易壁垒而规定的出口补贴。四是通过出口信用担保计划，每年为本国出口商提供约 30 亿美元的信贷担保。

在农业生态环境保护政策方面，20 世纪以来，美国农业政策"绿色补贴"趋势愈加明显，并把农民收入保护与农业生态环境改善的目标有机结合起来。2002 年，美国《农业法》把农业生态环境补贴总额提高到创纪录的 220 亿美元，这些补贴用于土地休耕计划、农田水土保持、草地保育、湿地保护、农田与牧场环境等农业资源保护项目。这些项目以现金补贴和技术援助的方式，激励农场主自愿参加各种生态保护，使美国农业走上可持续发展道路。

（3）美国政府在农业支持保护中的角色及作用模式

由美国农业支持保护政策的历史演变及现状可以看出，贯穿美国两百多年历史的农业政策目标，可以归结为三个方面：提高农业生产率、增加和稳定农场收入、提高社会福利和促进农村发展（徐更生，2007）。为了实现这些政策目标，美国政府对农业发展不断加强干预，主要体现在以下几方面。

第一，为了提高生产效率，在独立后的美国政府引导下，在全国确立了特别适合于农业生产的家庭农场制度；逐步建设和完善了全国的基础设施，包括物质基础设施（铁路、公路、水路、码头、仓库、通信设备、电力供应等）和社会基础设施（科研、教育、卫生保健、良好的组织与管理等）；为了应对土地的掠夺性使用和化肥农药的广泛使用等造成的水土污染和生态环境破坏，1936 年开始制定了多种法律法规，保护水土资源和生态环境。

第二，为了增加和稳定农场收入，美国政府限制农业生产，控制市场供给量；通过扩大农产品工业用途、扩大农产品出口以及国内食物援助等扩大农产品需求。

第三，在农村劳动力素质较差，农村地区的经济难以发展、难以为农村居民提供更多的就业机会，城市与农村之间的差距扩大的情况下，为了增加社会福利和农村发展，美国政府努力发展农村地区的经济和文化事业。例如，美国政府组织大批城乡失业者修建农村公路、建设水库和水利工程、种树；制订和执行农村电气化计划等。

总体上讲，美国实行的是市场经济制度，美国政府也历来标榜自己执行的是"自由放任政策"，注重在农业发展中市场在资源配置中决定性作用的发挥。自 1933 年经济大危机以来，为了应对各种不利状况，美国政府频繁出台和修订农业政策，通过永久性立法和阶段性立法相结合的形式，对农业提供全方位、多层面的支持和干预，已经形成十分成熟和健全的农业支持保护政策体系。从美国农业政策的历史演变中可以看出，美国政府的农业支持保护中走的是"之"字形道路。第一阶段，对农业采取较强的管理与保护措施；第二阶段，1985~2002 年，农业补贴政策向市场化改革，农业补贴开始从价格支持向直接收入支持转变；第三阶段，2002 年以来，农业补贴政策逆市场化，农业补贴政策加快向收入支持为主方向转变。由此表明，美国政府在农业发展中的作用模式表现为，政府并不直接干预市场，而是通过及时的农业政策调整间接干预市场，但是，其对农业经济的干预随着国民经济的发展而不断加深。美国政府在农业发展不同阶段的角色从较强的间接干预者向弱化的间接干预者，再到强化的间接干预者转化。

2. 日本模式

（1）日本农业支持保护政策的历史演变及现状

日本是二战后对农业保护程度最强、保护时间最长的国家之一，目前已经是仅次于欧盟的第二大农业补贴大国。日本农业支持保护政策的历史演变可以分为两个阶段（中国农业代表团，2000；叶堂林，2011）。

第一阶段，二战后到1994 年，解决粮食供给短缺和平衡工农收入、逐步引入市场竞争阶段。其中，1945~1960 年为重点扶持农业基础设施和粮食供给的阶段，1961~1994 年为平衡工农收入的价格保护阶段。为了应对二战后出现的最严重的食品短缺问题，日本政府确立了以粮食自给为目标的政策。1961 年的《农业基本法》的政策目标是提高农业劳动生产率，以实现工农收入平衡。

采取的政策措施主要有，一是价格支持政策，主要包括管制价格制度、最低保护价收购、价格稳定带制度、价格差额补贴、价格平准基金制度等。二是财政补贴支持政策，主要包括农田水利建设补贴、农业生产资料投入补贴、农业科研投入、灾害补贴和农业保险补贴等。三是信贷支持政策，主要是农业信贷补贴制度。此外，政府还通过农产品进口的政府垄断、关税和进口配额等边境措施保护日本农业。从 1955 年日本加入"关贸总协定"到 1994年 WTO 农业协议签订前，日本政府直接管制农产品的内外贸易，对本国农业生产和农产品流通实施了一系列强有力的支持保护政策措施。

一是对粮食的国内流通和价格管理从高度集中统一到逐步放宽并引入竞争的过程。从二战前后的政府"直接管制"到 20 世纪五六十年代的"全部收购、直接管制"，到 20 世纪七八十年代的"部分收购、直接管制"的过渡，到 1990 年"自主流通米价格形成机构"的设立，逐渐形成了通过市场竞争形成市场粮食价格，成为批发交易的价格基础。

二是对国内主要农产品（尤其是大米）给予巨额财政补贴，主要用于农业生产预算与农产品的价格补贴，这是二战后日本农业支持保护最直接、最主要的手段。到 1965 年，日本已成为农业支持保护水平最高的工业化国家之一（王德祥，2008）。早在 1971年，日本政府仅对大米的财政补贴就高达 4633 亿日元。20 世纪 80年代以来，政府农业补贴一直保持在 4 万亿日元左右，1985 年，农业预算占当年农业总产值的 22.8%，1985 年，平均每公顷耕地农业预算额约为 3720 美元，相当于同期美国的 9.1 倍、英国的5.7 倍、法国和德国的 4 倍。

三是采取渐进的农产品贸易自由化政策。1961 年的《农业基本法》虽然仍然保留着浓厚的政府干预色彩，但开始允许少量农产品贸易自由化，标志着日本农业贸易自由化的开端。20 世纪 70年代中期开始，日本减少限制进口的农林水产品种类，农业贸易自由化加快。从 20 世纪 70 年代中期到 1986 年关贸总协定"乌拉圭回合谈判"开始，日美两国长期陷于日本对农产品进口严格控制的农产品贸易摩擦中。1991 年，日本开始对牛肉、柑橘等 12 种农产品实行高关税下的进口自由化。1993 年 12 月，乌拉圭回合农业谈判决定允许日本对大米实施"特别措施"，6 年后再实现关税化，至此日本农业才基本纳入 WTO 体制。

第二阶段，1995 年至今，农业支持保护政策市场化改革阶段。1995～2000 年从价格支持向收入支持转化，2001 年至今为价格支持与收入支持并存的阶段。为更加全面适应 WTO 农业协议和日本农业农村发展的要求，从 20 世纪 90 年代开始，日本政府进行了一系列改革，大幅度地调整了本国农业支持保护政策。

一是农业国内支持政策改革。WTO 农业协议要求各国削减与农产品生产直接挂钩且对贸易产生扭曲作用的"黄箱"政策，要求发达国家从 1995 年开始，以 1986～1988 年平均的"黄箱"政策综合支持量（AMS）为基准，到 2000 年必须减让 20%，"绿箱"政策可免除减让。据此，日本削减不符合 WTO 规则的"黄箱"政策，但继续干预农副产品价格形成机制，实施新的主要农副产品价格支持政策。日本基期的 AMS 额仅次于欧盟，为 49661 亿日元，其中，市场价格支持高达 47455 亿日元，占 95.6%；至 1997 年已削减至 31708 亿日元，削减了 36.2%，低于 2000 年约束水平约 20%；2000 年，日本的"黄箱"补贴总额为 7085 亿日元，只占其"入世"承诺水平 39279 亿日元的 18%，并且自 1998 年以来，占"黄箱"补贴较多的大米的支持量大幅减；同期，加大符合 WTO 规则不予削减的"绿箱"政策支持力度，如农业农村基础设施建设、农业科技研发推广、农业劳动者补助、农业金融补助、动植物防疫、农业灾害赔偿、农村环境保护等方面的国家预算大幅增加，"绿箱"政策支持额从 22044 亿日元增加到 26519 亿日元，增加了 20.3%，"绿箱"补贴占支持总量的比例高达 75%（杨秀平、孙东升，2005）。日本农业国内支持政策的基本方向是从价格补贴转向增强农业生产能力，这种转向有利于在农业生产经营中更多地引入市场机制、提高农业经营效率。但是，至今，日本仍然是仅次于欧盟的农业保护水平最高的国家之一，从 OECD 衡量农业保护程度的指标生产者支持估计（PSE）的总额来看，2011 年日本为611 亿美元，欧盟、美国分别为 1032 亿美元和 306 亿美元；按 PSE占农业生产总值的比例看，日本为 52%，明显高于美国的 7.7% 和欧盟的 18%。

二是在农业对外贸易保护政策方面，进行农副产品关税化改革，但是贸易壁垒仍然很高，关税保护依然是日本农业支持保护的主要手段。市场准入方面，日本在 1993 年底加入乌拉圭回合谈判农业协议之前，一直对农产品实行边境上的高保护政策，之后，承诺自 1995 年始实行农产品关税化改革，将除大米以外的所有涉及农产品的非关税措施加以关税化，并在此基础上进行关税减让。但对大米的关税改革分两步，第一步，1995～2000 年，适用关税化特别措施；第二步，2000 年后，向关税化过渡。从关税税率看，日本农产品进口关税呈现一种"金字塔式"的结构，即大部分品种的关税较低，但一部分高关税的品种十分突出。特别是为了保护其最为重要的农产品大米，自 1999 年日本实行大米进口关税化，将大米进口关税定为 351.17 日元/千克，税率近 400%。目前，大米仍然受到较高程度保护，据《日本经济新闻》2013 年 11 月 15日报道，由于国际市场大米价格大幅上升，日本国产大米价格下降，针对日本进口大米 1 千克征收 341 日元关税额，日本农林水产省将其原换算成 778% 的关税率，现调整为 280%。2004 年，日本的农业支持保护总额为 52830 亿日元，其中 91% 是通过高关税提高进口价格实现的，世界农业关税平均水平由 20 世纪 80 年代末期的 78% 降到 2004 年的 60%，美国由 39% 降到 35%，欧盟由 87%降到了 53%，日本却一直维持在 90% 左右（经济合作与发展组织，2005）。在农产品出口方面，为了保证本国粮食安全、提高农产品贸易的稳定性和预见性以及进口粮食渠道的稳定，日本一方面通过征收高额进口关税来控制某些农产品对国内的冲击；另一方面对严重依赖进口的农产品（如粮食）要求实施高关税、低补贴甚至禁止出口的限制措施。在卫生和动植物检疫方面，凭借在科技、管理、环保等方面的优势，日本在逐步实施符合 WTO 规则的措施同时，制订并实施了大量的技术性贸易措施，如 2006 年实施的新的食品管理制度"肯定列表制度"，堪称目前世界上最严密、标准最苛刻的农产品安全法规。

三是大米流通体制改革。1995 年的《主要粮食供求价格稳定法》即《新粮食法》对大米的流通管理做出了重大的调整，减少了政府对大米市场的直接干预，实行国家宏观调控下以民间流通为主的部分管理、间接管理，改变大米的价格支持并向收入支持转化；同时引进了市场机制，目的在于推动大米的生产、流通逐步市场化，促使农民面向市场做出生产决策。1997 年的《大米流通法》改革了粮食价格保护的方式，减少了政府对大米流通的财政直接补贴规模，改进了"政府米"与"自由流通米"的价格形成机制，使大米价格形成主要决定于国内市场供求。

四是农村政策调整。为保护本国农业和农民利益，基于农业多功能性，日本农业政策调整趋向于农业生态环境保护与农村文化保护。1999 年的《食品、农业和农村基本法》即《新基本法》取代 1961 年的《农业基本法》，继续农业政策调整的市场化方向，提出农业政策目标是稳定粮食供给、农业的多功能性、农业可持续发展与农村振兴。该法通过作物经营安定对策、作物直接补贴、山区和半山区农民的直接补贴、农业灾害补贴、生产资料购置补贴等政策措施稳定农民收入；强调农业的多功能性，加强对农业基础设施投入、农业种植结构调整、农业人才培养和农业资源环境保护的财政支持力度，把减少的对粮食的直接补贴用于农业的可持续发展和农村振兴。2005 年的新《食品、农业、农村基本法》提出从 2007 年开始实施"跨品种经营安定对策"，改革稻米生产调整及价格补贴，加大对农地、水资源、环境、农村文化等的保护以实现农业的多功能性和可持续发展。

目前，日本农业支持保护政策的运行现状表现出以下特点：高额农业补贴、高筑贸易壁垒、强调农业多功能性、注重农业生态环境保护与农村文化保护。

（2）日本政府在农业支持保护中的角色与作用模式

耕地资源十分有限、农产品高度依赖进口的日本不仅快速实现了农业现代化，而且农业生产整体上达到了世界先进水平，这在一定程度上应归功于日本政府对农业的高度重视，并实施了独具特色的农业支持保护政策体系。

回顾日本农业支持保护政策的历史演变可以发现，日本农业支持保护政策目标的变化：从二战后以发展粮食生产为导向，20世纪60年代以提高农民收入、平衡工农收入为导向，转变为现在以提高农业市场竞争力、保护农村发展为导向。同时，也透视出日本政府在农业发展中的作用模式：1994年之前为典型的政府主导，政府对农业生产和流通进行的行政干预和经济干预程度很大，在日本政府的主导下，包括中央一级的农林水产省系统，以及地方的农林管理机构对日本农业发展起着直接的重要作用。在1961年制定的《农业基本法》体制下，日本经济被称为管理型市场经济或规制型市场经济。这一制度特征在农业领域表现得非常明显，仅从农产品的价格管理看，就有大米等的管理价格制度，猪肉、蚕茧等的稳定带价格制度，甘薯的保证最低价格制度，牛奶、大豆等的差价补贴制度，蔬菜、鸡蛋的价格安定基金制度等5种类型。在1995年WTO农业协定的约束下，虽然日本政府逐渐降低对农副产品价格形成机制的直接干预，但是，政府对农业发展的间接干预程度仍然远远强于其他国家，典型表现在大米的流通上。日本农业国内支持政策的基本方向是从价格补贴转向增强农业的生产能力，实现农业的多功能性、农业的可持续发展和农村振兴，这种转向更加强了日本政府对农业的宏观调控程度。政府在农业发展不同阶段的角色则从主导者向强化的间接干预者转化。

3. 欧盟模式

（1）欧盟农业支持保护政策的历史演变

欧盟是世界上主要的农产品生产地区，也是第一大进口地区和第二大出口地区。欧盟在其内部实施共同农业政策，其带有严重保护色彩的共同农业政策历来都对世界农产品市场产生很大影响。

1957 年签订的《罗马协议》包含的共同农业政策（CAP），主要目的是提高农业生产力、保护农场主的利益、稳定农产品市场、确保农产品供应、确保消费者享受合理的价格，并通过市场机制保证目标的实现。自 1962 年共同农业政策开始实施以来，欧盟农业经历了从 20 世纪 60 年代农产品短缺到 70 年代自给自足，最后发展到 80 年代以后的农产品生产结构性过剩，西欧农产品市场与国际市场日益分割，西欧农产品价格显著高于国际市场价格，农业补贴支出急剧增加，农业补贴支出几乎占到欧共体财政预算的 2/3，造成了严重的财政危机。为了减轻农产品生产结构性过剩和农业补贴增加造成的财政危机，同时为了适应乌拉圭回合谈判的需要，1992 年，欧盟第一次比较全面地对共同农业政策进行了改革。改革的主要内容包括：一是逐步降低价格支持水平，控制生产。如谷物价格降低 29%，牛肉价格降低 15%；实施削减耕地面积计划，冻结 15% 的谷物耕种面积。二是为了补偿由于降低价格支持水平给农民带来的损失，价格补贴过渡到以价格和直接补贴为主的补贴，并把直接补贴与生产结构调整计划结合。改革后欧盟对农业的补贴主要体现在"黄箱"补贴上，占农业补贴总水平的 53%，而"绿箱"和"蓝箱"补贴均占 22% 左右。三是农业、农村结构调整政策。如通过建立基金鼓励保护环境，对 55 岁以上农业生产者实行提前退休制度，以便安置青年；扶持山区和条件差的地区发展农业等。

为了适应欧盟东扩的形势和来自 WTO 与贸易自由化的挑战，以及公众对共同农业政策下的环境、农村发展和农业生产方式的质疑，欧盟出台了《2000年议程》，其内容主要为：降低价格支持，鼓励竞争；保证农民的生活水平，通过提高直接收入补偿农民因降低价格支持遭受的损失；注重保护农业生态环境；建立新的农村发展计划，以支付酬金或创建农场贷款利息补贴的方法支持青年农民创建农场、提供培训、提前退休，鼓励农业环境保护。《2000年议程》是欧盟共同农业政策最为激进、最为全面的一次改革，这次改革确定了建立欧盟CAP的第二大支柱政策，即农村发展政策，并加强对其支持力度，突出强调了农业的多功能性和可持续性，以实现欧盟农村的可持续发展。这次改革既促进欧盟农业经济朝着贸易自由化方向发展，又为其新成员的加入创造了有利局面。

2003年的农业政策改革是对《2000年议程》的细化和强化，主要内容为以下几点。一是逐步削减对农产品的支持价格。针对多年来欧盟通过价格支持政策对农产品提供巨额补贴造成的财政负担，2003年改革新方案规定，2006年后的共同农业支出将冻结在2000~2006年的水平（考虑物价因素每年增加1%）。继续削减农产品价格补贴，如谷物支持价格降低5%，在未来10年内减少10%的种植面积等。同时，根据欧盟东扩的新形势，提出2004~2006年对东欧10国的农业补贴按相当于同期欧盟15国水平的25%、35%和40%计算，2006年后每年增加10%，到2013年实行同等待遇，以控制补贴的扩大。二是为减少对农产品市场的扭曲，采用"单一农场支付补贴"制度，即用与农产品生产和价格不挂钩的直接收入补贴，替代之前对农民提供的各种类型的直接补贴，这是符合WTO关于农业补贴的规定最深刻的一次改革，使农业生产及贸易更趋向于市场化；将农业直接补贴与欧盟有关环保、食品安全、动物卫生和福利等方面的法规相联系，否则将扣减补贴标准。三是引入强制性动态调整机制，不断削减对大农场的直接支付补贴，将结余的资金转为农村发展基金，突出支持农村发展；同时，该方案增加了欧盟农业环境保护计划，大幅提高了对有利于环保、食品安全和动物福利的农业项目的补贴金额。2003 年共同农业政策的改革方案的突出特点：欧盟农业补贴的总额依然很高，总量并没有发生变化；农业补贴方式有了较大的转变，由"蓝箱"支持转变为"绿箱"支持，由过去以价格支持为主向增加直接补贴为主转变，从补贴农产品为主逐步向补贴生产者的方式转变；加强了对农村发展的支持力度。新方案进一步强调了对环境保护、食品安全、动物福利、职业安全水平等标准的建设和关注，提出采用新措施和增加资金投入促进农村发展；规定将大农场直接收入补贴的削减额作为成员国的发展资金以促进农村的发展。与 2002 年美国法案相比，欧盟新方案采取了更为积极的改革方式。一是欧盟农业补贴的范围缩小，而美国农业补贴的范围扩大；二是欧盟补贴方式从挂钩补贴向脱钩补贴转变，而美国农业补贴的主要方式仍然是挂钩补贴；三是欧盟的补贴向保护小农场倾斜，而美国则主要是保护大农场（宋波，2003）。

　　2003 年以后的改革都是在 2003 年方案基础上的细化和深化。2007 年，CAP "健康检查"，继续采用 2003 年改革采取的措施，总结 2003 年改革以来的经验，使 CAP 更好地适应拥有 27 个成员的欧盟所面临的新的机遇与挑战。为了应对食品价格飙升，2008 年的欧盟农业补贴政策改革，永久性结束自 1992 年开始实行的休耕政策；不再把补贴与产量挂钩，同时综合考虑环境保护、动物福利和食品安全等因素，改革更加彻底和深入，意味着欧盟农业补贴政策向前迈出了一大步，这将有利于欧盟农业生产更好地以市场为导向，实现可持续发展。同时，此次改革节余的补贴资金将用于支持落后地区的发展与环境保护。2011 年 10 月 12 日，欧委会公布了欧盟共同农业政策改革的法律草案，草案包括直接支付、单一共同市场组织、农村发展和监督管理等四大要素。

　　目前，欧盟共同农业政策的主要政策目标是提高欧盟农业在内部和外部市场的竞争力，建立具有欧洲特色的农业模式（尹显萍、王志华，2004），农村环境保护与农村发展。总的来说，CAP

到目前为止的改革对于提高农业生产率，稳定农产品市场，保障农产品供给，使农民收入免受世界市场波动影响，提高社会福利和促进农村发展等农业政策目标起到了正向的、积极的作用，使欧盟的农业政策朝着市场化方向发展。

（2）欧盟农业支持保护政策现状

当前，欧盟农业支持保护政策大致可以分为三类：一是农业国内支持保护政策，二是农业对外贸易保护政策，三是农业生态环境保护与农村发展政策。

一是农业国内支持保护政策。欧盟是农业保护水平最高的地区，从 OECD 衡量农业保护程度的指标生产者支持估计值（PSE）的总额来看，2011 年，欧盟、日本、美国分别为 1032 亿美元、611 亿美元和 306 亿美元；按 PSE 占农业生产总额的比例比较，欧盟、日本、美国分别为 18%、52% 和 7.7%。欧盟对农业的支持保护主要通过农业价格干预体系和与环境保护、粮食安全和动物福利等相联系的单一农场支付补贴体系来实现的。农业价格干预体系是欧盟共同农业政策的核心与基石，主要包含以下三种：目标价格、干预价格和门槛价格。20 世纪以来，欧盟强化了以市场化导向的改革，进一步修订了主要农产品的价格体系，并逐步把从 1992 年开始实行的与产量挂钩为主的直接补贴转向不挂钩的单一农场支付补贴，同时把单一农场直接支付满足粮食安全、环境保护和动物福利等方面的一系列标准相联系，"黄箱"政策开始向"绿箱"政策转化，但农业补贴总额依然很高，在欧盟农民收入中占相当高的比重。

二是农业对外贸易保护政策。在市场准入方面，世界农业关税平均水平由 20 世纪 80 年代末期的 78% 降到 2004 年的 60%，美国由 39% 降到 35%，日本一直维持在 90% 左右，欧盟由 87% 降到了 53%（经济合作与发展组织，2005）。在农产品出口方面，由于欧盟农产品生产水平和数量较高，欧盟鼓励出口，仅对少数产品实施出口管理措施。在卫生和动植物检疫方面，欧盟对食品、动植物及其产品和各种工业产品制定严格的检验检疫管理法规和标准。在经历了 20 世纪 90 年代的二噁英、疯牛病等一系列食品安全危机之后，欧盟对其食品安全体系进行了重大改革。欧盟先后公布了《欧盟食品安全白皮书》，提出对食品安全进行"从农田到餐桌"全过程监管的理念；成立了欧洲食品安全局，为欧盟食品安全管理的决策提供技术支持；出台了关于食品安全基本原则和管理程序的《食品基本法》，从而建立起了一个较为完善的食品安全法律体系。

三是重视农村生态环境保护与农村发展。欧盟十分重视农村环境保护和农村发展的动力问题、平衡问题和可持续问题，农村发展政策是欧盟共同农业政策的两大支柱之一（另一支柱为农业支持政策）。2005 年欧盟明确规定，2007～2013 年成立用于农村发展的欧洲农业农村基金，作为运作共同农业政策的基本金融工具，2007 年农村发展基金总额达到 2.28 亿欧元，2012 年达到 14.8 亿欧元。为防止农村发展过程中"只顾生产、不顾环保"的不协调局面，欧盟还通过规定资金使用比例的方式把农村建设有效地协调起来，规定不低于 25% 的发展基金用于土地整理和农村基础设施建设；不低于 10% 的发展基金用于培训农民，提高农民竞争力；不低于 10% 的发展基金用于农村经济多元化，为新兴产业提供资助等（严恒元，2011）。

（3）欧盟政府在农业支持保护中的角色与作用模式

回顾欧盟农业支持保护政策的历史演变可以发现，欧盟农业支持保护政策目标的变化：从 20 世纪六七十年代刺激农业生产，提高农民收入，80 年代在解决农产品生产结构性过剩和农业支出过高问题的同时，开始注重环境问题，到 90 年代初引入稳定调整机制，抑制农业支出过快增长，1992 年至今，从支持价格逐渐转向对给予农民直接补贴的收入支持，注重农业生产结构改善、环境保护和农村发展等问题，从中透视出欧盟政府在农业发展中的作用模式不像美国政府那样不直接干预市场，而是对市场有一定的直接干预，如干预价格制度，这对于稳定农业生产、农产品市场供给和农民收入具有重要作用，但是，这种干预的程度在逐渐降低，在向市场化方向迈进；欧盟也不像日本政府曾经的管理型市场经济或规制型市场经济，在农业发展中的主导作用很强，而是通过共同农业政策的调整，通过宏观政策调控强化对农业和农村发展的间接干预。总之，欧盟政府在农业支持与保护政策中的作用模式是不断加强宏观调控，减少直接干预，向市场化方向迈进。欧盟政府在农业发展不同阶段的角色则从直接干预者向强化的间接干预者转化。

三 主要发达国家政府在农业发展中作用的共性与个性

1. 主要发达国家政府在农业发展中作用的共性

政府在一国农业发展中的作用无可替代。从主要发达国家的农业支持保护政策的历史演变中可以看出，总的发展取向是不断向市场化方向迈进，宏观调控力度不断加强。在发达国家的农业发展过程中，政府的作用体现出以下共性。

（1）农业的支持与保护都进行了相对完善的立法，法律体系较为完备，且在农业发展过程中，根据不同历史时期的条件，不断调整农业支持保护政策

农业支持与保护政策基本上涵盖了有关农业的各个方面，包括农产品价格支持政策、农业税收支持政策、农业投入政策、农业信贷政策、农业保险政策、农业对外贸易政策等。WTO 农业协议签订之前，价格支持政策是各发达国家的主要农业保护政策，之后，为了趋向 WTO 规则以及各发达国家自身农业发展的需要，不得不逐步降低价格支持政策力度，转向收入支持政策，并适度削减农业补贴，农业补贴由"黄箱"政策向"绿箱"政策转变，贸易壁垒由关税贸易壁垒向非关税贸易壁垒转变，这也是世界各国农业政策演进的整体方向。

（2）巨额农业补贴是各主要发达国家对本国农业支持保护政策体系中最主要、最常用的政策工具

美国每年直接补贴农户约 200 亿美元，农民收入的 47% 来自政府补贴；日本政府每年对农业补贴的总额高达 4 万亿日元以上，农民收入的 60% 来自政府的补贴；2005 年，欧盟的农业预算为 439 亿欧元，农民收入中 60% 左右的收入是从各级政府得到的（刘植荣，2012）。

（3）对农业的一般性支持较强

美国、日本、欧盟一向非常关注对农业发展的一般性支持，例如，支持农田水利、交通、仓储、电力供应以及通信设备等物质基础设施建设，支持科研、教育和推广体系，以及卫生保健等社会基础设施建设。尤其是农业的科研、教育和推广体系的良好组织和运行，使其农业生产能够基本按照政府的政策意图进行。

（4）政府不断发展和完善农业生产要素市场和农产品市场

美国、日本、欧盟等主要发达国家和地区的长期的发展，对农业投入和管理的不断加强，使得他们的农业生产要素市场和农产品市场达到了相对完善的状态，从而也就使得国家的政策能够通过市场起到较大的作用，使市场在资源配置中起到决定性作用。

（5）农业生态环境补贴等农村发展政策开始进入农业支持保护政策范畴，并且力度不断加大

美国通过保护水土资源和生态环境，提高土地生产力；欧盟把农村发展政策确立为共同农业政策的第二大支柱政策，并加强对其支持力度，突出强调了农业的多功能性和可持续性，鼓励农业环境保护，以实现欧盟农村的可持续发展；日本强调农业的多功能性，加强对农业基础设施投入、农业种植结构调整、农业人才培养和农业资源环境保护的财政支持力度，大力支持农业的可持续发展和农村振兴。

（6）保护农村文化

农村文化是大多数国家文化的根，基于此，大多数发达国家在保护农业、农民的同时，也非常注重保护农村和农村文化。如法国、日本，尤其是日本特别注重农村文化的保护，且准备把对农村文化的保护作为WTO多哈回合农业谈判的工具。

2. 主要发达国家政府在农业发展中作用的个性

尽管各个主要发达国家在农业支持保护政策中表现出许多共性，但由于各国和地区的自然、政治、经济、社会、文化环境的差异，各国的农业支持保护政策表现出不同的个性特征，主要有以下几个方面。

（1）农业支持与保护政策立法方面

法律体系的完备程度上，美国强于日本和欧盟。美国的资本主义农业发展历史较长，政府一向重视农业的全面发展，在其发展过程中不断地适时修订相关政策和法律，农业法律体系较为完备。在影响立法的因素上，美国农业支持保护农业立法受到农业组织和利益集团的影响较大；欧盟各国一方面受到共同农业政策的影响，另一方面较多受到本国农业组织的影响，其农业立法基本上是建立在区域性上的；而日本在农业支持保护政策立法过程中，政府基本上起主导作用，农协也起着非常重要的作用。

（2）政府对农业支持保护政策的干预程度

从强到弱依次为：日本、欧盟、美国。日本的农业法律一般是作为农业政策的基本依据出现，在1995年之前日本属于政府主导型国家，政府更多地对农业发展直接干预，在WTO农业协议签订后则逐渐减少政府直接干预，加强对农业支持保护的宏观调控；美国重要的农业政策都是经过立法形成，美国政府的农业支持保护政策大多通过市场间接进行，较少对农业进行直接干预；欧盟则介于二者之间。

（3）农业支持与保护政策的具体形式上也存在着一定差异

例如，美国主要通过构建销售贷款条款、固定直接补贴和反周期补贴为农民构建"三级收入安全网",提供巨额收入补贴,另外通过土地休耕保护计划、储存或缓冲库存计划、农业保险、农业灾害补贴等将美国农业生产者收入完全置于政府补贴的安全网中。日本则对国内主要农产品,尤其是大米,给予巨额财政补贴,这是二战后日本农业支持与保护最直接、最主要的手段,即使在WTO农业协议签订后,支持数额仍然很大,同时,对进口大米实施高税率,以保护本国农业和农民收入。欧盟在WTO农业协议签订后,尽管农业补贴方式有了较大的转变,由"黄箱"支持转变为"绿箱"支持,由过去以价格支持、补贴农产品为主,逐步向增加直接补贴、补贴生产者方式转变,并加强了对农村发展政策的支持力度,但是,农业补贴的总额依然很高,总量并没有发生较大变化。

第三节 我国政府在农业发展中的作用

我国农业发展的目标主要包括两个方面:从国内看,要实现农业现代化;从国际上看,要提高我国农业的国际竞争力,从而能够合理参与国际农业生产分工,并获得合理的国际农业收入分配。这就对政府在农业发展中的角色和作用提出了新的要求。

从国内看,在农业现代化进程中,农业比较优势下降,导致农业人口向城镇转移,在农业人口绝对数和相对数下降的同时,农业劳动者素质降低;农用地也在一定程度上转向其他用途;资本的逐利性也使其从农业向其他产业转移。历史经验表明,农业现代化的实质和核心就是农民比重大幅减少、农业比重大幅下降、城市化水平大幅提高的过程(张新光,2008)。不同产业之间比较收益的落差是推动要素在产业之间转移的动力机制,同时,这种比较收益的落差也影响着经济、社会安全。根据国家统计局公布的数据,2013年,我国城镇居民人均可支配收入为26955元,比上年实际增长7%;我国农村居民人均纯收入8896元,比上年实际增长 9.3%；尽管农村居民收入增幅首次超过城镇居民收入，但是农村居民收入与城镇居民收入的绝对额仍然非常悬殊，其相对比值为 1:3.03。市场经济规律决定了中国要真正实现农业与非农产业收入平衡、实现农业现代化，仅靠市场的作用的是不够的，必须由政府出面解决。

从农业国际化进程看，农业的国际化主要体现为农产品市场的国际化，意味着一国参与国际农业生产分工和农业收入分配，在复杂多变的国际环境中，任何一国的农业政策变化都会对 WTO 规则产生影响，尤其是美国、日本、欧盟等发达国家和地区的农业政策变化。我国于 2001 年加入 WTO，承诺遵守 WTO《农业协议》和关税减让等规则，使我国在主要农作物国际贸易中处于不利地位，为了我国农业能够平等参与国际竞争并从国际竞争中获取应得的利益，也要求政府对我国农业进行保护，以改变这种不利状况。

我国农业现代化的目标和提高农业国际竞争力目标与国家支持保护农业的政策是并行不悖的。

一 我国政府在农业现代化中的作用

1. 我国的农业现代化

农业现代化是一个历史过程，具有时间跨度和发展路径；农业现代化的发展路径具有方向性、阶段性和结构性特征；农业现代化具有路径依赖性和资源依赖性。农业现代化的模式选择，受自身条件、科技水平和国际环境的影响（何传启，2003）。

现代农业是相对于传统农业而言的，我国学者对农业现代化的认识也是逐渐深化的，农业现代化的内涵也是随着时代的变化不断地演进、发展。① 20 世纪 50～60 年代把农业现代化视同为农业机械化。② 70 年代到 80 年代初期认为农业现代化不仅包括生产过程的现代化，还包括农业经营方式的现代化。③ 80 年代中期至 90 年代末期，突出现代科技（尤其是生物技术）的作用，对农业现代化的内涵增加了可持续的思想；以科学化、集约化、社会化和商品化来概括农业现代化的特征；并对农业现代化进行了拓展，其对象由农业延伸到农村和农民；其内容由农业生产部门延伸到农业资源环境和农民生活消费领域；其条件扩展到物质上、技术上、经济上、环境上等方面。④2000年至今，把农业现代化看作一个复杂的社会系统工程，在一定的内部条件和外部条件下将农业以及与之相关的主要社会经济问题纳入农村这一大系统之内综合分析，从农村和农业与其他相关社会经济方面的相互关系中研究农业发展问题，而不是简单地谈论农业自身的现代化（黄祖辉、林坚、张冬平等，2003）。

张冬平在总结之前学者研究的基础上，把农业现代化定义为"农业现代化是现代农业的基础，是现代农业的具体内容和技术及形式"。"现代农业是农业现代化发展的总体方向。农业现代化问题实际上是要解决如何更加有效地配置资源，提高土地、劳动产出率和资源利用率"。农业现代化具有相对性、动态性、区域性、市场性、技术性、多维性（技术、结构、制度等维度）和可持续性等特征（张冬平，2012）。

国内外学者分别从可持续发展、农业结构角度、区域发展、产业发展、科技、提高农民素质、政策、"三化"（工业化、城镇化、农业现代化）等不同角度提出了农业现代化的思路和发展模式。农业现代化的实现是多种因素相互作用、相互耦合的结果。在我国的农业现代化过程中，一方面要吸收借鉴发达国家的农业现代化经验和教训，同时要认清我国农业现代化是在改革原有城乡二元发展格局的大环境下进行的，与发达国家农业现代化过程的环境不同，因此，不能照搬发达国家农业现代化模式，而要充分考虑统筹城乡发展的前提；另一方面，在对我国整体农业现代化分析的基础上，应看到自然禀赋、经济发展、管理水平不同的各个区域的农业现代化面临的实施障碍与对策各异，因此，既要有国家整体农业现代化的宏观共性分析，也要有各个区域的微观个性分析（张冬平，2012）。

虽然新中国成立以来，尤其是改革开放以来，中国农业取得了巨大成就，但是，至今仍未实现农业现代化。中国农业现代化建设实施障碍集中体现在资源流动性差；农业生产经营规模小，远未达到现实条件下农业生产规模经营所许可的程度；农业产业化程度低；由于长期以来国家对农村农民教育的重视程度不够，资金支持不足，造成相对于城市而言，农民科技文化素质较低；农业投入严重不足，表现在相对于发达国家而言，农业投入绝对值虽然逐年增加，但是农业投入占农业总产值的比重严重偏低；农业科技进步速度慢、农业科技成果转化率低、农业科技成果推广应用还很差、农业科技进步贡献率低；以土地为核心的产权制度、传统的二元户籍制度、社会保障制度、税费制度制约着农业现代化进程；深层的文化观念问题给农业现代化带来巨大的阻力（张冬平，2012）。

2. 我国政府在农业现代化中的角色与作用

政府在一国的农业现代化中的作用无可替代。但是我国经过改革开放后几十年的努力，仍未实现农业现代化。究其原因，政府在农业现代化过程中作用的有力发挥，必须建立在其在农业现代化中的正确定位基础上。但是，我国政府在农业现代化中的角色定位并不适当，表面上看，是政府的手伸得太长，管得太宽，似乎无所不管。实际上，根本问题或者说深层原因在于之前政府没有正确的角色定位，从而未能理顺政府与市场的关系，延伸到其他相关方面也不能做好该做的事情，因而不可能实现农业效益和经济、社会整体效益最大化。以上农业现代化的实施障碍，如资源流动性差、农业生产经营规模小、农业产业化程度低、农民科技文化素质较低、农业投入严重不足、农业科技进步速度慢、农业科技成果转化率低、农业科技成果推广应用差、农业科技进步贡献率低，以及土地为核心的产权制度、传统的二元户籍制度、社会保障制度、税费制度不合理等各个方面，无不透视出政府的角色没有摆正，因而作用得不到充分发挥。

二 我国农业支持保护政策的演变与政策实施情况

1. 我国加入 WTO 在农业方面的承诺

2001 年，中国正式加入世界贸易组织，成为第 143 个成员。在 WTO 框架下，《农业协议》主要从市场准入、国内支持和出口补贴三个方面对各个成员的农业支持保护措施进行了规定和限制，我国有以下三个方面的承诺。

一是市场准入方面，中国承诺取消农产品非关税贸易措施，实行非关税措施关税化；削减关税，对农产品进口采取约束关税方式，对重要农产品实行关税配额管理。

二是农产品出口补贴方面，WTO 要求各成员国削减对农产品的出口补贴，以 1986～1990 年为基期，其中发展中国家在 10 年内分别削减出口补贴额的 24% 和出口补贴量的 14%。中国在这个基期的农产品价格低于国际市场平均价格，出口具有一定竞争力，因而，与以美国为首的发达国家的谈判结果是，中国承诺取消所有的出口补贴，包括价格补贴、实物补贴，也不享有发展中国家对出口农产品在加工、仓储、运输等方面给予补贴的权利。并且以后也不再采取任何出口补贴。

三是国内支持方面，首先，"绿箱"政策免于减让承诺。WTO《农业协定》不要求削减"绿箱"政策，也不限制其扩大和强化，对其既没有减让义务，也没有使用水平限制。其次，对于"黄箱"政策，中国承诺对特定农产品和非特定农产品的支持总量均不超过该农业生产总值的 8.5%，比发展中国家 10% 的水平低了 1.5 个百分点，不需要做出减让承诺。同时，我国还不享受 WTO 给予发展中国家的某些特殊和差别待遇，如发展中国家成员的农业可普遍获得的投资补贴、发展中国家成员的低收入或资源贫乏生产者可普遍获得的农业投入补贴等。由于中国没有实行限产计划，没有实行"蓝箱"政策，因而，不需要做出减让承诺。

2. 我国农业支持保护政策的历史演变

（1）农业政策目标转变

在不同的经济发展阶段，我国农业政策的基本目标都是保障粮食安全和增加农民收入；随着国内、国际经济的发展，我国农业政策目标趋于多元化，如增加了农业竞争力、环境保护、农村经济社会发展等目标；政策手段和措施也趋于多样化。从改革开放到 1997 年，我国农业政策的首要目标都是增加农业产出，确保粮食安全；1997 年后增加农民收入，缩小城乡差距成为首要的政策目标。2002 年修订的《农业法》强调国家把农业放在国民经济的首位，根据《农业法》涵盖的农业政策目标及加入 WTO 后，政府对农业在国内外市场的竞争力的更加关注，可以把我国农业政策目标表述为：粮食安全、食品安全、环境保护、农民收入、农业竞争力、农村经济社会发展。

（2）我国农业支持保护体系的历史演变

改革开放 30 多年来，我国农业支持保护体系随着工农关系、城乡关系的转变而逐渐演变，经历了由农业养育工业向工业反哺农业的阶段性转变，大体可以分为三个阶段（程国强，2012；丁学东，2008）。

一是 1978～1999 年，对农业的负保护阶段。新中国成立初期，我国优先发展重工业的工业化战略，国家的基本政策取向是工业化，即农业支持工业、农村支持城市，农业剩余成为工业化的基本源泉。因此，这一时期实行的是对农业的负支持、负保护。1950～1978 年，农业部门累计为国家提供税收达 821 亿元。1978 年开始的改革开放启动了市场化取向的农村改革，推动农村经济的快速发展。其主要特点为：①提高粮食收购价格，调动农民的生产积极性。②初步建立财政支农体系。支农投入逐年增加，1998 年财政支农资金首次突破 1000 亿元，用于大规模的农业综合开发、建立农业发展专项基金、扩大对农业信贷支持等。但是，农业税收仍呈增长趋势，农业各税从 1978 年的 28.4 亿元到 1990 年持续增长到 87.9 亿元，年均增幅达 9.9%。

二是 1999~2003 年，对农业取予平衡阶段。我国进入工业化快速发展时期，国家财政支农政策取向发生重大变化，从农业哺育工业改变为对农业的取予平衡。这些政策主要包括：第一，推进粮食流通体制改革，实施粮食保护价制度；第二，增加财政支农资金，主要用于农业基础设施建设。20 世纪 90 年代初，国家出台诸多政策文件，要求从投入比重和增长幅度上加大对农业的投入，并明确提出财政投资和银行信贷等要向农业部门"倾斜"。到 2003 年，财政用于农业的支出持续增长到 1754.5 亿元，年均增长 13.2%。在这一阶段，国家一方面征收税费，汲取农业资源，另一方面用于农业财政转移支付也快速增加，农业取予政策趋于平衡。

三是 2003 年以来，农业政策全面转型，进入正向农业支持保护阶段。这一时期，"三农"工作成为全党全国工作的"重中之重"，中共中央做出了我国处于"以工促农、以城带乡"发展阶段的重大判断，为实现促进农村经济社会全面发展和实现城乡一体化的目标，制定了工业反哺农业、城市支持农村和多予少取放活的基本方针，明确了中国特色农业现代化道路的基本方向与推进社会主义新农村建设的战略任务。为此，2004 年起，连续出台 11 个关于"农业、农村、农民"的中央一号文件，与《中共中央关于推进农村改革发展若干重大问题的决定》（2008），共同构成新时期我国农业政策的制度框架，财政支农政策的投入力度加大，公共财政对农村的覆盖范围不断扩大，支持保护农业的政策措施逐步增加，由此，我国农业政策全面转向对农业的正向支持保护。这一阶段的农业支持保护政策基本特征如下：价格支持成为支持农业的核心措施；农业补贴由流通环节转向生产环节，对农民直接补贴逐步成为农业支持保护的重要方式；农业补贴总额和支持水平大幅提高，农民负担大幅减轻；对农业综合服务支持持续增加。由此，我国农业支持政策从流通环节转向生产环节、从补贴消费者向补贴生产者全面转型，初步形成了价格支持、直接补贴和一般服务支持等功能互补，综合补贴和专项补贴相结合的农业支持保护政策框架。

（3）我国农业支持保护政策的历史演变

一方面是国内支持保护政策演变（宗义湘，2007）。国内的农业支持与保护政策主要包括农产品流通政策、价格支持政策、收入支持政策与农业税收政策等。

农产品流通政策方面，包括粮食、棉花和其他主要农产品的流通政策。以最重要的粮食流通政策为例，新中国成立后直到1984年的计划经济时期，我国主要实行的是粮食统购统销政策。1985～1997年的转轨时期，农业政策的核心是引入市场机制，农产品流通实行的是粮食合同订购和市场购销并存的双轨制，可分为几个阶段，其中，1985～1990年实行粮食合同订购政策，取消了"统购"，但未取消"统销"；1991～1993年通过购销同价和"保量放价"政策，废除粮食统购统销制度；1994～1997年，国家试图通过宏观调控，实现粮食生产在国民经济发展中的稳定器作用和对农民收入的调节作用。1998～2000年，国家实行了宏观调控下的市场粮食购销政策。2001年，我国加入WTO后，粮食流通体制改革进一步明确了市场化改革的取向，具体体现在2001年国务院发布的《关于进一步深化粮食流通体制改革的意见》、2003年国务院下发的《中央储备粮管理条例》和2004年国务院发布的《粮食流通条例》。总的来讲，粮食安全是我国农业政策的基本目标，市场化是粮食流通体制改革的方向。

价格支持政策。为保障粮食安全、提高农民收入，我国在1985年实行国家订购价后，分别于1987年、1988年、1994年、1996年提高订购价格；1990～1996年，粮食订购价格、议购价格和市场价格并行；1997～2001年，实行名义的"粮食保护价"，即降低保护价，缩小保护价范围；加入WTO后，2004年，我国全面放开粮食购销市场和价格，国家对重点粮食品种（水稻和小麦）实施最低收购价政策，自 2008 年起连续提高粮食最低收购价水平，而且在 2008 年，针对部分农产品价格下跌和"卖难"问题，在主产区对玉米、大豆、油菜籽等实施临时收储措施，且临时收储措施逐步常态化，还逐步提高农产品的临时收储价格。

收入支持政策。加入 WTO 后，我国的粮食生产政策逐渐由价格支持政策转向符合 WTO 农业协议规则的收入支持政策。我国的收入支持政策主要包括：粮食直补、良种补贴、农机具购置补贴、农资综合补贴等。2002 年，国家启动粮食直补试点，2004 年推广到全国，补贴方式主要有按农业计税面积补贴、按计税农产品常年产量补贴、按粮食实际种植面积补贴和按种粮农民出售的商品粮食补贴等四种。2004 年、2005 年、2006 年的粮食直补额分别为116 亿元、132 亿元和 125 亿元。2002 年，我国启动良种补贴政策试点，2004 年，建立农机具购置补贴，2006 年中央又出台农资综合补贴政策。这些直接补贴措施，成为现阶段我国农业补贴的重要组成部分，农业补贴总额和支持水平也大幅提高。上述四项直接补贴，从 2002 年的 1 亿元，2004 年的 145.2 亿元，快速增长到2009 年的 1274.5 亿元，2010 年财政预算安排的补贴资金达1344.9 亿元。2007 年开始实施农业保险保费补贴，从 2007 年到2009 年，该项补贴从 21.5 亿元上涨到 59.7 亿元，2010 年预算安排该项补贴资金达 103.2 亿元，比上年增长 75%。随着直接补贴项目不断增多、补贴范围逐步扩大、补贴强度持续增加，国家财政对农民的直接补贴持续增长。

农业税。为切实减轻农民负担，2000 年，中央启动农村税费改革试点；2005 年全面取消牧业税，同时农业税税率降低速度加快；2006 年 1 月 1 日，我国全面取消农业税。与 1999 年相比，取消农业税每年可减轻农民负担达 1250 亿元，平均每个农民每年减负 140 元。

农业综合服务支持持续增加。中央对粮食生产、油料生产、生猪调出、奶牛养殖大县实行奖励措施，以鼓励粮油产业发展；中央财政加大对水利骨干工程、小型农田水利工程、农业科研创新能力、良种繁育与技术推广体系、农技服务与农业病虫害防控、农业生态环境保护体系等建设的支持等。

另一方面是农产品国际贸易政策演变（宗义湘，2007）。从1992年乌拉圭回合谈判开始，我国的国际贸易体制进行了较大程度改革，与之相适应，农产品贸易政策也进行了相应的改革。①关税政策改革。削减关税，大大降低了对农产品的保护程度。2005年的平均关税已经降到1992年的1/3。对实行关税配额管理的农产品，配额内设置了很低的关税，2002年，10种关税配额产品的配额内关税平均为6%，配额外关税为55%，配额内外关税都处于WTO成员中的较低水平，远低于发展中国家的一般关税水平。而且，关税离散程度很低。②非关税政策改革。加入WTO前，我国的非关税政策主要是实行进口数量限制；加入WTO后，非关税措施发生了明显变化，体现在：国有贸易企业的出口垄断地位逐步被削弱；对重要农产品，如主要粮食作物、棉花、食糖和油料作物实行关税配额管理，且配额量逐年增加。但是不同配额的使用情况悬殊，关税配额对棉、油的保护程度已经大大降低。③增值税保护。由于对进口农产品的增值税按照商品结关价（商品到岸价加上关税和消费税）计算，而国内农产品的增值税按每个销售环节的购销差价计算，两者比率将近20:1，因此，增值税为我国农产品提供了额外保护。④出口补贴。加入WTO前，我国对水稻、玉米和棉花实行过出口补贴；但是，加入WTO后，我国承诺不再对粮食出口进行出口价格补贴。⑤动植物检验检疫标准和技术性贸易壁垒。加入WTO前，我国根据动植物卫生检疫（SBS）和技术性贸易壁垒（TBT）标准，限制过一些产品的进口。但是我国的这些标准与美国、日本、欧盟的标准相比，存在相当大的差距。这些改革使得对我国农产品的边境支持已经降低到发展中国家的最低水平。

3. 我国加入 WTO 后的农业支持保护政策实施情况

《农业协定》不要求削减，也不限制"绿箱"政策的使用。根据入世承诺，我国加入 WTO 后不仅在"绿箱"政策方面无减让义务，还可以扩大和强化实施农业"绿箱"补贴。在"黄箱"补贴方面，《农业协定》要求发展中国家成员从 1995 年起，以 1986 ~ 1988 年为基期，10 年内逐步将综合支持量（AMS）削减 13%，在此期间，每年综合支持量不能超过承诺的约束水平。根据入世承诺，我国对特定和非特定农产品的微量允许水平是 8.5%，并将生产资料等投入品补贴和投资补贴计入非特定农产品支持中。我国在 1986 ~ 1988 年农业综合支持量为负，无须承担 AMS 的削减义务，因此免除削减的微量允许水平（农业总产值的 8.5%）就是我国国内支持的约束水平。

我国农业支持保护政策实施的具体情况如下（李淑静，2013）。

（1）"绿箱"政策实施的三个主要特点

一是对"绿箱"政策的支持水平呈现逐年增长的趋势，1996 ~ 1998 年，中国"绿箱"政策支持水平年均为 1319.19 亿元，2008 年增长到的 5930.149 亿元，从 2006 年起，呈现急剧上升的趋势，1999 ~ 2008 年，年均增长率达到 22%。二是"绿箱"支持结构严重扭曲，其中，政府一般性服务支持所占比例最大。在我国"绿箱"政策支持的 4 个方面，即政府一般性服务、粮食安全公共储备、国内粮食援助、对生产者的直接支付，其中政府一般性服务支持比例最大，例如，2008 年一般性服务支持为 3551.26 亿元，占"绿箱"总支持水平的 59.9%；对生产者的直接支付（包括不挂钩的收入支持、自然灾害救济补贴、区域援助计划、农业环境保护计划）、粮食安全公共储备分别为 1798.93 亿元和 579.32 亿元，占"绿箱"总支持的 30% 和 10%；国内粮食援助所占比例最小，不足总支持水平的 0.1%。可见，"绿箱"支持结构被严重扭曲，直接转移支付给农业生产者的补贴所占比重较小。三是"绿箱"政策未充分利用。"绿箱"政策包括的 11 项措施中，还有 4 项空白，即收入保险计划、农业生产者退休或转业补贴、农业资源储备补贴、农业结构调整投资补贴。此外，政府从 2003 年开始对一般服务中的营销和促销服务进行补贴，2003 年的补贴额为 7.8 亿元，到 2008 年增长到 17.7 亿元；从 2004 年开始对直接支付中的不挂钩的收入支持进行补贴，2004 年的补贴额为 116.5 亿元，到 2008 年增长到 236.1 亿元，增长超过 1 倍。

"黄箱"政策方面：一是对特定产品的支持。特定产品是指政府定价收购的农产品，对其支持主要是通过市场价格支持来实现的，即现行的对某些农产品，主要是对粮食的保护价收购政策。以 1999～2008 年为基期，我国的特定产品包括大米、小麦、猪肉、玉米、油菜籽、大豆和棉花 7 种产品。除了 2004 年、2007 年、2008 年外，我国对特定产品的市场价格支持都为负值，但负保护水平呈逐渐下降的趋势，1999 年特定产品 AMS 为 -965 亿元，然后一直呈下降趋势，到 2003 变为 -273 亿元，2004 年为 42 亿元，2005 年和 2006 年为负值，2007 为 43 亿元，2008 年增至 102.4 亿元，而 2008 年的微量允许水平（农业总产值的 8.5%）是 4930 亿元，可见我国特定产品 AMS 远没有达到微量允许水平，还剩余大量的支持空间。二是对非特定产品的支持。非特定产品支持是指政府对农产品及农业生产资料的其他补贴和农业投资补贴（例如，贷款贴息）。1999～2005 年，我国的非特定产品 AMS 支持非常低，但是呈现上涨趋势，2006 年明显上升，2008 年达到 788.635 亿元，但仍未达到 2008 年我国的微量允许水平 4930 亿元，还剩余很大的支持空间。总起来讲，1999～2003 年，我国农业"黄箱"政策对农业一直处于负保护状态，直到 2004 年才得到好转，表现为 AMS 综合支持量变为正值，这与我国农业支持保护体系改变有很大关系，这些支持政策包括粮食最低收购价、农业税减免、种粮直补、良种补贴、农机购置补贴、农业生产资料综合补贴等。2006 年 1 月 1 日起开始全面取消农业税，政府角色开始从对农业剥夺者向农业补贴者转变。2007 年、2008 年我国综合支持量大幅度增长，表明我国正不断加大对农业的支持保护力度，正积极地使用微量允许剩余空间。

（2）"蓝箱"政策方面

由于我国目前"黄箱"支持空间未使用完，且没有实行限产计划，因此，我国尚未使用"蓝箱"支持措施。

从我国国内支持政策的实施情况看，我国完全履行了入世承诺，对特定产品与非特定产品的支持水平均低于 8.5% 的微量允许水平，且将投入品补贴和投资补贴都计入了非特定产品的支持水平。对于 WTO 农业协议免于削减和限制的"绿箱"和"蓝箱"措施，我国的绿箱措施还有 4 项空白，且没有使用"蓝箱"措施。根据我国加入 WTO 以来农业支持保护政策实施情况特点，我国农业支持保护政策应该进行调整。

（3）"绿箱"政策方面

由于 WTO《农业协议》并未对"绿箱"使用设置上限，因此，我国仍可以增加对"绿箱"的支持水平；同时应对"绿箱"支持结构进行调整，减少政府一般性服务等中间环节补贴，大幅度增加农民的直接补贴，增加政府对农民的一般性服务支出，加大对农业基础设施建设、科研教育、技术推广、病虫害防治的投入，实行无偿检验、检疫，建立农产品信息服务体系等；对我国的"绿箱"措施的 4 项空白，应根据国家财力和农业生产情况适时使用和调整。从"黄箱"政策实施情况看，我国还剩余大量的支持空间，因为"黄箱"政策具有直接的补贴效果，因此，我国应在财力许可的情况下尽可能使用"微量允许"的空间，同时改善"黄箱"政策支持结构，提高利用效率，把补贴更多地从流通环节转向生产环节，加大对农产品生产者的直接补贴。2002 年多哈回合谈判启动以来，迄今最新的谈判案文《农业模式修正草案（第四稿）》（2008 年 12 月）提出了新"蓝箱"支持的概念，这是与限产不挂钩的直接支付，支付总额为农业总产值的 5%，这为我国的国内支持提供了新的"蓝箱"支持空间。在国家财力允许的情况下，应适时采用"蓝箱"政策，加大国内农业支持程度。

综上所述，我国经过改革开放后几十年的努力，仍未实现农业现代化，究其原因，政府正确的角色定位不清，从而未能理顺政府与市场的关系，因而不可能实现农业效益和经济、社会整体效益最大化。改革开放 30 多年来，我国农业支持保护体系随着工农关系、城乡关系的转变而逐渐演变，经历了由农业养育工业向工业反哺农业的阶段性转变，但是，从国际、国内农业支持保护情况看，我国对农业支持保护水平仍远远落后于发达国家，且WTO 农业协议允许的我国农业支持保护空间仍然很大。因此，政府应根据我国农业发展目标，正确定位政府在农业现代化和农产品国际竞争中的角色，理顺政府与市场之间的关系，从而实现应该对我国农业、农村、农民的支持保护。

第四节　我国政府在农业发展中的角色定位

一　发达国家政府在农业发展中的角色

从以上发达国家政府在各自的农业现代化、农业支持保护中的作用模式，以及它们在农业发展中共性与个性分析可以看出：当今世界，发达国家政府在其经济发展中一直都在保护农业；在经济发展的不同阶段，由于农业发展目标以及自然禀赋、经济、社会、文化条件的差异，它们采取的农业支持保护政策手段与措施也有所不同。无论它们采取的手段和措施是否相同，对其农业发展都起到了较好的作用，这种作用背后最重要的、最根本的原因在于发达国家政府在各自的农业发展中根据本国农业发展目标与国内、国际经济形势变化，在农业发展中采取了比较合适的角色定位。

事实证明，发达国家政府在农业发展中的角色并非亚当·斯密所讲的"守夜人"，而是根据本国在不同经济发展阶段的具体情况采取了不同的角色定位。

美国政府的农业支持与保护中走的是"之"字形道路，即第一阶段，对农业采取较强的管理与保护措施；第二阶段，1985～2002年，农业补贴政策向市场化改革，农业补贴从价格支持向直接收入支持转变；第三阶段，2002年以来，农业补贴政策出现逆市场化趋势，同时农业补贴政策加快向收入支持为主方向转变。政府在农业发展不同阶段的角色从较强的间接干预者向弱化的间接干预者，再到强化的间接干预者转化。

二战前后，日本政府农业发展中的作用模式表现为典型的政府主导，政府对农业生产和流通进行的行政干预和经济干预程度很大，在1961年制定的《农业基本法》体制下，日本经济被称为管理型市场经济或规制型市场经济；在1995年WTO农业协定的约束下，1999年制定的《粮食、农业和农村基本法》，即《新基本法》取代1961年的《农业基本法》，继续农业政策调整的市场化方向，虽然日本政府逐渐降低了对农副产品价格形成机制的直接干预，但是同时，加强了政府对农业的宏观调控和间接干预程度。相应地，政府在农业发展不同阶段的角色从主导者向强化的间接干预者转化。

而欧盟在农业支持与保护政策中的作用模式和程度则介于美国与日本之间。欧盟不像美国政府那样不直接干预市场，而是对市场有一定的直接干预，如干预价格制度，但是，干预的程度在逐渐降低；也不像日本政府曾经的管理型市场经济或规制型市场经济，而是通过共同农业政策的调整，不断加强宏观政策调控，间接干预农业和农村发展。因此，欧盟政府在农业支持与保护政策中的作用模式是不断减少直接干预，加强宏观调控，向市场化方向迈进。政府在农业发展不同阶段的角色从直接干预者向强化的间接干预者转化。

二 我国政府在农业发展中角色定位的依据

理论依据：我国政府在农业发展中的角色定位基于农业在国民经济中的基础性地位、农业的弱质性、公共产品性、外部性、社会性、政治性、农业比较优势下降等。

现实依据：在一国经济发展过程中，农业与工业之间相互关系的演变，大致可划分为三个阶段：以农补工阶段、农工自补阶段和以工补农阶段（冯海发、李溦，1994）。目前，我国已经从原来的"农业为工业提供积累"过渡到"工业反哺农业"的工业化中期阶段，这一阶段是改善工农、城乡关系，提升农业国际竞争力最重要的阶段，现阶段对农业的支持保护是经济发展的必然选择。农业发展的国内、国际目标，即农业现代化和提升农业国际竞争力都要求政府对农业进行支持保护。加入 WTO 以来，我国农业支持保护政策的实施情况也表明，我国农业支持保护政策尚存在相当大的支持空间，在国家财力允许的情况下，可以大幅提高农业的支持保护水平。

三 我国政府在农业发展中的角色定位

1. 总体定位

政府在农业发展中的角色定位问题，实际上就是政府与市场之间关系的处理，即如何理顺政府与市场之间的关系问题。随着经济发展，我们越来越认识到市场在资源配置中的作用，中共十八届三中全会也做出了要让"市场要在资源配置中起决定性作用，政府要充分发挥作用"的重要论断。因为在市场经济条件下，市场在资源配置中的决定性作用是由市场规律（价值规律、供求规律和竞争规律）来决定的，具有客观必然性；而单纯的市场调节本身存在自发性、滞后性和盲目性等先天缺陷，难以实现经济长期稳定发展，难以应对生态环境问题和社会公益事业的发展。因此，必须由政府通过经济手段和必要的行政手段、政策来实行宏观经济调控，干预和影响市场经济运行，以解决这些问题。同时，与社会化大生产相联系的现代市场经济健康发展，客观上也要求由政府这个社会中心通过运用经济、法律、行政等手段对生产进行宏观调节。

如何定位政府在农业发展中的角色，才能让市场发挥在资源配置中的主导性作用，同时，政府的作用得到更好的发挥呢？根据发达国家政府在农业发展中的政策演变和作用，以及我国农业政策的历史演变与现状，本文认为，这需要政府与市场的合理分工，对于面临的农业发展问题，如果通过市场能够更充分、更有效率地发挥作用，就由市场解决；如果市场解决不了或者无效率就由政府出面，运用政府的资源去从事那些市场无法有效完成的重要活动，以便降低经济增长中农业的调整成本，政府既不能"越位"，也不能"缺位"（D. 盖尔·约翰逊，2005；叶兴庆，2005）。

那么，我国政府应该在农业发展中充当什么角色？不是"守夜人"，也非农业发展的主导者，而是农业发展的保障者。总起来讲，可以分为两个方面：一是在市场能够有效率的地方，政府要做市场主导性作用发挥的保障者；二是在市场失灵的地方，要充分发挥政府的宏观调控作用，做农业发展强有力的支持者和保护者。

2. 具体定位

（1）在市场能够有效率的地方，政府要做市场主导性作用发挥的保障者

在市场能够有效率的地方，政府要保障市场主导性作用的发挥。这个问题包括两个方面：一方面，对农业而言，在比较完善的市场经济中，市场在哪些方面能够起到主导性作用，能够有效率？实际上，就是经济学要解决的三个基本问题，即市场在生产什么和生产多少、如何生产、为谁生产这三个方面是有效率的，也就是在农业的基本生产经营决策和管理上，市场是最有效率的。

另一方面，即政府应该在哪些具体方面为市场的决定性作用发挥创造条件？具体地讲，可以在以下方面进行定位。

定位1：农业生产要素市场和农产品市场建设的积极推动者和市场运行的监督管理者

要使市场有效率，在资源配置中起决定性作用，需要一定的前提条件，即市场的建设和市场运行的监督管理。党的十八届三中全会指出："建设统一开放、竞争有序的市场体系，是使市场在资源配置中起决定性作用的基础。"市场经济是通过市场机制配置资源的经济形式，而市场机制对资源配置的作用一是要求有一个完整的，即包括农产品市场和生产要素市场的市场体系，从而使供求、竞争、价格等市场机制发生互动关系并调节资源的充分流动；二是需要真正意义上的市场经济主体，即能够面向市场和依赖市场的、产权关系清晰的、经营机制充满活力的市场主体；三是市场运行要求有一定的市场秩序，市场秩序离不开市场组织及其相应的规则，市场组织是市场有序运行的组织保证，包括市场中介组织与市场管理和调解组织；四是需要健全的市场法规保障市场经济的正常运行；五是广泛的信息系统，能够及时而且准确地给企业提供市场信息，引导企业的经营活动，最终使社会资源的配置更趋合理和有效，这对市场主体的正确决策具有头等重要作用；六是生产要素流动性。市场对资源配置的决定性作用是由市场运行机制决定的，具有客观必然性。市场机制的作用过程具体表现为劳动力、资金、土地等生产要素在各个生产部门之间不断地转移和流动。因此，市场对资源的优化配置要求生产要素在价格、供求等机制的引导下自由流动。

在我国现行的市场经济条件下，农产品市场，尤其是农业生产要素市场还很不完善，农民作为市场主体参与市场竞争的能力还较弱，市场法规还不够健全，信息系统也不够完善，且市场壁垒严重，户籍制度、农村金融制度、土地制度等严重阻碍了劳动力、资金、土地等生产要素的流动性，不能满足市场良性运行的要求。因此，政府必须加强宏观调控，在这些方面进行改革。但政府的调控应以市场为基础，政府的经济决策应建立在市场价值规律基础上，主要通过经济手段、法律手段，强化综合管理，弱化行政管理，加强市场监督和检查功能，做好农业生产要素市场和农产品市场建设的推动者和市场运行的监督管理者。

定位2：从农业生产经营的决策者转变为参与者

计划经济条件下，政府是农业生产经营的决策者，经过30多年市场经济的发展，我国已经建立起社会主义市场经济体制，但是，政府对农业生产经营仍然存在过多干预，这违反了市场经济运行规律，带来了市场分割、价格扭曲等一系列不良后果。为了使市场在农业发展中起到决定性作用，政府首先要做的就是要从过多的直接干预中逐渐退出，从农业生产经营的决策者转变为参与者，做到"有所为，有所不为"；即使在"有所为"的领域，如农业公共政策的制定，也应该让相关利益代表（如农民合作组织、行业协会等）参与决策，否则，容易产生政策制定缺乏充分的决策支持信息和利益歧视问题，这样就难以达成政策共识，同时增加了政策执行的难度，政策执行的效果也较差。

定位3：从农业生产经营的管理者转变为服务者

计划经济条件下，政府不仅是农业生产经营的决策者，同时也是农业生产经营的管理者。而在社会主义市场经济条件下，政府作为社会中心只需要从宏观上对影响粮食安全和国家安全的农业生产经营进行调控；对农业生产经营的具体运作则应放开对市场主体的束缚，让其按照市场规则行事，使要素顺畅流动，让市场机制充分发挥作用。因为对农业生产经营的严格管制不仅导致严重的贸易扭曲，还会导致由权力寻租而产生的腐败、过分干预而产生的干群摩擦以及决策失误而导致的资源浪费等一系列问题。政府的职能必须从管理转变为服务，政府的角色则应从对农业生产经营的"管理者"转变为使得市场能够充分发挥作用的"服务者"，即放开计划经济时代遗留的许可证、配额审批等对农业生产经营的计划管理，为农业生产经营提供充分的市场信息和营销服务、农业科技、教育、推广服务、病虫害预测预报、抗灾救灾、风险管理、检测检验及基础设施建设等公共产品和服务。

定位4：农业管理体制改革的自我推动者

为了保证以上政府角色的施展和作用的充分发挥，政府需要转变职能，建设依法治农的法治型政府和服务农业生产经营的服务型政府，为此，必须深化农业管理体制改革。我国现行农业管理体制是在传统农业和农产品短缺时期形成的，条块分割、政出多门、政府职能"越位"与"缺位"并存，导致政策制定、执行和协调管理成本高、运行效率低，在国际竞争中具有明显的体制竞争劣势。为了应对入世的冲击和挑战，必须改革现行农业管理体制，借鉴发达国家农业进行综合管理的成功模式，尽快建立起适应WTO规则要求的高效、灵活、协调的农业一体化管理体制（钱克明，2002）。但是，农业管理体制的改革不可能由非政府主体推动，必须由政府自我推动，因此，政府必须要做农业管理体制改革的自我推动者。

（2）在市场失灵的地方，要充分发挥政府的宏观调控作用，做农业发展强有力的支持保护者

在市场能够有效率的地方，政府要保障市场主导性作用的发挥。而在市场失灵的地方，比如，在农业的公共产品性质、外部性较大的地方，通过竞争性市场所不能提供的地方，政府要充分发挥宏观调控作用，做农业发展强有力的支持保护者。那么，政府应该在农业支持保护中具体担当什么角色呢？本文认为，主要有以下几个方面。

定位5：农民收入的保护神

发达国家政府农民收入与城市居民收入基本相当，甚至高于城市居民收入。我国长期以来工业化发展战略其中的一个结果就是农民收入严重滞后于城镇居民收入。根据国家统计局公布的数据，2013年，我国城镇居民人均可支配收入为26955元，比上年实

际增长 7%；我国农村居民人均纯收入为 8896 元，比上年实际增长
9.3%；尽管农村居民收入增幅首次超过城镇居民收入，但是农村
居民收入与城镇居民收入的绝对额仍然非常悬殊，其相对比值为
1∶3.03。增加农民收入仍然是我国农业政策的首要目标，如何增
加农民收入仍然是政府首要考虑的问题。基于农业的性质、我国
农民的整体基本素质弱于城镇居民，在短期内让农民收入赶上城
镇居民是一件非常困难的事情。为了保持经济长期稳定发展和社
会长治久安，政府必须通过长期给农民创造更多的受教育机会、
农业和非农就业机会、直接补贴、间接补贴等形式增加农民的收
入，逐步缩小农民收入与城镇居民收入差距，做农民收入的保护
神。

定位 6：公共产品的全部或部分提供者

公共产品可分为纯公共产品和准公共产品，农村纯公共品指
在消费过程中具有完全的非竞争性和非排他性，从而应当由政府
免费提供的产品，包括农村基层政府（县、乡级）管理服务、农
村义务教育、农村发展规划、农村信息系统、农村基础科学研究、
大江大河治理、农村公共安全服务、农村环境保护等。农村准公
共产品是指介于纯公共产品和私人产品之间、在消费过程中具有
不完全非竞争和非排他性的产品，如农村公共医疗卫生、农村社
会保障、农业科技推广、农村道路建设、病虫害防治等。

对全国性的农村公共产品，如农业基础科学研究，应由国家
全部提供；对于区域性的农村公共产品，可以由中央和地方共同
提供，如大江大河治理、大型水利工程、跨地区病虫害防治等；
对于地方性公共产品，如农村医疗、地方性道路等，可由地方提
供。

定位 7：基础设施的建设者

基础设施包括公路、铁路、水路、码头、仓库、通信设备、
电力供应等。基础设施对农业发展的作用毋庸置疑。美国、欧盟、
日本等发达国家和地区的农业发展大大得益于其基础设施的相对

先进性。我国近年来的基础设施得到了很大发展，但是，相对于农业发展的需要还有很大差距，因此，政府必须加强我国农业相关的基础设施建设。

定位8：农业科研、教育、推广的强力支持者

相关研究表明，在我国农业公共投资中，对增加农业产出效果最显著的是农业科研，其次是教育；对增加农民收入、缓解贫困的效果最显著的首先是教育，其次是科研；增加在欠发达地区农业科研和教育投资效果尤其明显。但是，我国农业科研投资占农业GDP的比例仅为0.3%左右，远低于发达国家2%～5%的水平；且农业科技成果转化率低，仅为30%～40%，甚至很多技术研制出来以后被束之高阁，造成资源的极大浪费。因此，政府应该将今后我国农业公共投资的重点转向农业科研及其推广和农村教育，提高农业科研和技术推广支出在国内支持政策中的比重，加强农业科学技术的基础研究和应用研究，加速科技成果的转化，提高科研投资利用效率；实现对农民终身的、全方位、多层次教育，提升农民的整体素质，逐步实现城乡教育均等化，这归根结底是教育公平问题。

定位9：农民组织建设的积极推动者

广泛的农民组织是农民利益的有力代表，通过农民合作化组织的组织化优势可以加强脆弱群体的适应性、参与市场能力，降低生产成本，提高农民市场谈判地位、抵御经济危机的能力，为农民创造就业机会并改善工作条件，并可以充当农业政策的施政载体。农民的组织化程度已成为一个国家农业发达程度的重要标志。通过合作组织提高农民的组织化程度，是发达国家实现一体化经营管理的组织基础。美国和法国80%以上的农场主和农业企业参加了合作社，法国合作社承担着全国85%的农业生产任务，日本的农协更是几乎涵盖了日本农业生产经营的所有方面。2013年7月6日是"国际合作社日"，联合国秘书长潘基文发表声明，呼吁各国政府采取政策支持和加强合作社建设。为了保护农民利

益，应对国内、国际市场变化，大力加强农民组织化建设，已成为增强我国农业国际竞争力的必然选择。为此，需要充分借鉴发达国家的成功经验，政府必须发挥引导、扶持和促进作用，做农民组织建设的积极推动者，结合我国国情探索中国特色的农民合作组织发展道路，提高农民组织化程度，为农民提供全方位的社会化服务体系（钱克明，2002）。

定位10：制度创新的助推手

合理的制度安排是农业产出增长和保证农民收入增长的关键，制度创新是推进农村经济发展的重要途径。1978～1984年，农业产出保持7.7%的增长率，农村经济体制对农业增长的贡献为42.2%（林毅夫，2000），这充分说明了制度创新在农业生产经营中的重要作用。农村经济的发展和世界经济一体化都要求农业、农村制度创新。

近年来，粮食收购价、农村税费改革、政府对农业生产的直接补贴等农业政策创新，为农业生产经营提供了有力的制度保障。但是，与发达国家相比，我国农业支持保护制度发展尚处于起步阶段，不够全面、不够细致、适应性和操作性也不够强。因此，政府必须做农业支持保护制度创新的助推手，尽快建立、健全符合WTO规则的农业支持保护法律、法规体系，强力推动农业支持保护制度的发展，并把这些制度落到实处，用制度为我国农民的利益和农业、农村经济发展保驾护航。当前，尤其要加快完善我国农产品质量安全法规建设，建立健全农产品质量标准和认证体系，以提高我国农产品质量，促进农产品出口；加快建立健全农业科技投入法、农业基础设施建设法规、农产品市场法、农业保险法、农业和农村环境法等法律法规。

定位11：信息网络平台的构建者和维护者

党的十八大报告指出，"坚持走中国特色新型工业化、信息化、城镇化、农业现代化道路，……促进工业化、信息化、城镇化、农业现代化同步发展。"工业化、城镇化、农业现代化都离不开信息化，信息化能有力地推进其他"三化"。在农业创新系统的创新行为主体之间构成的错综复杂的网络中，信息化能够加速知识、技术、信息的流动，促进相关要素之间的融合，为农业创新系统功能，为农业现代化的实现和我国农业国际竞争力的提升起到不可或缺的重要作用。要使信息化真正融入工业化、城镇化和农业现代化，政府必须做好信息网络平台的构建者和维护者，为农业发展相关主体搭建一个能够充分共享信息的网络平台。

定位 12：农产品进出口市场的协调者

加入 WTO 意味着必须按照 WTO 的规则行事。但是，在农业支持保护政策中美国的"之"字形道路表明其并没有完全遵守 WTO 规则；欧盟和日本虽然在向市场化方向迈进，但是它们的农业补贴额仍然非常巨大；而根据我国加入 WTO 承诺，不再对粮食出口进行出口价格补贴，进口关税较低，动植物卫生检疫和技术性贸易壁垒标准与美国、日本、欧盟的标准相比存在相当大的差距，使我国农产品的边境支持已经降低到发展中国家的最低水平，因此，农产品在国际市场竞争中优势不大。仅 2012 年国外技术性贸易措施就导致我国农食产品出口损失 41.8 亿美元。因此，政府作为我国农业企业的总代表，必须在国际农产品进出口市场中担当协调者，在今后的 WTO 多哈回合农业谈判中，为我国农业企业争取更多利益。

定位 13：农村生态环境和农村文化的保护者

经济发展过程中所造成的生态环境问题几乎所有的发达国家都经历过，因此，它们都十分重视农村生态环境保护。美国、日本、欧盟的农业政策正越来越多地体现农村环境保护的重要地位。我国的农业发展过程中也造成了相当大的生态环境破坏，对作为一种公共物品的农村生态环境，政府必须进行保护。对于世界上大多数国家来说，农村文化都是本国文化的根。因此，大多数发达国家在保护农业、农民的同时，也非常注重保护农村和农村文化。例如，日本特别注重农村文化的保护，在联合国教科文组织于 2005 年 10 月 20 日通过了《保护和促进文化表现形式多样性公约》后，日本就在 WTO 多哈回合谈判中把保护农村文化作为保护国内农产品市场的一个合法借口。中国五千年的文明史中，农村文化所占比重更大，我国也应该在发展农业的同时注重对农村文化的保护，政府责无旁贷地应该承担保护者的角色。

（作者：梁蒙）

参考文献

［1］〔美〕D. 盖尔·约翰逊：《经济发展中的农业、农村、农民问题》，林毅天、赵耀辉译，商务印书馆，2005。

［2］Yujiro Hayami、Vernon Ruttan, *Agricultural Development：An International Perspective*, USA：Johns Hopkins University Press，1985.

［3］程国强：《中国农业补贴制度与政策选择》，《管理世界》2012 年第 1 期。

［4］丁学东：《中国农业支持保护体系的建立和发展》，http：//www. mof. gov. cn/pub/caizhengbuzhuzhan/buzhangzhichuang/dxd/zhongyaohuodong/2008/12/t2008/12/02_ 93515. html。

［5］冯海发、李溦：《论经济发展过程中的农业保护问题》，《农村经济与社会》1994 年第 1 期。

［6］何传启：《世界农业现代化的发展趋势和基本经验》，《学习论坛》2003 年第 5 期。

［7］黄祖辉、林坚、张冬平等：《农业现代化：理论、进程与途径》，中国农业出版社，2003。

［8］经济合作与发展组织（OECD）：《发达国家农业调查报告》，2005。

［9］李勤昌：《WTO 框架下我国农业政策调整策略选择》，《财经问题研究》2009 年第 4 期。

［10］李淑静：《多哈回合农业国内支持谈判的进展与中国农业政策的调整》，《世界贸易组织动态与研究》2013 年第 3 期。

［11］林毅夫：《再论制度、技术与中国农业发展》，北京大学出版社，2000。

［12］刘植荣：《欧美农民种田为何能得到大量补贴》，《羊城晚报》2012

年 2 月 25 日。

[13] 农业贸易促进中心：《发达国家 2009 年对农业支持水平增加》，http://www.cafte.gov.cn/gjmyxy/yanjiu/2010/07/22/6603.shtml。

[14] 钱克明：《加入 WTO 与我国农业政策调整和制度创新》，《农业经济问题》2002 年第 1 期。

[15] 宋波：《欧盟共同农业政策的改革及其特点》，《国际经济合作》2003 年第 5 期。

[16] 〔日〕速水佑次郎、〔日〕神门善久：《农业经济论》（新版），沈金虎等译，中国农业出版社，2003。

[17] 王德祥：《明治维新以来日本的农业和农村政策》，《现代日本经济》2008 年第 2 期。

[18] 王丽萍、蒋乃华：《WTO 框架下美欧农业政策调整的取向及启示》，《农业经济导刊》2005 年第 2 期。

[19] 徐更生：《美国农业政策》，经济管理出版社，2007。

[20] 严恒元：《农村建设三大目标》，《经济日报》2011 年 7 月 30 日。

[21] 杨秀平、孙东升：《从 WTO 新一轮农业谈判看日本的农业保护政策》，《世界农业》2005 年第 11 期。

[22] 叶堂林：《世界贸易组织规则下我国农业保护政策研究》，中国经济出版社，2011。

[23] 叶兴庆：《对我国农业政策调整的几点思考》，《农业经济问题》2005 年第 1 期。

[24] 尹显萍、王志华：《欧盟共同农业政策研究》，《世界经济研究》2004 年第 7 期。

[25] 张冬平：《农业现代化问题：研究综述与展望》，载黄祖辉《中国"三农"问题解析：理论述评与研究展望》，浙江大学出版社，2012，第 143～161 页。

[26] 张新光：《当代世界农业发展的基本规律及其启示》，《当代财经》2008 年第 6 期。

[27] 中国农业代表团：《日本的农业政策改革及其启示》，《中国农村经济》2000 年第 12 期。

[28] 宗义湘：《加入 WTO 前后中国农业政策演变及效果》，中国农业科学技术出版社，2007。

第七章　中国农民居住和生活方式
转换机制：理论和实证

——从农民生产方式、就业方式谈起

中国的发展过程是一场深刻的经济、社会结构变革过程，尤其在经历 30 多年高速经济增长之后，这种变革早已触及传统、封闭的农村内部，甚至千百年来形成的有些落后的风俗、习惯或观念也已成为继续发展的桎梏，成为变革对象。目前，中国农民传统居住、生活方式就是如此，它已蜕变为制约中国工业化、城市化和农业现代化发展的瓶颈，从而引发发展空间、内需不足，空心村，农民工等问题。可以说，目前，中国若干重大社会、经济问题的解决，都聚焦在农民传统居住方式和生活方式的转换上。因此，对中国农民居住和生活方式问题研究，就具有很强的现实和理论意义。本研究从更广阔的农民生产方式、就业方式谈起，提出假设命题：社会生产方式决定农民就业方式，农民就业方式决定农民居住方式，进而决定农民生活方式。之后，从理论与实证、纵向与横向等不同角度进行检验，最后对结论进行总结并给出一定政策建议。

第一节　相关概念界定

居住方式和生活方式，更多属于一个区域若干因素共同作用下长期演化的结果，大多数人认为，其更多属于日常用语或社会学范畴，具有风俗、习惯等文化历史属性，其究竟包含什么，一时很难说清。这可能是经济学领域很少关注的一个原因，但更重要的原因在于其重要地位以前没有得以体现，尤其是农民居住和生活方式，在此，为研究可操作性以及研究概念框架一致性奠定基础，对有关居住和生活方式的概念进行梳理、界定，以利于研究展开并不失核心价值。

首先，（农民）居住方式（Living Style）尽管在日常生活中经常使用，但是在社会学、哲学、历史、建筑等不同学科以及不同语境中具体含义不同，甚至没有明确给出，只是社会学研究使用相对频繁。阿·德芒戎（1993）以及法国年鉴学派费尔南·布罗代尔（1992）将居住方式描述为与自然、历史、人文等相联系的区域差异的体现。周振鹤（1997）把其归为社会文化风俗。受以上思想的影响，鲁西奇（2000）进行了初步综合，认为，居住形式是建立在一定区域地理景观、社会经济文化发展基础之上的聚落形态与住宅形式，揭示某些社会气质、物质文明特点以及丰富的非物质层面文化内容，在一定时期内具有相对稳定性。金一虹（1999）把居住方式"作为居民对生活空间的选择与安排、占有与享用的方式"，也具有概念的综合性和人文色彩，揭示相关主体间相互作用的关系。虽然没给出具体定义，但是从李永芳（2002）的具体描述中也能看出，她所指的农民居住方式包含居住形式、聚落形态以及居住环境等。陈丛兰（2013）从伦理层面认识居住方式，进行了一个较好的综述；虞晓芬（2010）从经济增长角度认为，居住方式包含居住空间、自有化率、房屋结构、配套设施等方面；最新总结为："居住方式是指居民在特定经济条件下选择生存的建筑形式、家庭模式、伦理道德、文化习惯等方面的总和"（邓文双，2012）。由此可见，对（农民）居住方式的认识较不统一，但其核心价值部分似乎一目了然，即强调聚落形态、住宅形式内容和历史文化性。根据研究侧重，在此主要侧重于聚落规模形态（分散、集中居住等）的转换，即如何由分散居住方式转换到（城市）集中居住方式。

其次，（农民）生活方式概念也需要具体化。作为一种普遍社会现象，生活方式似乎比居住方式受到更多关注，但最初只是作为区分其他概念的辅助概念而存在；之后，在国内外逐渐为多学科所重视，尤其是社会学，不同人在不同背景下，从不同视角，为不同目的，形成不同表述，充分体现了生活方式概念的复杂性。尽管如此，生活方式概念还可以大体上归纳为广义和狭义两个层次。广义传统起源于马克思、恩格斯对生产方式的考察，即"人们用以生产自己必需的生产资料的方式，首先取决于他们得到的、现成的和需要再生产的生活资料本身特性。这种生产方式不仅应当从它是个人肉体存在的再生产这方面加以考察。在更大程度上，它是这些个人一定活动方式，表现他们生活的一定形式。个人怎样表现自己的生活，他们自己也就怎样"（马克思，1960）。由此可知，生活方式是一个相当宽泛的概念，"它包括人们的衣、食、住、行、劳动工作、休息娱乐、社会交往、待人接物等物质生活和精神生活的价值观、道德观、审美观以及与这些方式相关的方面"；并且知道，生产方式制约生活方式，生活方式是生产方式的表现。然而，此概念由于太宽泛而使可操作性不强。狭义传统起源于马克斯·韦伯（Max Weber，1946）和凡勃伦（凡勃伦，1964）的工作，也是西方进入"消费社会"的结果，以致用操作性较强、调查对象更具体、资料易于获得的"消费方式"取代或指代生活方式（马姝，2004；Earl Peter，1986；Aaron Ahuvia、阳翼，2005），甚至把生活方式简单地说成吃、喝、住、用、玩的方式。出于研究可行性，在此侧重于生活方式狭义含义，保持了和生产方式的同样关系，也体现一定的广义性质；另外，狭义生活方式和居住方式虽有交叉，但不在于居住的聚落方面，因而研究中与居住方式不能相互包含或指代。

此外，生产方式涉及生产力和生产关系两个范畴，尤其是前者的决定性作用，在此主要包括农业和非农业生产方式两种类型。文中农民就业方式主要涉及农民就业结构，包括农民农业就业、本地非农就业以及外出务工三种基本类型，然后也按行业可以细分。

第二节　相关文献述评并提出假设命题

一　（农民）居住方式相关文献综述

居住方式作为基于历史区域差异的重要体现，很久以前许多著作都有生动描述。直至 19 世纪初，人们试图通过改良居住方式缓解社会矛盾；之后，随着 20 世纪 50 年代居住学科出现，居住方式逐渐成为现代社会发展焦点问题，在西方多个学科中获得重视。在中国 20 世纪 80 年代之前，居住方式常作为日常用语，或作为民俗学内容，并没引起重视，直至 20 世纪 90 年代之后才进行多学科研究；此后，农村劳动力流转越发活跃、城市化速度提升，传统村落与现代经济社会发展矛盾十分突出，农民居住方式作为继续发展的瓶颈和焦点由传统学科进入经济、管理、政治、法律、伦理等现代学科领域。

在此过程中，一些重要研究主要表现在以下几个方面。第一，从文献检索角度看，有关中国农民居住方式的经济角度研究，近十年主要集中在农民集中居住或农村社区建设上，其背景在于，一方面是对发展瓶颈的触及，另一方面也是新型城镇化道路的体现。实践中，由于这种集中居住方式更多地由政府推动，速度与问题相伴而生，致使目前多处于调整状态；理论上，主要进行了农民集中居住的功能、动力机制、空间布局、居住模式、存在的问题以及如何建设和推进等方面的研究（叶继红、庄晓丹，2011；阮荣平，2012），并开始深入思考和反思，比如，更多地关注农民意愿（吴云青、张再生等，2013；杜云素、钟涨宝等，2013）、进行区域比较研究、强调经济发展程度差异以及产权治理变革等（袁方成，2013）。第二，关于农民工定居的问题，也是当前热点。这是源于中国几亿农民工"就业－生活空间分离"非稳定转移状态的无效性。从而该领域研究主要关注在个人、家庭、经济、社会制度等不同因素作用下农民工定居意愿差异，并采取相应政策取向以引导农民工城市化（和丕禅、郭金丰，2004；夏怡然，2010）。第三，从经济地理等视角研究中国农村聚落空间形态或结构的演化及其原因等，以得到潜在的规律性（如许家伟，2013）。第四，几个重要的非经济学视角，包括，体现在具有悠久传统但非常具有时代背景的伦理学视角，强调居住方式的人本主义本质、居住决策的公众参与、弱势群体居住问题，以及由于居住资源配置扭曲导致的阶层分化和隔离问题等（陈丛兰，2013），对中国农民居住方式将来转换具有很强的启发意义；体现在社会学传统视角，强调居住方式及其转换的社会影响，如居住方式对阶层分化的影响（刘精明，2005）、居住方式变化带来的生活方式、人与人以及人与物关系等的变化（金一虹，1999）；体现在历史文化和区域科学传统视角，强调居住方式历史文化继承的锁定效应和区域差异性（鲁西奇，2000）。此外，也有很多研究从不同学科关注老人、弱势群体、城镇等居住方式问题。

二　（农民）生活方式相关文献综述

在西方社会，对生活方式的研究相继有马克思、韦伯和凡勃伦等多位经典学者，并呈现一条清晰脉络，即从附属边缘性到具有独立意义，从宽泛抽象到具体可操作（马姝，2004）。在中国，尽管很多古籍涉及生活方式问题，但正式把其作为一个科学研究领域却很晚，虽然20世纪50年代社会生活的迅速转变提出了研究理论任务，但直至20世纪80年代中国社会生活的巨大变化才确立了生活方式的研究主题，此后经历了启蒙（20世纪80年代初）、高潮（20世纪80年代中期）和逐渐深入的发展过程（王玉波，

1986)，理论体系逐渐完善，应用研究不断拓展和深入，并由社会学向其他学科延伸。具体而言，在理论上理清了生活方式含义及其相关概念，明确了生活方式范畴的结构和特征，探讨了生活方式的民族性和世界性等问题，研究了影响生活方式转变的影响因素尤其是生产方式的决定性作用等；在应用上，描述、分析、预测了中国社会生活方式变迁及其趋势，对城市、农村生活方式状况实施调查，对不同领域的生活方式问题进行研究，对不同群体生活方式进行考察，探讨中国生活方式发展模式，建立衡量生活方式的指标体系等（王雅林，1995、2006）。而从消费心理或消费行为角度对生活方式进行研究正成为中国学术热点，关注农民及其相关群体生活（消费）方式转变，刺激内需、弱化二元结构也日益升温。

三 一个简单评价和命题提出

综合而言，关于中国（农民）居住和生活方式问题的研究，更多的是随着社会发展问题驱动的结果，并逐渐从社会学等转向经济学视野。虽然在某些问题研究中取得一定成就，但总体感觉孤立、缺乏系统性，使得既有研究成果也略觉肤浅，缺乏深层次经济理性，以至于找不到问题根源所在，甚至造成政策不当。既然中国农民居住和生活方式问题已经成为社会发展瓶颈，牵一发而动全局，对其研究，也应该更多、更系统地从经济角度借助现代经济理论和方法进行，从而发现问题根源及其传导机制以制定最优政策措施。其次，对于中国农民居住和生活方式问题，比一般社会经济问题具有一定特殊性，比如，较强文化锁定效应、决策主体的有限理性，以及问题的复杂性、重要性与紧迫性等，也需要学术研究的深入关注。

可喜的是我们已经开始做，如一些学者认识到生产方式理论的基础性、经济发展程度对农民居住和生活方式的决定性作用、农村集中居住的动力机制以及农业生产的变革对农村空间布局的决定作用等（王雅林，2006；阮荣平，2012；王璐、罗赤，2012）。为进一步系统性强化对中国农民居住和生活方式研究，提出命题如下：社会生产方式决定农民就业方式，农民就业方式决定农民居住方式，进而农民居住方式决定农民生活方式。当然，命题各环节之间均存在一定反向影响；同时，命题间接环节之间也会存在一定直接影响，比如，社会生产方式对农民生活方式的直接作用等。在此，均不予涉及。实际上，社会生产方式对农民生活方式的直接影响和通过农民居住方式而产生的间接影响是可分离的，即后者主要通过公共品而起作用。

第三节　命题的理论解释

该命题是在生产方式理论的基础和决定性地位以及产城融合等思想的启发下提出的。如果把生产方式看作生产范畴，把农民生活方式看作消费范畴，就业方式和居住方式作为中间环节，那么，命题的建构也是和经济四分法逻辑相一致。最主要的是，城市作为目前最典型的居住和生活方式与农民居住和生活方式相对应，有自己相应的生产方式和就业方式，而城市聚集经济理论作为经济学较为前沿理论很好地解释了城市经济现象，必然会对农村社会经济现象的解释有所借鉴和启发。何况"三农"问题的解决往往需要跳出"三农"之外呢？

一　城市聚集经济理论

城市聚集经济理论始终围绕城市的产生及其演化问题而展开，先后经历了以古典城市与劳动分工学说和外生性城市经济学为代表的传统城市经济理论时期，以及以新兴古典经济学和新经济地理学等为代表的现代城市经济理论时期。其演化脉络如图7-1所示。

不过，传统城市经济理论虽然有些看似合理的聚集理论，但

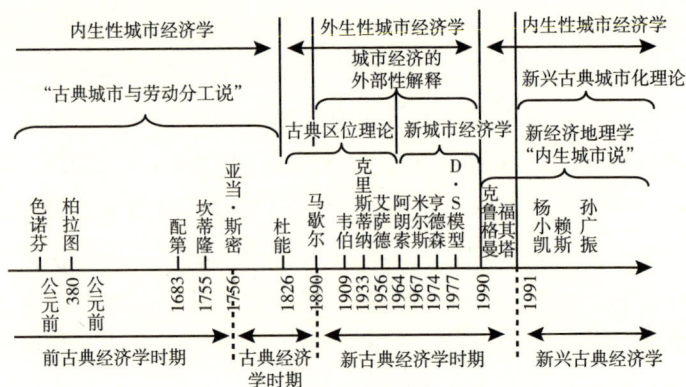

图 7－1　西方城市经济学理论演进

资料来源：参见赵红军、尹伯成《城市经济学的理论演变与新发展》，《社会科学》2007 年第 11 期。

缺乏聚集经济深入解释。从而，内生化现代城市经济理论因对城市产生及其演化问题具有更强解释力而居支配地位。其中，新兴古典经济学利用超边际分析方法复兴斯密分工思想，围绕分工与交易费用冲突形成网络经济循环因果累积，内生城市及其最优分层结构；新经济地理学则基于规模报酬递增、不完全竞争和运输成本假定，认为，自然禀赋优势或偶然历史事件使某一区域获得比较优势，聚集经济发生，并通过循环累积因果机制自我强化，在向心力（聚集效应）和离心力（拥塞效应）共同作用下动态演化，并且两者具有异曲同工之妙。

二　城市聚集经济理论对命题的解释

空间经济学中一个主要结论就是 Starrett's（1978）空间不可能定理，即一旦抽象掉空间异质性，并且没有不可分性和规模报酬递增，那么在具有运输成本的环境中，竞争均衡结果将是经济的匀质分布（更加详细的讨论，参见 Ottaviano and Thisse，2004）。现实中，各类聚集经济现象的广泛存在验证了空间不可能定理的正确性。而且，一旦某一区域由于第一天性或第二天性（First and

second-nature inequalities）（Combes & Mayer, etc., 2008）等原因
获得比较优势，因为循环因果累积机制聚集现象就会发生，即聚
集经济相对较高的生产率导致较高工资率，吸引较多企业和工人
（Moomaw, 1981）就业、居住，享受多样化和便利的消费，弥补
较高土地租金（Rosen, 1979；Roback, 1982；也可间接参阅
Puga, 2010）。

　　如果把每一个村庄看作一个另类聚集体，就会有与城市经济
同样的问题产生，即村庄如何产生和演化？否则，由土地匀质分
布决定农业生产的分散性，将不会有村庄产生。因而，村庄产生
机制是，在特定农业生产方式下，由于第一天性差异，某些人权
衡农业生产就业空间便利性和生活便利性而在某一地方定居。此
时生产便利性大于生活便利性，之后这种便利性引起循环因果累
积机制形成村庄，且在总的便利性增加中，农业生产空间便利性
不断减小而生活便利性逐渐增加，到达某一支撑点，农业就业生
产空间不便性抵消了生活便利的增加，就会有新村庄产生并形成
特定村庄聚落，覆盖所有的适于耕作和生活的土地空间。由此，
村庄的产生和特定聚落形态是农业生产空间便利性与生活的安全、
便利、交流等相互作用的结果，体现了农民生产、生活空间的一
致性。既适应了农业生产的匀质性，也体现了农民生活聚集性特
征。表面上看，村庄是农民生活聚集体，实质上离不开特定农业
生产方式的决定作用，并且，这种特定聚落形态是其较高"生产
率"的结果。

　　村庄聚落又如何演化呢？最初，村庄人口增加扩大了村庄规
模，减少了人均耕地面积。并且其近于"集体"的生产、生活方
式便于生产经验交流积累、生产工具改进和模仿，以及需求多样
性和市场规模存在对分工和交易的刺激。最终，推动农业生产方
式改进，促进交通设施发展、减少农业生产劳动时间、降低农业
生产劳动强度、节约农业劳动力等，进而促使其他生产就业方式
产生、发展并摆脱村庄和农业生产地之间距离约束在特定区域聚

集——产生市场和城市，把非农生产和生活便利性集于一体产生强大向心力作用，进行循环因果累积。此时，原有村庄聚落将会日益萎缩，甚至因为对非农就业和生活便利性的追求又不舍弃农业生产而沿路定居，也会因为农业生产方式和非农生产方式改进不充分，农村强烈锁定效应，或城市向心力不足等，产生农民非农就业－生活空间分离等问题。

总之，某种特定农民居住和生活方式是特定生产方式的产物，但当生产方式改进，累积的向心力不足以抵消路径依赖性的时候，二者也似乎表现出一定的差异性。从而，基于现代城市聚集经济理论使以上命题得以解释。

第四节 从中国农民居住和生活方式变迁角度进行考察

新中国成立以来，农业生产方式以及相应非农生产方式有了翻天覆地的改进，以致农民就业压力从无到有，再到成为如今的关键问题，致使中国农民传统居住和生活方式不断演进或面临逐渐紧迫的演变压力。这种演进经历了以下几个阶段。

一 新中国成立之后到改革开放之前

该时期主要体现为以不断的政府强制性制度变迁为主导，从而不乏有些弯路。虽然实现几千年来最彻底的土地革命，国家权力对乡村资源整合和动员能力也达到历史上前所未有的规模和深度，但无论是人均农产品产量和粮食占有量，还是农民人均纯收入和消费水平，都还在温饱水平，人均占有粮食只有 307 千克（多吉才让，1999），"从 1957 年到 1978 年，中国农业生产率年均递增 0.3%，低于印度的 0.7%，更低于中等收入国家 2.6% 的水平"（罗汉平，2003），并且由于严格的城乡二元隔离制度，农民也得不到工业溢出。与当时农业生产方式和就业方式相对应，农民居住地点与以粮食种植为主的农业生产地点紧密联系，形成居住地点与农业生产地点相邻的空间布局。在平原地区依据步行交通方式形成村与村之间相隔 2~3 千米的分布状态；在山区和丘陵地区，居住地也与耕地的分散相一致（王璐、罗赤，2012），并且与人口增加和耕地开发相一致，居民点更加分散、家庭规模不断增加。据对鄂西州利川市 28 个典型村的调查资料：从 1949 年到 1999 年，居民点由 1258 个增加到 3115 个，增加约 1.5 倍（李永芳，2002）；对于家庭规模，20 世纪 50 年代中期，平均 3.6~3.7 人，60 年代中期上升到 4.2~4.3 人，70 年代中期达到 4.7~4.8 人（张乐天，1998）。相应的农民生活方式表现为：物质生活资料极度匮乏，仍在为口粮而挣扎。从 1949 年到 1978 年农民人均纯收入由 44 元提高到 134 元，恩格尔系数在 1978 年才降到 67.7%；但农民家庭之间常常通过相互接济与互助以维持生计。

二　改革开放之后到 2000 年初

该时期主要特征表现为，从农村开始的改革开放以及城乡隔离制度松动，极大地改进生产方式，使农业三要素外流。在生产方式方面，通过实行以家庭承包经营为基础、统分结合的双层经营体制，极大地促进农民积极主动性、解放农业生产力，使 1978 年每工日平均产出 6.65 千克粮食上升到 2003 年每工日粮食产量 31 千克，年均增长 6.35%（卢锋，2013）；农业发展为非农产业发展奠定了基础，如在 1978~1988 年 10 年间，乡镇企业成为中国经济中最活跃部分，在全国工业产值中"三分天下有其一"，乡镇企业用于农民分配的资金共为 3828 亿元，占同期农户净收入增量的 75%（孙健，2000）；同时，城市开始扩张，工业化开始向农村外溢。从而，农民就业概念从无到有并成为社会焦点，农村剩余劳动力经由以农业为主业的"离土不离乡"兼业模式，到以非农产业为主业的"离土又离乡"进城务工模式，再到选择不离城、不返乡、不种地的"新生代农民工"，逐渐和农业剥离，成为 21

世纪前后中国最引人瞩目的现象。

这些强烈冲击着农民的居住方式。比如，改革开放初期，由于家庭规模缩小以及收入增加导致农村空间规模迅速扩张，农村住宅面积从 1978 年的 64 亿平方米，增加到了 2007 年的近 230 亿平方米，村庄用地从 1978 年的 7572 万亩，增加到 2007 年的 27200 万亩，住宅和村庄建设用地增加了近 2 亿亩（周天勇，2009）。再则是现代农业冲击，即随着农业机械化程度的提高、农业结构趋于粮食作物的同质化、劳动强度和用工数量的减少、农业劳动时间的快速缩短，以及非农就业因素等，使农民居住地和农业生产地产生分离可能，对生活和非农就业便利性的追求超越了农业生产便利性，农民集中居住意愿和现象开始呈现。比如，从 1984 年到 1988 年，全国约有 500 万农村人口是以自理口粮方式进入县城和中心镇落户居住（辜胜阻、刘传江，2000），空心村问题开始出现。由于乡镇企业快速发展以及为探索扶贫开发道路等，20 世纪 80 年代中后期，村庄兼并现象开始出现于山东省，并从我国东部发达沿海地区逐步向中西部地区推进。比如，龙口市经济强村前宋村从 1994 年 10 月开始先后对与之相邻的西马村、达沟村、后隋村 3 个弱村、穷村进行兼并；莱州市神堂镇丁家村靠发展乡镇企业致富，与邻近贾家村等 15 个村联合，使人口和土地逐渐集中等（李永芳，2002），中国村庄开始了减少趋势。此外，城市、工业扩张对土地需求也悄然开始了对农村的拆迁，只是摄于权力强势以及谈判主体单一，阻力不是太大。

农民生活方式也在变化。1978～2000 年，全国农民人均纯收入从 134 元增加到 2253 元，已经解决温饱问题，恩格尔系数从 67.7% 降到 49.1%。农民消费结构和消费总量都有质的飞跃。广大农民购买力增加了，农村饮食结构和服饰花色品种逐渐多样化，盖了大批新房子，而且收音机、自行车、缝纫机、手表、电视机等耐用消费品家庭拥有量大大增多，农民物质生活水平得到明显改善和提高。并且受城市主流文化影响，农村开始从封闭、单调、呆板的生活方式和环境向开放、丰富、多元、文明的城市生活方式靠拢。总之，在该阶段，农民生产方式、就业方式、居住方式和生活方式总体呈现较为协调一面，尽管分散居住弊端已经显现但还不明显。

三　党的十六大至今

主要体现为"以工促农，以城带乡"制度框架的确立，建设新农村。连续多年以农业为主题的中央一号文件的实施，以及城乡一体化推进等，使农业生产率进一步提高。从 2004 年到 2012 年，粮食总产量实现九连增，到 2012 年全国平均每个劳动力粮食产量为 2328.3 千克，比 2002 年提高 87%；农业生产方式也更为灵活，土地流转、适度规模经营、农民专业合作社等新农业生产关系逐渐增加。城市化和工业化也进入加速期，从 2002 年到 2012 年 10 年间，城市化率由 39.09% 上升到 52.57%，工业化率由 44.4% 变到 38.5%，三次产业结构由 15.4∶51.1∶33.5 上升到 10.1∶45.3∶44.6。从而，农民就业更倾向于进城务工等非农就业，农业就业份额由 2002 年的 50.0% 下降到 2012 年的 33.6%，农业兼业时间越发减少，年轻人更是长年在城市务工，留守家庭增多。

结果农村空心化越来越严重，农业也越发面临结构同化、缺乏劳动力甚至抛荒危机。2008 年对山东省平邑县石桥村逐户调查显示，该村人口数量为 1000 人，现有宅基地 387 宗，其中，19.9% 为废弃、10.1% 为空置，合计占到 30%，主要位于村内距离主干街巷较远地方，甚至集中连片（刘彦随等，2011）。另一方面，城市、工业扩张以及农业发展都面临土地不足约束。为此，中国政府在 2001 年就启动农村社区建设试点工作，2006 年党的十六届六中全会以及十七大报告分别强调积极推进农村社区建设并纳入阶段性目标。2009 年至今，在土地财政刺激下，各地政府纷纷出台不同模式，促进农民进城、推进农村集中居住点建设，从而置换城市、工业发展用地，维持农业耕地 18 亿亩红线。迄今为止，民政部在全国已经设立 296 个农村社区建设实验县（市、区），占全国 2858 个县（市、区）的 10%（袁方成，2013）。但阻力很大、社会问题很多，甚至被中央政府叫停。时至今日，除个别地区，农民集中居住点建设并不理想，大部分村庄仍然处于"空心化"状态。但农民居住问题彻底显性化，如何转换农民居住方式成为学界和政界的核心话题。

该时期，农民生活消费方式也与以上情况相适应。一方面，社会经济发展有很大提升。2002～2012 年，我国农民人均纯收入由 2476 元增加到 7916.6 元；农民人均生活消费支出由 1834 元增加到 5908 元，恩格尔系数从 46.2% 降低到 39.3%。另一方面，与农民居住方式相一致，消费增速不足，消费结构提升受到抑制。比如，农村居民储蓄存款近几年始终维持在 25% 以上；与城市同期相比，因为近几年农民收入增加、改善居住条件等，农村居民居住支出比重远高于城镇居民，而家庭设备用品、交通通信、文教娱乐支出等却低于城市以及医疗保健开支高于城市。这充分说明，由于农村居住分散、基础设施供给不足，住房改善并没有带来消费结构提升，相反却与当前居住方式相互作用陷入低水平均衡陷阱，增加农民居住方式转换阻力。

表 7-1　2012 年农村和城市居民人均消费构成对比

单位：%

项目	食品	衣着	居住	家庭设备用品	交通通信	文教娱乐	医疗保健	其他
农村居民人均消费构成	39.33	6.71	18.39	5.78	11.05	7.54	8.70	2.50
城镇居民人均消费构成	36.23	10.94	8.90	6.69	14.73	12.20	6.38	3.94

资料来源：《中国统计年鉴》（2013）、《中国农村统计年鉴 2013》，或经简单计算。

但就该时期总体而言，并不能说明农民居住和生活方式对相应生产和就业方式的背离，反而恰恰相反。不过在此也反映了生产方式和农民就业方式改进的不充分性、城市集聚向心力的不足以及农民居住、生活方式一定的路径依赖性。同时，也反映了农民生活方式、居住方式、就业方式、生产方式之间一定的反向影响作用过程。

第五节　对命题逐步进行面板或截面检验

目前，中国正处于高速城市化过程所带来的结构转换期，区域之间存在较大差距，存在不同的农民就业方式和不同的农民居住方式以及不同的农民生活方式。这使从面板或截面水平考察命题成立与否成为可能。本部分分别利用计量分析、案例分析以及调查、统计描述等不同方法或手段，逐步对命题进行检验。但重点在于从社会生产方式到农民生活方式的正向决定作用的验证，而对各环节反作用不再加以论证。

一　社会生产方式对农民就业方式的决定作用

社会生产方式对农民就业方式的决定作用很明显，不仅反映在区域之间生产力的差异对农民就业的影响，也反映在主要生产方式不同对农民就业的影响。首先，对前者进行计量分析考察。

1. 区域间生产力差异对农民就业结构的影响

作为系统阐释人口迁移的一种主要理论——推－拉理论（Bogue，1959）同样适用于中国农民就业多样化解释。这主要强调由农业生产率提高所产生的对农民农业就业的推力作用，以及非农产业生产率提高带来的较高工资率和较多就业岗位对农民非农就业的拉力作用。以此为基础构建经验模型，发现，生产率较高的省份，其农民非农就业份额越大。此处，由于数据可得性，以2005~2010年中国省级区域数据为样本，构建面板回归模型。其中，因变量为省农民非农产业就业数量与农业产业就业数量之比（NOAARGR），反映农民就业结构变动；解释变量主要为反映省级生产力变化的劳动生产率（PPROD）——通过每个省的 GDP 与各自从业人员数量之比求得；控制变量主要包括：反映制度环境的市场化指数（MARI），反映不同区域农村人力资本水平的人力资本指数的对数（ln HUMI），反映不同地区城市化水平的建成区面积的对数（ln AREA），以及反映农民从事非农工作收入水平的人均工资纯收入对数（ln PWAG）。

数据主要来源于 2006～2011 年各省统计年鉴或经简单计算、估计，其中，市场化指数来源于樊纲、王小鲁（2011）《中国市场化指数——各地区市场化相对进程 2011 年报告》，并且 2010 年市场化指数按照趋势法补齐。人力资本指数来源于《中国人力资本报告（2013）》（李海峥，2013）中部分省份农村实际人力资本指数，残缺省份数据通过相应方法补齐。因为北京市具有很强奇异点特征，对估计结果影响很大，因而从样本中剔除。

主要指标表示及 2010 年描述性统计见表 7-2。对于农民非农产业就业数量与农业产业就业数量之比，除北京之外，以上海最大，达到 4.54，也就是说，上海乡村从业人员中只有 18.05% 的比例从事农业生产，以新疆最小为 0.24；而且，其标准差约为 0.87，差异不是太大。对于省级劳动生产率，最大值仍然是上海，为 15.74，超过北京（为 13.68），以贵州最小；其标准差约为 3.03，相对离散性较大。其他年份描述（略）。

表 7-2　各变量统计性描述

Variable	Obs	Mean	Std. Dev.	Min	Max
NOAARGR	30	0.994982	0.8665269	0.2371907	4.540223
PPROD	30	5.734447	3.030678	1.981588	15.73763
MARI	30	7.251	2.385774	0.38	11.8
ln HUMI	30	4.349718	0.4298417	3.549043	5.163242
ln PWAG	30	7.637382	0.6436811	6.321236	9.170143
ln AREA	30	6.911363	0.8355611	4.735321	8.437739

模型可以写为，

$$NOAARGR_{it} = \beta_0 + \beta_1 PPROD_{it} + \alpha X_{it} + u_{it}$$

其中，α 代表控制变量系数行向量，X_{it} 代表控制变量列向量，u_{it} 表示随机误差项，下标 i 表示不同样本观测，t 表示时间年份。采用 Stata12.0 软件，通过 Hausman 检验拒绝原假设，逐步进行固定效应模型估计，结果见表 7-3。

表 7-3　FE 模型逐步回归结果及其稳健性

变量	(1)	(2)	(3)	(4)	(5)	(6)	(7)
PPROD	0.1993 ***	0.1293 ***	0.1363 **	0.0756 **	0.0739 *	0.0881 **	0.0902 *
	(0.0387)	(0.0435)	(0.0546)	(0.0393)	(0.0405)	(0.0443)	(0.0450)
MARI		0.1498 **			0.0173		0.0449
		(0.0552)			(0.0614)		(0.0695)
ln HUMI			0.6145			-.2329	-.3559
			(0.3846)			(0.3621)	(0.4127)
ln PWAG				0.8710 ***	0.8264 ***	0.9510 ***	0.8773 ***
				(0.1852)	(0.2462)	(,2248)	(0.2543)
cons	-0.1478	-0.8329 **	-2.4596 *	-6.0910 ***	-5.8658 ***	-5.7804 ***	-5.0002 **
	(0.2504)	(0.3386)	(1.4673)	(1.2777)	(1.5265)	(1.3902)	(1.8333)
Within-Rsq	0.4858	0.5961	0.5302	0.7174	0.7182	0.5333	0.7264
Obs	180	180	180	180	180	180	180
Hausman P	0.0000	0.0000	0.0000	0.0000	0.0205	0.0000	0.0104

注：括号内的数据为系数的标准误，*** 、** 和 * 分别表示在 1%、5% 和 10% 的水平上显著。

根据表 7-3 可知，在每一次回归中，解释变量 PPROD 不仅符号和理论预期相同，而且都不同程度显著且相对稳定。由此判断在其他条件不变情况下，全省生产率每提高 1 个单位，农民非农就业与农业就业之比约提高 0.8 个单位，即促进农业就业人数减少，非农就业人数增加，和推-拉理论预期相一致。同时，各个控制变量也基本和预期一致，其中 ln HUMI 有相反符号但不显著，尤其是农民人均工资性收入对农民非农就业作用明显（通过 ln PWAG 的符号为正且高度显著表明）。

2. 主要生产方式不同对农民就业的影响

在目前全国同样制度背景下，各地农业生产方式相差不大（见表 7 - 4）。各地生产方式不同主要体现在城市水平或本地非农产业主导地位不同。如果本地非农产业发达，农民就会"不离土不离乡"或"离土不离乡"地以非农就业为主，更兼农业；反之，本地没有非农产业，农民就会"离土又离乡"，甚至跨省形成打工经济，且逐渐脱离农业。对此，中国过去的发展和现在正在经历的现象就是最好的证据，因此无须多说。当然，农业内部也可进一步分为谷物种植和瓜果蔬菜等，对农民就业也有强烈影响，比如，如果一个地区易于粮食作物的大规模种植，更易于机械化，催生更大规模的打工经济；相反，瓜果蔬菜种植属于劳动密集型，必然产生较大农业就业份额。

表 7 - 4　2010 年各省农业劳动生产率比较

省　份	农业劳动生产率	省　份	农业劳动生产率	省　份	农业劳动生产率
北　京	2.0254	安　徽	1.0918	四　川	1.1919
天　津	1.9713	福　建	2.1423	贵　州	0.3843
河　北	1.7503	江　西	1.3583	云　南	0.6632
山　西	0.8688	山　东	1.5786	西　藏	0.7285
内　蒙古	1.9182	河　南	1.2014	陕　西	1.1547
辽　宁	2.3182	湖　北	1.2696	甘　肃	0.6487
吉　林	1.8508	湖　南	1.3760	青　海	0.9872
黑龙江	1.6315	广　东	1.4931	宁　夏	1.2415
上　海	3.0776	广　西	1.0663	新　疆	2.4619
江　苏	2.3957	海　南	2.4377	Min	Max	Mean	Std. Dev.
浙　江	2.3383	重　庆	0.9342	0.3843	3.0776	1.5341	0.6529

注：数据来源于 2011 年各省统计年鉴并经简单计算获得。

二 不同农民就业方式，居住方式转换或意愿不同

目前，中国农民就业主要分为本地农业产业就业、本地非农产业就业和城市打工就业三大类。农民农业就业者，目前均是年龄偏大群体，而且受传统生活习惯影响较大，庭院、房屋环境收拾得也不错，集中居住意愿较低。因此，卜文主要关注后两者居住方式转换或意愿问题。

1. 农村非农产业就业农民居住方式转换意愿

近几年，尽管各地均展开了农民集中居住建设，但是，农民较少对抗、真正成功的却不是太多。如河南的典型案例，新乡古固寨镇富康社区、鹤壁浚县中鹤社区等。他们的成功均是依靠坚实的非农产业发展作为后盾。因为在本地非农产业就业农民，工作、务农、家庭可以兼顾，一般条件稍好些，有追求城市生活的强烈动机但受到就业和务农限制而不能实现。由政府推动新型农村社区建设正好满足他们的需求，实现就业和城市生活空间的一致性，尤其是以农副产品生产、加工等为基础的农村非农产业还可以对农业进行整合，更彻底地实现居住、生活方式转换。不仅如此，仅非农产业发展提供的就业机会就会激励周边农民产生集中居住动机。因此，只要利益补偿机制合理、规划建设完善、组织管理到位，在非农产业发展较好地区建设农民集中居住点是可行的。

但是，并不是所有非农产业发达地区建立集中居住点都会一帆风顺，受非农产业所在区位及其发展阶段影响，一些处于产业发展初期的城郊"发达"地区似乎面临更困难的城镇化之路，如以下案例所示。

簸箕杨村隶属于河南省长葛市（县级市）官亭乡，在长葛市城北部2公里左右，到县城交通便捷，距新郑国际机场仅20公里，具有先天区域位置优势。人口1047人，300户左右；耕地平坦、肥沃，人均0.7亩左右，旱涝保收。该村非农产业十分发达，主要

以小型建筑机械及其配件制造、加工为主。截至 2013 年 5 月，全村从事生产经营建筑机械的"企业"已达 30 余家（户），年实现产值 1.2 亿元左右，约占全村总产值的 80%，提供就业岗位 400个以上，成为长葛市建筑机械制造主体。其中，尤以正隆、久隆、同颖三家企业规模最大，以整机生产为主，起到龙头企业作用，其他企业规模较小，更多是以院落为场地的作坊式企业。他们之间却形成合理的分工体系，三家龙头企业有竞争又有不同，所使用的各种配件由本村其他小企业生产提供。相应地，该村是一个典型的劳动力就地转移村庄，66.93% 的农民在本地就业，仅非农产业就吸纳 58.33% 的剩余劳动力，本地务工收入基本上维持在 2000 ~5000 元。但该村农业仍然是典型的以家庭联产承包责任制为基础的分散经营模式，现有耕地几乎不存在流转，主要种植小麦、玉米等粮食作物，种植方式也比较粗放，但机械化程度较高，以至分化出两户专门从事农业机械化服务农户，也有 5 ~ 6 户专门从事农产品收购和运输。住宅、房屋总体比较简陋、破旧，也有 10 余户常年在外，致使院落房屋荒芜的。村民对宅基地期望值较高，甚至更多人表示无论多高价格都不会出售；很多农户在长葛市都买有住房或透露了在市内买房的意愿，私家车几乎达到户均 1 辆，多数家庭的孩子也已选择在市内公办或私立学校接受教育。但目前整体村容村貌比较落后，村内多数道路没有油化，也缺乏基本基础设施；农村新型社区建设在规划之后而搁浅。

我们不禁要问：有如此好的非农产业基础，簸箕杨村为什么没有实现集中居住？原因其实在于簸箕杨村的特殊区位和非农产业发展特定阶段。总体而言，该村非农产业还处于产业发展初期，企业规模较小，以庭院式小微企业居多，从而农民庭院具有生产和生活两种功能，虽不利于生活环境，却方便工作，降低经营成本，又同时兼顾农业生产，使收入增加。这会刺激和增强农民（非农企业主或被雇用人员及其家庭）追求生活环境的改善和便利性的动机，而特殊地理位置使这种动机转化为现实：该村农民在城里买房子，家里有车子，致使不放弃农村院落，也可以享受城市生活，农村和宅子已经演变成生产和生活的共同场所，所以，人们不愿意出售自己的宅子完全进城，更不愿意进农村社区。似乎越富有者，这种心态越突出。

从而，引发我们思考：非农产业"发达"的城郊农村地区已具备了城镇化的优越条件，但也面临一些特殊障碍，比如，地理位置优越、生活便利等导致的土地升值，以庭院为基础的小微企业进一步拓展了宅基地的用途，增加了农民城乡并存的可能等。其实，簸箕杨村已经实现了实质的居住、生活方式的转变，而形式问题解决需要时间和特定的方式。

2. 外出务工农民居住方式意愿选择

"外出务工"已经成为中国社会一个最为显著的社会经济特征，截至 2012 年，该人数已达 26261 万人，成为中国城乡最主要的连接桥梁，也是一系列社会经济问题产生的根源，包括农民居住和生活方式问题。由于外出务工农民职业经历和职业环境不同于农村非农产业就业农民，其居住方式转换意愿也将不同。因此，弄清楚在不断非稳态转移中亿万外出务工农民将来居住方式转换意愿，将会对农民居住方式转换具有决定意义。不同学者已经从个人及家庭因素、社会经济因素等不同角度探讨了外出务工农民将来的居住意愿（如吴兴陆，2005；熊彩云，2007；陈文哲、朱宇，2008；夏怡然，2010；章雨晴、郑颂承，2013 等）。

根据一项全国性外出务工农民调查数据，我们获得有效样本4064 个，按务工行业对他们将来的居住意愿进行统计分析。其中，务工行业分为工业、建筑装潢业、一般服务业和无固定职业 4 大类型，子样本容量分别为 975 个、1263 个、1583 个和 243 个。对于将来居住方式，首先进行区域选择，对应务工地区、其他地区、家乡以及不确定 4 种情况；然后，对除不确定性以外的每种情况又分为市区、郊区或乡镇以及农村 3 个选项。结果显示，

不同行业务工农民对将来居住区域选择分布见表 7 - 5。

表7-5 不同行业务工农民对将来居住区域选择分布

单位：人，%

项目	工业部门		建筑装潢部门		一般服务部门		无固定职业	
区域	人数	百分值	人数	百分值	人数	百分值	人数	百分比
务工地区	199	20.41	181	14.64	454	28.68	42	17.28
其他地区	66	6.77	76	6.02	180	13.37	26	10.70
家　乡	487	49.95	750	59.38	625	39.48	102	41.98
不确定	188	19.28	198	15.68	266	16.80	64	26.34

注：数据是以调查数据为基础，经过整理，通过 Stata 软件统计而得。

由此可知，外出务工农民主要以相对较为苦、累、脏的建筑装潢部门和相对灵活的一般服务业部门为主，可见他们就业的非正式性甚至边缘性，他们所在单位的性质、工作性质以及他们在工作单位中所属的身份也印证了这一点。而且，无论在任何行业，他们将来居住意愿的区域选择都是以家乡人数比例最大，务工地区次之，尤其是在建筑装潢部门比例高达 59.38%；而且奇怪的是，即使在相对较为正规的工业部门，比例也高达 49.95%；相对来说，一般服务部门比例最低，仅达到 39.48%。其实，这些统计结果很好地印证了生活中我们的直觉。首先，反映了他们在家乡、务工地区和其他地区归属感或认同感的差异，即使他们在此工作，也许是时间原因或其他方面原因。其次，建筑装潢部门之所以比例最高，和该行业工作性质有极大关系，因为至少在目前而言，其工作苦、累、脏兼具，而且每天工作时间较长、工作具有间歇性、工资也容易拖欠。再次，在工业部门务工农民居住意愿为家乡的比例也比较高的原因在于，目前"进厂"农民工绝大多数为青年，年纪大了，企业就辞退了，即所谓吃"青春饭"。最后，餐饮、家政、销售、运输等一般服务部门，却规避了以上缺点，让他们产生认同感并把其作为养家糊口的职业，产生长期在此居住的意愿。

不同行业务工农民对将来居住方式具体选择分布见表7-6。

表 7 - 6　不同行业务工农民对将来居住方式具体选择分布

单位：人，%

项目		工业部门		建筑装潢部门		一般服务部门		无固定职业	
区域	具体地	人数	百分值	人数	百分值	人数	百分值	数	百分值
务工地区	市区	141	70.85	110	60.77	317	69.82	26	61.90
	郊区或乡镇	39	19.60	43	23.76	110	24.23	8	19.05
	农村	19	9.55	28	15.47	27	5.95	8	19.05
其他地区	市区	41	61.12	28	36.84	104	57.78	16	61.54
	郊区或乡镇	16	24.24	22	28.95	56	31.11	3	11.54
	农村	9	13.64	26	34.21	20	11.11	7	26.92
家乡	市区	172	35.32	172	22.93	265	42.40	30	29.41
	郊区或乡镇	119	24.44	219	29.20	177	28.32	18	17.65
	农村	196	40.25	359	47.87	183	29.28	54	52.94

注：数据以调查数据为基础，经过整理，通过 Stata 软件统计而得。

对此表的解释重点在于外出务工农民居住意愿选择的细化。首先，从区域间进行对比发现，在务工地区和其他地区之内进行的选择，从市区、郊区或乡镇到农村，比例快速减小；而在家乡地区，总体呈现出两头大、中间小的分布状态，除一般服务业部门之外尤以农村居住选择比例最大。这一方面进一步体现出由于对一个地方熟悉程度不同造成的居住意愿差异；另一方面也体现出农民在城市居住意愿以市区为主，而且受熟悉程度、归属感等多种因素影响，并不意味着在哪个城市打工就在哪个城市定居，家乡的城市有相对较大吸引力；再就是也体现出对家庭所在农村（相对于原有的分散居住状态）现有居住方式的留恋比例相对最大，而选择家乡郊区或乡镇居住的比例相对较小，而且行业间差距不大。我们是否应该对当前政府主导的农村农民集中居住点建设政策全面铺开的正确性进行反思？这种结果的出现和农民对家乡郊区或乡镇较深的认知度有关，从而认识到当前郊区或乡镇较差的基础设施条件或生活环境，和目前农村分散的居住状态相比并无太多改善。因此，中国农民居住和生活方式的转换还是应该以城市化为主导；反之，如果以政府为主导大规模展开小城镇建设，只能是事倍功半，而且最终仍然面临萎缩、空心甚至消失的尴尬！

对选择家乡的样本进行行业分析。对于工业部门，有 35.32% 的比例选择市区，40.25% 选择农村，呈现了较高的市区选择比例；对于建筑装潢部门，22.93% 选择市区，47.87% 选择农村，呈现了较高的农村选择比例；对于一般服务部门，42.40% 呈现了最高的市区选择比例，29.28% 却呈现了最低的农村选择比例；对于无固定职业者，农村的选择比例最高达 52.94%。这些结果的出现进一步说明，行业之间的性质、收入差距以及务工环境等多种因素对将来居住意愿的影响。比如，工业部门就业相对较高和稳定的收入以及较为正式的部门性质等，让务工者产生较高的家乡城市居住意愿；建筑装潢部门不稳定的收入以及较差的就业环境产生了较高的农村居住意愿；对于一般服务部门原因和表 7-5 相同；对于无固定职业者，其最高的农村居住意愿不足为奇。

另外，如果进一步引入外出务工农民的年龄因素，就会发现和印证"不返乡、不离城、不种地"的青年农民工是选择城市居住的主力，相反，总体选择农村居住的务工者中以年龄偏大的居多。因此，中国农民居住和生活方式也更多的是一个动态变化的时间问题。当然，还可以加入更多因素进行统计分析，由于内容所限，在此不再分析，可参阅其他研究。

三 不同农民居住方式，生活方式不同

1. 不同居住方式对农民消费影响的理论分析

人们为什么要到城市生活？为了较高的工资吗？较高的工资使他们得以改善生活，但城市较高的租金却使他们状况变差。假如乡村有更高的工资和较低的租金，城市居民愿意到乡村居住生活吗？答案可能是否定的。因为城市较大的消费便利性可以让人们情愿接受相对较低的工资和较高的租金（Roback，1982；

Rosen，1979）；与此相对的分散居住的农村缺乏集聚效应，近于自给自足的自然经济和基础设施缺乏，使他们消费仅限于一些基础的私人品和最为基本的公共产品。农村集中居住方式或者农村乡镇居民消费情况如何呢？可能能够享受一定的消费便利性，也可能不能，和这些集中居住点的规模和性质有关。因为由规模产生的消费便利性和市场规模相互作用，典型特征是存在变化不连续的可能性。

一个扩展的基础－乘数模型（藤田昌久、克鲁格曼等，2005）很好地表明了上述道理：假设一个地区出口部门的收入为 X（或为外出务工收入）并作为外生变量，其中有 a_t 的收入份额（可变的边际消费倾向）用于本地市场消费（或消费本地非出口部门产品，或实现本地市场购买），经乘数效应地区收入 Y 为，

$$Y = X/(1 - a_t)$$

其中，$a_t = min\ (\alpha y_{t-1},)$，为 a_t 的上限。其均衡路径见图 7 - 2。

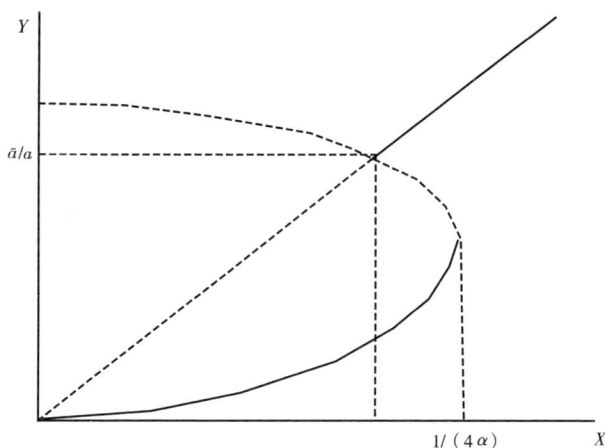

图 7 - 2　扩展的基础 - 乘数模型均衡路径

资料来源：〔日〕藤田昌久、〔美〕克鲁格曼等《空间经济学——城市、区域与国际贸易》，梁琦等译，中国人民大学出版社，2005。

图 7-2 中较低实线表示：在出口部门收入上升和当地支出所占份额上升两种情况下，地区总收入都会上升，且前者影响要超过后者。然而，当 $X > 1/(4\alpha)$ 时，聚集效应开始作用，均衡路径跃变到较高实线，地区收入增长导致乘数增大（即边际消费倾向 a_t 增大），乘数增大又导致地区收入更多增加。从而，表明市场规模、消费支出份额以及规模经济之间的相互作用关系，但是，整个过程聚集效应的发生存在变化不连续的可能性，即存在突变点。之后，以克鲁格曼为代表的新经济地理学理论又进一步完善：一个经济体由于某种原因一旦越过突变点，聚集经济发生作用，增加聚集经济体消费多样性和便利性并降低消费价格指数，从而吸引更多居民和厂商，不断循环因果累积直到拥挤效应足够大，达到新的均衡。

2. 不同农民居住方式下消费行为对比分析

由以上理论分析可知，不同农民居住方式有不同消费聚集经济效应，即不同消费成本、结构和规模。如果有集聚效应存在，假定在不同居住方式下获得同样效用，则城市尤其是大城市最多样化的消费结构使其居民付出成本最小；在同样消费支出情况下，城市居民消费数量和结构应该最多。反之，如果集聚效应不存在，则居住方式改变很可能会使消费支出成本增加。那么实际如何呢？

首先，看农村分散居住方式和城市居住方式对比。最直接的印象是城市聚集经济存在增加了消费多样性，尤其是俱乐部产品种类、数量和质量，是目前农村不可获得的。例如，用水普及率，2010 年，城市已达 96.7%，而农村村庄才达 54.1%；2011 年，城市人均维护建设支出 2467 元，而农村村庄仅有 812 元。从而，就像表 7-1 中所反映的 2012 年中国农村和城市居民人均消费构成的差异，即使农民居住条件改善了，但由于基础设施和公共服务绝对不足，严重制约了他们消费结构的提升，以致家庭设备用品、交通通信、文教娱乐支出等低于城市居民而医疗保健开支高于城市居民。但是，农村村庄农民消费成本却比较高，例如，2012 年，农村村庄农民人均相对支出规模达到 74.63%，高出城市 67.88% 很多。

其次，对农村分散居住方式和农村集中居住方式的消费进行对比。我们的直觉是，农村集中居住点（包括乡所在地、新型农村社区等）很多都是纯粹的生活性集聚，缺乏产业基础，规模也相对较小，基础设施条件也不太好（根据仅能找到的乡所在地建设数据，2011 年，人均乡建设财政支出约 1706 元，处于村庄和城市之间），专业的公共服务不足，因此集聚效应不是太高，甚至没有达到突变点，以致消费多样性不是太大，消费成本也不可能降低。

没有具体统计数据，但郑风田（2007）、郎海如（2010）、高进云等（2010）研究认为，农民农村集中居住除居住条件得到改善外，其他状况均有所恶化，农民生活水平下降（郑风田、傅晋华，2007；郎海如，2010；高进云、周智等，2010）。易小燕等（2013）通过调查研究发现，集中居住政策试点区域家庭支出以及其中的食品支出、居住支出分别上升 41.2%、50.9% 和 119.1%；并运用双重倍差模型实证表明，他们的时变效应和差异效应都显著为正。原因在于，集中居住后部分自给自足产品不得不通过购买获得，消费项目升级和内容增加，然而收入却没有增长等。

第六节 结论总结和政策建议

一 结论总结

通过以上对命题的分析和检验，结论总结如下几点。

（1）中国农民传统居住和生活方式已经成为若干社会、经济问题解决和发展的瓶颈，系统地从经济角度借助现代经济理论和方法展开研究，发现问题根源及其传导机制以制定最优政策，势在必行。

（2）"三农"问题的解决最好跳出"三农"之外。从而，借助城市聚集经济理论进行跨学科研究，较好地解释了社会生产方式、农民就业方式、农民居住方式和农民生活方式之间决定、被决定的相互作用关系。这种关系的存在，使得农民居住和生活方式转变必须放在系统之中和经济理性框架下考虑；反之，如果不考虑系统性问题，政府只是一味强制性推动农村集中居住点建设，必然造成官民冲突对抗，危及社会稳定，且这些新造的"城"不久的将来也会面临"人走楼空"的尴尬，形成更大的资源浪费。

（3）中国农民居住和生活方式的当前状态，既是和当前社会生产方式及其所导致的农民－生活空间分离的"候鸟式"就业方式相一致的体现，也是对传统社会风俗、习惯路径依赖而呈现的滞后现象的反映，是向高层次居住和生活方式跃迁的向心力和传统居住、生活方式的向心力相权衡的结果，表现出前者的不足和仍然处于上风的后者。而前者由社会生产方式的发展和农民就业方式的高级化而产生，后者由前者的不足和传统社会风俗、习惯而产生。两种力对比程度不同，传统居住和生活方式转换难易就不同。

（4）政府权力作用下的农村集中居住点建设作为克服"滞后"的一种方式，遇到的阻力大小也就不同。因此，政策应该基于实际社会生产方式乃至农民就业方式发展程度做出选择，而不能一刀切或普遍开展。而且，最好基于一定的产业发展，以原有的乡镇为基础，以克服就业不充分、基础设施供给不足、规模偏小、不能产生聚集经济效应的弊端。

二 政策建议

由此，我们已经认识到中国农民居住和生活方式转换问题的根源及其传导机制，那么如何体现在政策中呢？建议如下。

第一，相关政策的政府决策部门必须认识到中国农民居住和生活方式转换问题的整体性、系统性、动态性和经济理性，而不仅仅是纯粹的"三农"内部问题，即认识到，工业化、城镇化、农业现代化等与其的密切相关性，和城市经济乃至农村非农产业发展导致的不同农民就业方式的决定性作用；也应该认识到，在该问题中，市场机制的决定性地位，以及政府干预的必要性、切入点和条件。

第二，纯化政府部门转换农民居住和生活方式的动机——顺应经济发展形势，而不是对政绩和"土地财政"的追求，也不是所谓"刺激内需"或建设"新农村"；反之，政策将会以完全的权力代替经济理性行为，继而激起更大的阻力。

第三，跳出"三农"解决"三农"问题。重点在于提升城市化质量、增加城市正式就业机会、降低农民进城门槛、实现公共服务均等化等；而且弱化区域发展不平衡问题、减少农民跨区域流动的不利冲击，引导农民到家乡的"市区"就业和定居；除此之外，有选择地发展好县域经济甚至乡镇经济，让其成为农村非农产业发展及其农村集中居住点建设的载体，而且打破户籍制度和行政界线，让农民在城乡之间、乡镇之间自由流动。因此，转换中国农民居住和生活方式应以城市为主导，以改进生产方式提升农民就业方式为基础。

第四，弱化农民分散居住、生活的引力。比如，在当今农业还不能大规模商业化背景下，培养和发挥农村经济能人的示范和带动作用，转变农业经营方式，发展农业社会化服务；发展、引进涉农龙头企业，引导农业经营方式转变；加强城乡联系，弱化传统社会风俗影响等。

第五，在保障村庄以及一些乡镇基本设施供给的前提下，财政资金重点扶持有潜力的乡镇基础设施建设，以利于产生聚集经济效应。此外，也许最重要的是，相关政府部门应该严格农村社区建设规划，条件不成熟绝不能开展。

（作者：邵明伟）

参考文献

［1］〔法〕阿·德芒戎：《人文地理学问题》，葛以德译，商务印书馆，1993，第 192 页。

［2］〔法〕费尔南·布罗代尔：《15 至 18 世纪的物质文明、经济和资本主义》，顾良、施康强译，生活·读书·新知三联书店，1992，第 17 ~ 18 页。

［3］周振鹤：《中国历史文化区域研究》，复旦大学出版社，1997。

［4］鲁西奇：《再论历史地理研究中的"区域"问题》，《武汉大学学报》（人文社会科学版）2000 年第 2 期。

［5］金一虹：《居住方式变化及影响的社会学思考》，《学海》1999 年第 2 期。

［6］李永芳：《我国乡村居民居住方式的历史变迁》，《中国当代史研究》2002 年第 4 期。

［7］陈丛兰：《中国居住伦理百年研究述要》，《天府新论》2013 年第 2 期。

［8］虞晓芬：《居住方式与经济增长方式》，《杭州（我们）》2010 年第 10 期。

［9］邓文双：《新农村社区居住方式研究——以临沂市三义社区为例》，河北大学硕士学位论文，2012。

［10］马克思：《德意志意识形态》，《马克思恩格斯全集：第三卷》，人民出版社，1960，第 24 页。

［11］Weber Max, *Essay in Sociology*, New York：Oxford University Press, 1946, p.191.

［12］凡勃伦：《有闲阶级论》，蔡受百译，商务印书馆，1964，第 56 ~ 57 页。

［13］马姝：《西方生活方式研究理论综述》，《江西社会科学》2004 年第 1 期。

［14］Earl Peter, 1986, *Lifestyle Economics：Consumer Behavior in a Turbulent World*, Wheatsheaf Books, LTD.

［15］〔美〕Aaron Ahuvia、阳翼：《"生活方式"研究综述：一个消费者行为学的视角》，《商业经济与管理》2005 年第 8 期。

［16］叶继红、庄晓丹：《城乡一体化进程中农民集中居住问题研究述评》，《贵州社会科学》2011 年第 1 期。

[17] 阮荣平：《农村集中居住：发生机制、发展阶段及拆迁补偿——基于新桥镇的案例研究》，《中国人口·资源与环境》2012 年第 2 期。

[18] 吴云青、张再生等：《农民移居中心村集中居住的意愿及影响因素——基于对天津农民的问卷调查》，《现代财经》2013 年第 3 期。

[19] 杜云素、钟涨宝：《城乡一体化进程中农民家庭集中居住意愿研究——基于江苏扬州和湖北荆州的调查》，《农业经济问题》2013 年第 11 期。

[20] 袁方成：《治理集体产权：农村社区建设中的政府与农民》，《华中师范大学学报》（人文社会科学版）2013 年第 2 期。

[21] 和丕禅、郭金丰：《制度约束下的农民工移民倾向探析》，《中国农村经济》2004 年第 10 期。

[22] 夏怡然：《农民工定居地选择意愿及其影响因素分析——基于温州的调查》，《中国农村经济》2010 年第 3 期。

[23] 刘精明：《阶层化：居住空间、生活方式、社会交往与阶层认同——我国城镇社会阶层化问题的实证研究》，《社会学研究》2005 年第 3 期。

[24] 王玉波：《我国近几年生活方式研究述评》，《社会学研究》1986 年第 5 期。

[25] 王雅林：《生活方式研究评述》，《社会学研究》1995 年第 4 期。

[26] 王雅林：《生活方式研究的社会理论基础》，《南京社会科学》2006 年第 9 期。

[27] 王璐、罗赤：《从农业生产的变革看农村空间布局的变化》，《城市发展研究》2012 年第 12 期。

[28] 赵红军、尹伯成：《城市经济学的理论演变与新发展》，《社会科学》2007 年第 11 期。

[29] Ottaviano, G. I. P. and J. - F. Thisse, "Agglomeration and Economic Geography," in V. Henderson and J. - F. Thisse (eds.), *Handbook of Regional and Urban Economics*, 2004, Vol. 4 Amsterdam: North - Holland, pp. 2563 - 2608.

[30] Pierre-Philippe Combes, Thierry Mayer, Jacques-François Thisse, *Economic Geography: The Integration of Regions and Nations*. Princeton University Press, 2008, pp. xiv.

[31] Moomaw, R. L., "Productivity and City Size? A Critique of the Evidence," *Quarterly Journal of Economics*, 1981, 96 (4), pp. 675 - 688.

[32] Rosen, S. "Wage-based Indexes of Urban Quality of Life," in P. N. Miezkowski and M. R. Straszheim (eds.), Current Issues in

Urban Economics. Baltimore, MD: Johns Hopkins University Press, 1979, pp. 74 – 104.

[33] Roback, J., "Wages, Rents, and the Quality of Life", *Journal of Political Economy*, 1982, 90 (6), pp. 1257 – 1278.

[34] Diego Puga, "The Magnitude and Cause of Agglomeration Economics," *Journal of Regional Science*, 2010, 50 (1), pp. 203 – 219.

[35] 张新光:《新中国农民生活方式变迁的主要特征及前景展望》,《贵州社会科学》2009 年第 10 期。

[36] 多吉才让、徐颂陶:《21 世纪乡镇工作全书》,中国农业出版社,1999。

[37] 罗汉平:《农村人民公社史》,福建人民出版社,2003,第 420 页。

[38] 王璐、罗赤:《从农业生产的变革看农村空间布局的变化》,《城市发展研究》2012 年第 12 期。

[39] 张乐天:《告别理想——人民公社制度研究》,东方出版中心,1998,第 373 页。

[40] 卢锋:《中国农业革命的根源与挑战》,英国《金融时报》,中文网,www.ftchinese.com/Story/001049288。

[41] 孙健:《中国经济通史》(下卷),中国人民大学出版社,2000。

[42] 周天勇:《城市化及其住宅建设需要占用的土地》,《中国经济时报》2009 年 6 月 30 日。

[43] 辜胜阻、刘传江:《人口流动与农村城镇化战略管理》,华中理工大学出版社,2000。

[44] 刘彦随等:《中国乡村发展研究报告——农村空心化及其整治策略》,科学出版社,2011。

[45] 袁方成:《治理集体产权:农村社区建设中的政府与农民》,《华中师范大学学报》(人文社会科学版)2013 年第 2 期。

[46] Bogue, D. J., Internal Migration P Hauser, O, D, Duncan, eds, *The Study of Population*, Chicago: University of Chicago Press, 1959, pp. 486 – 509.

[47] 樊纲、王小鲁:《中国市场化指数——各地区市场化相对进程 2011 年报告》,经济科学出版社,2011。

[48] 李海峥:《中国人力资本报告 (2013)》,中国人力资本与劳动经济研究中心,2013。

[49] 吴兴陆:《农民工定居性迁移决策的影响因素实证研究》,《人口与经济》2005 年第 1 期。

[50] 熊彩云:《农民工城市定居转移决策因素的推 – 拉模型及实证分析》,《农业经济问题》2007 年第 3 期。

[51] 陈文哲、朱宇：《流动人口定居意愿的动态变化和内部差异——基于福建省 4 城市的调查》，《南方人口》2008 年第 2 期。

[52] 章雨晴、郑颂承：《农民工城市定居意愿的代际比较——基于南京市 284 位农民工的调查》，《湖南农业大学学报》（社会科学版）2013 年第 2 期。

[53] Roback, J. "Wages, Rents, and the Quality of Life," *Journal of Political Economy*, 1982, 90 (6), pp. 1257 – 1278.

[54] Rosen, S. 1979. "Wage-based Indexes of Urban Quality of Life," in P. N. Miezkowski and M. R. Straszheim (eds.), *Current Issues in Urban Economics. Baltimore*, M. D.: Johns Hopkins University Press, pp. 74 – 104.

[55] 〔日〕藤田昌久、〔美〕克鲁格曼等：《空间经济学——城市、区域与国际贸易》，梁琦等译，中国人民大学出版社，2005，第 35 ~ 38 页。

[56] 易小燕等：《土地整理政策下集中居住对农户生活负担的影响——基于双重倍差模型的实证分析》，《农业技术经济》2013 年第 10 期。

[57] 许家伟：《乡村聚落空间结构的演变与驱动机理——基于长时段视角对河南省巩义市的考察》，河南大学博士学位论文，2013。

图书在版编目（CIP）数据

中国农业现代化：困惑与探索/耿明斋等著.—北京：社会科学文献出版社，2015.6

（传统农区工业化与社会转型丛书）

ISBN 978 - 7 - 5097 - 7185 - 3

Ⅰ.①中…　Ⅱ.①耿…　Ⅲ.①农业现代化 - 研究 - 中国　Ⅳ.①F320.1

中国版本图书馆 CIP 数据核字（2015）第 042163 号

中国农业现代化：困惑与探索

著　　者 / 耿明斋 等

出 版 人 / 谢寿光
项目统筹 / 邓泳红　陈　帅
责任编辑 / 宋　静　吴　敏

出　　版 / 社会科学文献出版社·皮书出版分社 （010）59367127
　　　　　　地址：北京市北三环中路甲 29 号院华龙大厦　邮编：100029
　　　　　　网址：www. ssap. com. cn
发　　行 / 市场营销中心 （010）59367081　59367090
　　　　　　读者服务中心 （010）59367028
印　　装 / 三河市尚艺印装有限公司

规　　格 / 开本：787mm × 1092mm　1/16
　　　　　　印张：17　字数：225 千字
版　　次 / 2015 年 6 月第 1 版　2015 年 6 月第 1 次印刷
书　　号 / ISBN 978 - 7 - 5097 - 7185 - 3
定　　价 / 79.00 元

本书如有破损、缺页、装订错误，请与本社读者服务中心联系更换

▲ 版权所有 翻印必究